21 世纪普通高等院校规划教材——机械工程

内 燃 机 运 用

主　编　林在犁　黄　琪
副主编　贺泽龙　徐妙侠

西南交通大学出版社
·成 都·

图书在版编目（ＣＩＰ）数据

内燃机运用／林在犁，黄琪主编. —成都：西南交通大学出版社，2015.8
21 世纪普通高等院校规划教材. 机械工程
ISBN 978-7-5643-4146-6

Ⅰ. ①内… Ⅱ. ①林… ②黄… Ⅲ. ①内燃机 – 高等学校 – 教材 Ⅳ. ①TK4

中国版本图书馆 CIP 数据核字（2015）第 188312 号

21 世纪普通高等院校规划教材——机械工程

内燃机运用

主编　林在犁　黄琪

责 任 编 辑	李芳芳	
特 邀 编 辑	李庞峰	
封 面 设 计	墨创文化	
出 版 发 行	西南交通大学出版社 （四川省成都市金牛区交大路 146 号）	
发 行 部 电 话	028-87600564　028-87600533	
邮 政 编 码	610031	
网　　　　址	http://www.xnjdcbs.com	
印　　　　刷	成都蓉军广告印务有限责任公司	
成 品 尺 寸	185 mm×260 mm	
印　　　　张	14.75	
字　　　　数	365 千	
版　　　　次	2015 年 8 月第 1 版	
印　　　　次	2015 年 8 月第 1 次	
书　　　　号	ISBN 978-7-5643-4146-6	
定　　　　价	29.80 元	

课件咨询电话：028-87600533
图书如有印装质量问题　本社负责退换

前　言

　　《内燃机运用》一书是编者集多年的高校专业教育及生产实践之经验，在认真调查研究、充分反映我国内燃机使用、维修发展现状的基础上编写而成的。本书在这次出版前已作为校内教材使用多年，并经过多次修改，是多位老、中、青教师辛勤劳动的成果。

　　在本书的编写过程中，我们力求体现以下特色：

　　第一，注重知识的系统性。

　　《内燃机运用》基本覆盖了内燃机从产品出厂到产品报废（或大修前）的整个过程，是内燃机按需选购、合理使用、正确维护、适度修理的技术集成。"内燃机运用"的提法在我国还不多见，其知识体系并不完善，编者在理论和实践方面参考了大量资料，吸取了有关书籍的精华，形成了以"内燃机按需选购、合理使用、正确维护、适度修理"的知识体系；同时也搭建起了具有一定特色的内容体系。

　　第二，突出知识的实用性。

　　学习的目的是为了解决实际问题，基于这一认识，本书特别注重理论联系实际，突出各种理论分析方法的实用性和可操作性；以理论适度、够用为原则，把烦琐的理论问题通俗化，以求提高学习者解决实际问题的能力。由于内燃机的使用涉及诸多行业，在编写过程中尽量兼顾大、中、小型内燃机及其在不同行业的运用。

　　本书共十章，分别是内燃机安全运转、内燃机技术保养、内燃机诊断技术、内燃机常见故障分析、内燃机的检查调整、内燃机的合理匹配、内燃机在特殊条件下的使用、内燃机的排污与净化、内燃机的噪声与控制、内燃机的运行材料。

　　本书适合作为技术应用型高校本科、专科相关专业的教学用书；也可作为内燃机使用、维护、修理等部门专业技术人员自学与提高用书；还可作为广大内燃机爱好者合理使用、正确维护内燃机、掌握内燃机故障诊断方法的自学用书。

　　本书由重庆科技学院林在犁、黄琪任主编，贺泽龙、徐妙侠任副主编。参加本书编写的还有本教研室全体教师，热动专业 2011 级和 2013 级的部分同学也参加了本书的录入、资料整理工作。

　　本书在编写过程中参考并引用了许多文献资料，为此谨向相关作者表示衷心的感谢！本书的编写还得到了诸多同行专家、朋友乃至家人的帮助和支持，在此一并致谢！同时，由于编者水平有限，书中难免会有不当之处，恳请同行专家及广大读者批评指正。

作　者

2015 年 6 月

目　录

绪　论 ··· 1

0.1　内燃机的基本结构 ··· 1

0.1.1　内燃机的基本名词术语 ··································· 1

0.1.2　内燃机的总体构造 ······································· 2

0.1.3　内燃机的分类与型号编制 ································· 4

0.2　内燃机的工作原理 ··· 6

0.2.1　四冲程内燃机工作原理 ··································· 6

0.2.2　二冲程内燃机工作原理 ··································· 10

0.2.3　不同工作原理的内燃机比较 ······························· 12

0.2.4　内燃机技术状况的评定 ··································· 12

0.3　内燃机技术管理 ··· 15

0.3.1　内燃机技术管理的基本概念 ······························· 15

0.3.2　内燃机的技术经济定额管理 ······························· 16

0.3.3　内燃机技术档案 ··· 18

0.3.4　内燃机运用效能管理 ····································· 19

第 1 章　内燃机安全运转 ··· 22

1.1　内燃机选购与安装 ··· 22

1.1.1　内燃机选购 ··· 22

1.1.2　内燃机安装 ··· 23

1.2　内燃机启动 ··· 23

1.2.1　内燃机启动前的准备工作 ································· 23

1.2.2　内燃机的启动操作 ······································· 24

1.3　内燃机运转 ··· 25

1.3.1　内燃机初期运行 ··· 25

1.3.2　内燃机正常工作运行 ····································· 25

1.4　内燃机停机 ··· 26

1.4.1　内燃机正常停机 ··· 26

1.4.2　内燃机紧急停机 ·· 26

1.5　内燃机使用误区 ··· 27

第 2 章　内燃机技术保养 ·· 31

2.1　内燃机保养制度与劳动组织 ··································· 31

2.1.1　内燃机保养制度 ··· 31

2.1.2　内燃机保养的劳动组织 ··································· 32

2.2　内燃机保养工艺 ··· 33

2.2.1　例行保养 ··· 33

2.2.2　一级技术保养 ··· 34

2.2.3　二级技术保养 ··· 34

2.2.4　三级技术保养 ··· 35

第 3 章　内燃机诊断技术 ·· 36

3.1　内燃机故障及其成因 ··· 36

3.1.1　内燃机故障及分类 ······································· 36

3.1.2　内燃机故障变化规律 ····································· 36

3.1.3　内燃机故障的征象 ······································· 37

3.1.4　内燃机故障形成的原因 ··································· 38

3.2　内燃机故障的诊断方法 ······································· 39

3.2.1　直观诊断法 ··· 41

3.2.2　仪器设备诊断法 ··· 42

3.3　内燃机性能检测 ··· 42

3.3.1　内燃机台架性能试验 ····································· 42

3.3.2　内燃机主要性能检测参数 ································· 44

3.4　内燃机故障诊断的一般原则 ··································· 44

第 4 章　内燃机常见故障分析 ···································· 47

4.1　内燃机启动困难 ··· 47

4.1.1　故障现象和原因 ··· 47

4.1.2　故障诊断方法与步骤 ····································· 47

4.2　内燃机功率不足 ··· 49

4.2.1　故障现象和原因 ··· 49

4.2.2　故障诊断方法与步骤 ····································· 49

4.3　内燃机异响 ··· 49

4.3.1　故障类型和影响因素 ····································· 49

4.3.2　故障诊断方法与步骤 ····································· 52

4.4 内燃机排烟异常 ··· 62
    4.4.1 故障类型 ··· 62
    4.4.2 故障诊断方法与步骤 ····································· 62
4.5 内燃机机构系统故障分析 ··· 64
    4.5.1 曲柄连杆机构故障分析 ··································· 64
    4.5.2 配气机构故障分析 ······································· 69
    4.5.3 润滑系统故障分析 ······································· 72
    4.5.4 冷却系统故障分析 ······································· 76
    4.5.5 涡轮增压器故障分析 ····································· 79
4.6 内燃机电控系统常见故障分析 ····································· 81
    4.6.1 汽油机电控系统常见故障分析 ····························· 81
    4.6.2 柴油机电控系统常见故障分析 ····························· 86

第5章 内燃机的检查调整 ··· 89
5.1 配合间隙的检查调整 ··· 89
    5.1.1 活塞与气缸的配合间隙检查调整 ··························· 89
    5.1.2 活塞销配合间隙的检查调整 ······························· 91
    5.1.3 连杆轴承和主轴承的检查调整 ····························· 91
    5.1.4 活塞环安装间隙的检查调整 ······························· 92
    5.1.5 气门杆与气门导管的检查调整 ····························· 95
    5.1.6 摇臂与摇臂轴配合间隙的检查调整 ························· 95
5.2 定位间隙的检查调整 ··· 96
    5.2.1 曲轴轴向定位间隙的检查调整 ····························· 96
    5.2.2 凸轮轴轴向定位间隙的检查调整 ··························· 96
5.3 工作间隙的检查调整 ··· 97
    5.3.1 气门间隙的检查调整 ····································· 97
    5.3.2 火花塞电极间隙的检查调整 ····························· 100

第6章 内燃机的合理匹配 ··· 101
6.1 内燃机与汽车的合理匹配 ··· 101
    6.1.1 匹配的基本要求与特点 ··································· 101
    6.1.2 匹配的方法与程序 ······································· 102
6.2 内燃机与工程机械的合理匹配 ····································· 115
    6.2.1 匹配的特点与原则 ······································· 115
    6.2.2 匹配的方法与程序 ······································· 121

6.3　内燃机与船舶的合理匹配 ……………………………………………… 128

　　6.3.1　匹配的特点与基本要求 ……………………………………… 128

　　6.3.2　匹配的方法与程序 …………………………………………… 133

6.4　内燃机与农业机械的合理匹配 ………………………………………… 136

　　6.4.1　农用柴油机的使用和技术要求 ……………………………… 136

　　6.4.2　农用柴油机的总体匹配设计 ………………………………… 140

6.5　内燃机与发电机的合理匹配 …………………………………………… 146

　　6.5.1　匹配的特点与原则 …………………………………………… 146

　　6.5.2　匹配的方法与程序 …………………………………………… 147

第7章　内燃机在特殊条件下的使用 ……………………………………… 148

7.1　内燃机走合期的使用 …………………………………………………… 148

　　7.1.1　走合期的特点 ………………………………………………… 148

　　7.1.2　走合期的使用 ………………………………………………… 149

　　7.1.3　走合期的维护保养 …………………………………………… 150

7.2　内燃机在低温条件下的使用 …………………………………………… 150

　　7.2.1　内燃机在低温条件下的使用特点 …………………………… 150

　　7.2.2　内燃机在低温条件的使用 …………………………………… 153

7.3　内燃机在高温条件下的使用 …………………………………………… 155

　　7.3.1　内燃机在高温条件下的使用特点 …………………………… 155

　　7.3.2　内燃机在高温条件的使用 …………………………………… 156

7.4　内燃机在高原地区的使用 ……………………………………………… 157

　　7.4.1　内燃机在高原地区条件下的使用特点 ……………………… 157

　　7.4.2　内燃机在高原地区条件的使用 ……………………………… 159

第8章　内燃机的排污与净化 ……………………………………………… 161

8.1　内燃机排污的危害 ……………………………………………………… 161

　　8.1.1　有害排放的种类 ……………………………………………… 161

　　8.1.2　有害排放的危害 ……………………………………………… 161

8.2　内燃机排污的形成 ……………………………………………………… 163

　　8.2.1　内燃机排污的形成机理 ……………………………………… 163

　　8.2.2　内燃机排污形成的影响因素 ………………………………… 168

8.3　内燃机排污的控制 ……………………………………………………… 172

　　8.3.1　内燃机机内净化技术 ………………………………………… 172

　　8.3.2　内燃机机外净化技术 ………………………………………… 174

第9章　内燃机的噪声与控制 ………………………………………………… 176

　9.1　内燃机噪声概述 ……………………………………………………… 176

　　9.1.1　内燃机噪声的分类 ……………………………………………… 176

　　9.1.2　内燃机噪声的计算与检测 ……………………………………… 176

　9.2　燃烧噪声 ……………………………………………………………… 177

　　9.2.1　燃烧噪声机理 …………………………………………………… 177

　　9.2.2　气缸压力的频谱特性 …………………………………………… 178

　　9.2.3　气缸压力频谱与噪声的关系 …………………………………… 179

　　9.2.4　燃烧噪声的影响因素 …………………………………………… 180

　　9.2.5　降低燃烧噪声的方法 …………………………………………… 181

　9.3　机械噪声 ……………………………………………………………… 183

　　9.3.1　活塞敲击噪声 …………………………………………………… 183

　　9.3.2　配气机构噪声 …………………………………………………… 185

　　9.3.3　供油系统噪声 …………………………………………………… 186

　　9.3.4　齿轮传动噪声 …………………………………………………… 186

　　9.3.5　轴承噪声 ………………………………………………………… 187

第10章　内燃机的运行材料 ………………………………………………… 188

　10.1　内燃机燃料 …………………………………………………………… 188

　　10.1.1　汽　油 …………………………………………………………… 188

　　10.1.2　柴　油 …………………………………………………………… 195

　　10.1.3　代用燃料 ………………………………………………………… 201

　10.2　内燃机润滑油 ………………………………………………………… 207

　　10.2.1　内燃机润滑油的分类 …………………………………………… 207

　　10.2.2　内燃机润滑油的使用性能 ……………………………………… 213

　　10.2.3　内燃机润滑油的选用 …………………………………………… 216

　10.3　内燃机冷却液 ………………………………………………………… 220

　　10.3.1　内燃机冷却液的性能要求 ……………………………………… 220

　　10.3.2　内燃机冷却液的选用 …………………………………………… 221

参考文献 ……………………………………………………………………… 225

绪　论

内燃机的发明，至今已有 130 多年的历史。若把蒸汽机的发明认为是第一次动力革命；那么内燃机的问世当之无愧是第二次动力革命，因为它不仅是动力史上的一次大飞跃，而且其应用范围之广、数量之多也是当今任何一种别的动力机械无法相提并论的。随着科技的发展，内燃机在经济性、动力性、可靠性等诸多方面都取得了惊人的进步，为人类做出了巨大贡献。

内燃机是热机的一种，它是将燃料与空气的混合气在气缸内燃烧，并依靠燃料燃烧时的燃气膨胀力推动活塞对外做功的机器。内燃机在气缸内实现了两个能量转换，即燃料的化学能通过燃烧转变为热能和热能通过膨胀转变为机械能。

0.1　内燃机的基本结构

0.1.1　内燃机的基本名词术语

内燃机在运用中常用到以下结构术语（见图 0-1）。

（1）上止点。如图 0-1 所示，活塞在气缸中上下运动一个来回，曲轴旋转一周。活塞顶端离曲轴旋转中心最远处，称为上止点。

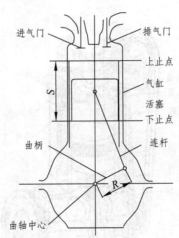

图 0-1　往复活塞式内燃机示意图

（2）下止点。活塞顶端离曲轴中心最近处，称为下止点。

（3）活塞行程（S）。上、下止点间的距离称为活塞行程，用 S 表示。连杆轴颈中心到曲轴旋转中心的距离 R 为曲柄半径；对于气缸中心线通过曲轴中心线的内燃机来说，$S=2R$。

1

（4）燃烧室容积（V_c）。当活塞位于上止点时，活塞顶以上的气缸容积称为燃烧室容积，也称为压缩容积，用 V_c 表示。

（5）气缸工作容积（V_h）。活塞从一个止点到另一个止点所扫过的气缸容积称为气缸工作容积，用 V_h 表示。

$$V_h = \frac{\pi DS}{4 \times 10^6}$$ （0-1）

式中，D 为气缸直径，mm；S 为活塞行程，mm。

（6）气缸总容积（V_a）。当活塞位于下止点时，活塞顶上方的气缸容积称为气缸总容积，用 V_a 表示。

（7）内燃机排量 V_L。内燃机所有气缸工作容积的总和称为内燃机排量，用 V_L 表示。

$$V_L = iV_h \frac{\pi D^2 Si}{4 \times 10^6}$$ （0-2）

式中，i 为气缸数；V_h 为气缸工作容积，L。

（8）压缩比（ε）。气缸总容积与燃烧室容积之比称为压缩比，用 ε 表示。

$$\varepsilon = \frac{V_a}{V_c} = \frac{(V_h + V_c)}{V_c} = 1 + \frac{V_h}{V_c}$$ （0-3）

压缩比表示活塞由下止点移动到上止点过程中气缸中气体被压缩的程度。

0.1.2　内燃机的总体构造

单缸往复活塞式内燃机基本结构示意图如图 0-2 所示，它主要由气缸盖、气缸体、活塞、连杆、曲轴、排气门和进气门等组成。

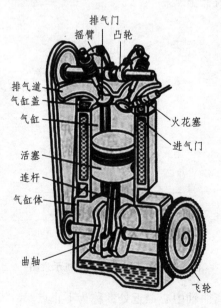

图 0-2　单缸往复活塞式内燃机基本结构示意图

气缸体内有一个圆筒形气缸，活塞装在气缸内，活塞通过连杆与曲轴相连接，构成曲柄连杆机构。活塞在气缸内做上下往复运动，通过连杆推动，曲轴做旋转运动。

气缸体上有气缸盖，气缸盖、气缸和运动的活塞构成了一个容积变化的空间，在此进行燃料的燃烧和气体的膨胀。为了吸入新鲜空气和排除废气，在气缸盖上设有进气门和排气门，由曲轴通过传动机构驱动。

实际上内燃机是极其复杂的机器。为实现由燃料化学能到机械能的转换，并且达到优异的性能指标，内燃机一般采用多个气缸，所以只具备基本结构是不够的，必须包含许多机构和系统，且随发动机的用途、生产厂家和生产年代的不同而千差万别。但就其总体构造而言，内燃机都是由机体组、曲柄连杆机构、配气机构、进排气系统、燃料供给系统、冷却系统、润滑系统、启动系统和有害排放物控制装置组成。另外，汽油机还包括点火系统；增压发动机还有增压系统。

1. 机体组

机体组主要包括气缸体、气缸盖、曲轴箱等。机体组是内燃机各机构、各系统装配的基体，它的许多部位还是曲柄连杆机构、配气机构、进排气系统、燃油供给系统、冷却系统、润滑系统的组成部分。

2. 曲柄连杆机构

曲柄连杆机构是发动机的主要运动机构，由活塞、活塞环、活塞销、连杆、曲轴和飞轮等组成；其功能是将活塞的往复运动转变为曲轴的旋转运动，同时将作用于活塞上的力转变为曲轴对外输出的转矩。

3. 配气机构

配气机构的作用是根据每一气缸内的工作和发火次序的要求，定时地开启和关闭各气缸的进、排气门，以便新鲜可燃混合气（汽油机）或空气（柴油机）及时进入气缸，并把燃烧生成的废气及时排除气缸。配气机构主要由气门组和气门传动组（包括凸轮轴、挺柱、推杆、摇臂轴、摇臂和正时齿轮等）组成。

4. 进、排气系统

进、排气系统的作用是将新鲜空气或可燃混合气分配到各气缸中，并汇集燃烧后的废气，经消声器排到大气中；它由空气滤清器、进气歧管、排气歧管和排气消声器等组成。

5. 燃料供给系统

汽油机燃料供给系统的作用是将汽油和空气按一定比例混合成可燃混合气，并供入气缸。它由汽油箱、输油泵、汽油滤清器和汽油喷射系统组成。

柴油机燃料供给系统的作用是适时适量地将柴油以一定压力通过喷油器直接喷入气缸，使柴油在缸内形成混合气并燃烧做功。它由柴油箱、输油泵、柴油滤清器、高压油泵、喷油器、调速器等组成。

6. 冷却系统

冷却系统的主要作用是将内燃机的受热零件，如气缸盖、气缸、气门等的热量及时散发到大气中，以保证内燃机在适宜的温度下工作。冷却介质一般为水或空气。水冷式内燃机的冷却系统一般由水泵、水套、节温器、散热器、冷却风扇等组成。

7. 润滑系统

内燃机润滑系统的主要作用是将润滑油送入运动零件的摩擦表面，以减少摩擦副的摩擦和磨损，并带走摩擦生成的热量和金属屑。润滑系统的主要部件有机油泵、机油滤清器、机油道、机油冷却器等。

8. 点火系统

汽油机点火系统的作用是按时产生足够强的电火花，以点燃气缸内被压缩的混合气。现代汽油机的点火系统一般由传感器、微机控制器、点火控制器、火花塞、点火线圈等组成；传统汽油机的点火系统由点火线圈、分电器、火花塞、电源、点火开关和高压导线等组成。

9. 启动系统

启动系统是利用发动机以外的能源使发动机开始运转，常用的电启动系统由蓄电池、直流电动机、传动机构、控制机构等组成。

综上所述，往复活塞式内燃机的组成如表 0-1 所示。

表 0-1　内燃机的组成

内燃机总体构造		
两大机构	曲柄连杆机构	
	配气机构	
五大系统	燃料供给系统	
	润滑系统	
	冷却系统	
	启动系统	
	点火系统（汽油机）	

0.1.3　内燃机的分类与型号编制

1. 内燃机的分类

常用的往复活塞式内燃机的分类方法如下。

1）按燃料分类

内燃机按使用燃料不同分为煤气机、汽油机、柴油机（包括各种代用燃料）等。

4

2）按一个工作循环的行程数分类

内燃机按一个工作循环的行程数分为四冲程内燃机、二冲程内燃机。

3）按燃料着火方式分类

内燃机按燃料着火方式不同分为压燃式内燃机、点燃式内燃机。

4）按冷却方式分类

内燃机按冷却方式不同分为水冷式内燃机、风冷式内燃机。

5）按进气方式分类

内燃机按进气方式不同分为自然吸气式内燃机、增压式内燃机。

6）按气缸数目分类

内燃机按气缸数目多少分为单缸内燃机、多缸内燃机。

7）按气缸排列方式分类

内燃机按气缸排列方式不同分为直列式内燃机、V 型内燃机、水平对置式内燃机、卧式内燃机等。

8）按转速或活塞平均速度分类

内燃机按转速或活塞平均速度分为高速内燃机（标定转速高于 1 000 r/min 或活塞平均速度高于 9 m/s）、中速内燃机（标定转速 600 ~ 1 000 r/min 或活塞平均速度 6 ~ 9 m/s）、低速内燃机（标定转速低于 600 r/min 或活塞平均速度低于 6 m/s）。

9）按用途分类

内燃机按用途不同分为农用、汽车用、工程机械用、拖拉机用、铁路机车用、船用及发电用等内燃机。

2. 内燃机的型号编制

我国内燃机名称和型号编制规则国家标准（GB 725—91）的主要内容如下：

（1）内燃机产品名称均按所采用的燃料命名，例如：柴油机、汽油机、煤气机、沼气机、双（多种）燃料发动机等。

（2）内燃机型号由阿拉伯数字、汉语拼音字母和 GB 1883 中关于气缸布置所规定的象形字符号组成。

（3）内燃机型号由 4 部分组成。

① 首部：包括产品系列代号、换代标志符号和地方、企业代号（由制造厂根据需要自选相应字母表示，但需经行业标准化归口单位核准、备案）。

② 中部：由缸数符号、气缸布置形式符号、冲程符号和缸径符号组成。

③ 后部：由结构特征符号和用途特征符号组成。

④ 尾部：包括区分符号。当同一系列产品因改进等原因需要区分时，由制造厂选用适当符号表示；后部与尾部可用"–"分隔。

（4）型号表示方法，如图 0-3 所示。

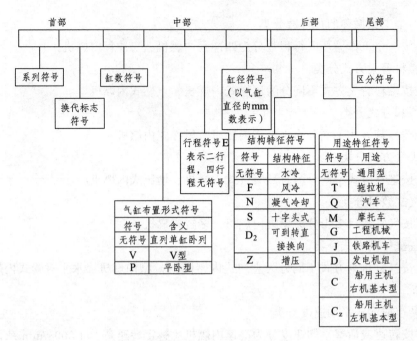

图 0-3　型号表示方法

（5）型号举例：

① 汽油机。

a. 1E65F——单缸、二冲程、缸径为 65 mm、风冷、通用型。

b. EQ6100-1——6 缸、直列、四冲程、缸径为 100 mm、水冷，区分符号 1 表示第一种变型产品（EQ 为第二汽车制造厂代号）。

c. BN492QA——4 缸、直列、四冲程、缸径为 92 mm、水冷、汽车用，区分符号 A 表示变型产品（BN 为北京内燃机厂代号）。

② 柴油机。

a. LL480Q——4 缸、直列、四冲程、缸径为 80 mm、水冷、汽车用（LL 为华源莱动股份有限公司代号）。

b. 10V120FQ——10 缸、"V"型气缸排列、四冲程、缸径为 120 mm、风冷、汽车用。

c. 12VE230ZC_z——12 缸、"V"型气缸排列、二冲程、缸径为 230 mm、水冷、增压、船用主机左机基本型。

0.2　内燃机的工作原理

0.2.1　四冲程内燃机工作原理

1. 四冲程汽油机工作原理

四冲程往复活塞式汽油机在 4 个活塞行程内进行进气、压缩、做功和排气 4 个过程，完成燃料的化学能到曲轴旋转机械能的转换，如图 0-4 所示。

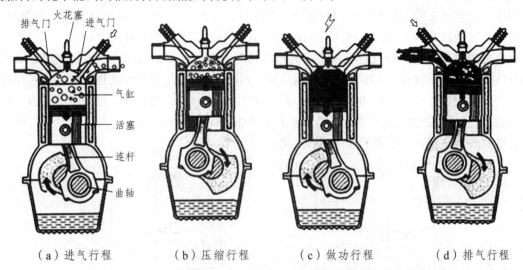

（a）进气行程　　　（b）压缩行程　　　（c）做功行程　　　（d）排气行程

图 0-4　四冲程往复活塞式汽油机的工作原理示意图

1）进气行程

活塞在曲轴的带动下由上止点移至下止点，此时排气门关闭，进气门开启。在活塞移动过程中，气缸容积逐渐增大，气缸内形成一定的真空吸力，空气和汽油的混合气通过进气门进入气缸，并在气缸内进一步混合均匀。如图 0-4（a）所示。

因为进气系统有阻力，所以在进气结束时气缸内的气体压力低于大气压力，为 0.08～0.09 MPa。由于进气门、气缸壁、活塞等的高温零件以及前一个排气过程残留在气缸内的高温废气对混合气的加热，致使在进气结束时气缸内的气体温度高于大气温度，为 320～380 K。

2）压缩行程

进气行程结束后，曲轴带动活塞由下止点移向上止点，这时进、排气门均关闭，随着活塞移动，气缸容积不断减小，气缸内的混合气体被压缩，其压力和温度同时升高。当活塞到达上止点时，气缸内气体的压力为 0.8～1.5 MPa、温度为 600～750 K。如图 0-4（b）所示。

压缩气体有利于混合气的迅速燃烧并可提高内燃机的热效率。一般压缩比 ε=7～10，ε 太大容易发生不正常燃烧。

3）做功行程

当压缩行程结束时，安装在气缸盖上的火花塞产生电火花，将气缸内的可燃混合气点燃，火焰迅速传遍整个燃烧室，同时放出大量热量，这时进、排气门仍然关闭，燃烧气体的压力和温度迅速升高，高压气体推动活塞由上止点移向下止点，并通过连杆推动曲轴旋转做功。如图 0-4（c）所示。

在做功行程中，燃烧气体的最大压力可达 3.0～6.5 MPa、最高温度可达 2 200～2 800 K，随着活塞向下止点移动，气缸容积不断增大，气体压力和温度逐渐降低。当做功行程结束时，压力为 0.35～0.5 MPa、温度为 1 200～1 500 K。

4）排气行程

活塞到达下止点前后，排气门开启，进气门仍然关闭，燃烧后的废气靠其自身压力从排气道喷出，随后曲轴通过连杆带动活塞由下止点移向上止点，将废气继续挤出气缸。当活塞到达上止点时，排气行程结束，排气门关闭。图 0-4（d）所示。

当排气行程结束时，在燃烧室内尚残留少量废气，称为残余废气。因为排气系统有阻力，所以残余废气的压力比大气压力略高，为 0.105 ~ 0.12 MPa、温度为 900 ~ 1 100 K。

将气缸内的气体压力随气缸容积（或曲轴转角）的变化关系绘成曲线，能直观地显示气缸内气体压力的变化过程，这种曲线称作示功图，如图 0-5 所示。借助示功图，可以深入理解和掌握内燃机的工作状况，在如图 0-5 所示的示功图上，曲线 ra 表示进气行程中气缸内气体压力的变化，曲线 ac 为压缩行程，曲线 czb 表示做功行程，曲线 br 代表排气行程；大气压力线上方的点表示正压力，下方的点表示负压力。

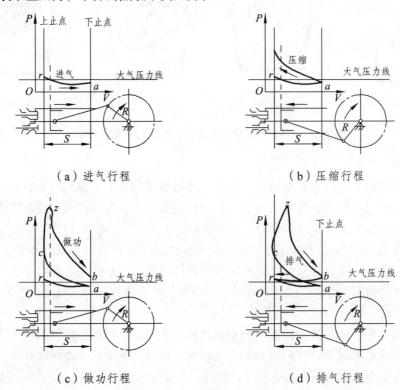

（a）进气行程　　　　　　　　　　　　（b）压缩行程

（c）做功行程　　　　　　　　　　　　（d）排气行程

图 0-5　四冲程汽油机的示功图

综上所述，经过进气、压缩、做功和排气 4 个行程，汽油机便完成一次能量转换过程，周而复始地重复这个过程，即可连续输出动力，每一个能量转换过程称为内燃机的一个工作循环。在一个工作循环中，曲轴旋转两周，活塞在上、下止点间往复运动 4 个行程（一个活塞行程曲轴转 180°），所以称为四冲程内燃机。在一个工作循环中，只有做功行程产生动力，其他 3 个行程要消耗动力，做功行程做的功比其他 3 个行程的耗功大得多，一般在曲轴上安装转动惯量较大的飞轮或采用多缸内燃机，靠飞轮惯性和多个气缸按一定的工作顺序依次做功来维持运转，并改善曲轴旋转的不均匀性。

在实际进气过程中，进气门早于上止点开启，迟于下止点关闭；在排气过程中，排气门早于下止点开启，迟于上止点关闭；即进、排气过程所占的曲轴转角均超过 180°。进气门早开晚关是为了减少进气过程所消耗的功和增加进入气缸内的混合气量。排气门早开晚关是为了减少排气过程的能耗和残余废气量。减少残余废气量，会相应地增加进气量。

2. 四冲程柴油机工作原理

四冲程柴油机的工作循环同样包括进气、压缩、做功和排气 4 个过程，在各个活塞行程中，进、排气门的开闭和曲柄连杆机构的运动与汽油机完全相同，只是由于柴油和汽油使用性能的不同，柴油机和汽油机在混合气形成方法及着火方式上有着根本的差别，其工作原理示意图如图 0-6 所示。因此，在叙述柴油机工作原理时只介绍与汽油机的不同之处。

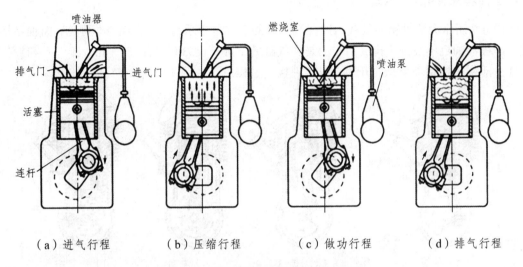

（a）进气行程　　（b）压缩行程　　（c）做功行程　　（d）排气行程

图 0-6　四冲程柴油机工作原理示意图

1）进气行程

在柴油机进气行程中，被吸入气缸的只是纯净的空气。由于柴油机进气系统阻力较小，残余废气的温度较低，因此，在进气行程结束时气缸内气体的压力较高为 0.085～0.095 MPa、温度较低为 310～340 K。如图 0-6（a）所示。

2）压缩行程

因为柴油机的压缩比大，所以在压缩行程结束时气体压力可高达 3～5 MPa、温度可达750～1 000 K。如图 0-6（b）所示。

3）做功行程

当在压缩行程结束时，喷油泵将高压柴油送入喷油器，并通过喷油器将其喷入燃烧室。因为喷油压力很高，喷孔直径很小，所以喷出的柴油呈细雾状，细微的油滴在炽热的空气中迅速蒸发汽化，并借助于空气的运动，迅速与空气混合，形成可燃混合气，由于气缸内的温度远高于柴油的自燃点，因此，柴油随即自行着火燃烧。燃烧气体的压力、温度迅速升高，高压气体推动活塞做功，进而推动曲轴旋转。如图 0-6（c）所示。

在做功行程中，燃烧气体的最大压力可达 6～9 MPa、最高温度可达 1 800～2 200 K。当做功行程结束时，压力为 0.2～0.5 MPa、温度为 1 000～1 200 K。

4）排气行程

当排气结束时，气缸残余废气的压力为 0.105～0.12 MPa、温度为 700～900 K。如图 0-6（d）所示。

9

0.2.2 二冲程内燃机工作原理

曲轴旋转一周，活塞上下往复运动一次，即经过两个行程，完成一个工作循环，这种内燃机称为二冲程内燃机。二冲程内燃机也有汽油机和柴油机之分。

1. 二冲程汽油机工作原理

如图 0-7 所示为曲轴箱换气式二冲程汽油机的工作原理示意图。由图 0-7 可见，曲轴箱换气式二冲程汽油机不设进、排气门，而是在气缸的下部开设 3 个孔：进气孔、排气孔和扫气孔，并由活塞来控制 3 个孔的开闭，以实现换气过程。

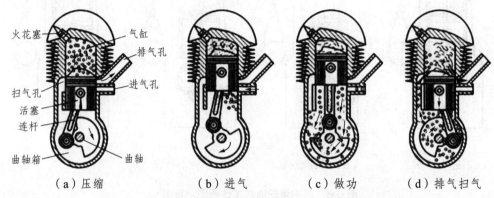

图 0-7 曲轴箱换气式二冲程汽油机的工作原理示意图

1）第一行程

活塞在曲轴带动下由下止点移至上止点，当活塞还处于下止点时，曲轴箱内的可燃混合气已被压缩。这时，进气孔被活塞封闭，排气孔和扫气孔开启，混合气靠自身压力经扫气孔进入气缸，并扫除其中的废气。随着活塞向上止点运动，活塞头部首先将扫气孔关闭，扫气终止。但此时排气孔尚未关闭，仍有部分废气和可燃混合气经排气孔继续排出，称为额外排气。当活塞将排气孔也关闭之后，气缸内的可燃混合气开始被压缩，如图 0-7（a）所示。直至活塞到达上止点为止，压缩过程结束。

在活塞到达上止点之前，随着活塞上移，曲轴箱的容积增大，曲轴箱内形成一定的真空；当活塞裙部将进气孔开启时，空气和汽油的混合气被吸入曲轴箱，进气开始，如图 0-7（b）所示，空气和汽油的可燃混合气在曲轴箱内进一步混合，变得更均匀。

2）第二行程

活塞由上止点移至下止点。当压缩过程结束时，火花塞产生电火花，将气缸内的可燃混合气点燃，如图 0-7（c）所示，燃烧气体膨胀做功。此时，排气孔和扫气孔均被活塞关闭，唯有进气孔仍然开启，空气和汽油经进气孔继续流入曲轴箱，直至活塞裙部将进气孔关闭为止。随着活塞继续向下止点运动，曲轴箱容积不断缩小，其中的混合气被预压缩。此后，活塞头部先将排气孔开启，膨胀后的燃烧气体已成废气，经排气孔排出。至此做功过程结束，开始先期排气。随后活塞又将扫气孔开启，经过预压缩的可燃混合气从曲轴箱经过扫气孔进入气缸，如图 0-7（d）所示，扫除其中的废气，开始扫气过程。这一过程将持续到下一个活塞行程中扫气孔被关闭时为止。

如图 0-8 所示为二冲程内燃机的示功图，图中点 a 表示排气孔关闭，曲线 ac 为压缩过程，曲线 czb 为做功过程；在 b 点排气孔开启，bf 为先期排气阶段；在 f 点扫气孔开启，fdh 段为扫气过程；在 h 点扫气孔关闭，ha 段位额外排气阶段。从排气口开始打开到完全关闭占 $130° \sim 150°$ 曲轴转角，此为二冲程内燃机的换气过程，即示功图上的 $bfdha$ 曲线。

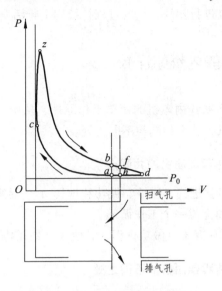

图 0-8　二冲程内燃机的示功图

2. 二冲程柴油机工作原理

如图 0-9 所示为带扫气泵的气门-气孔式直流扫气二冲程柴油机的工作原理示意图。

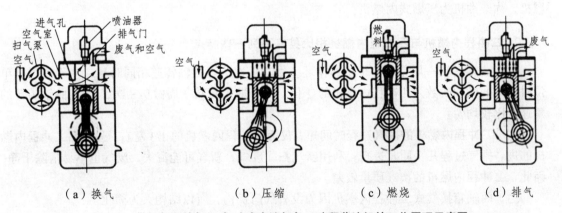

（a）换气　　　　　（b）压缩　　　　　（c）燃烧　　　　　（d）排气

图 0-9　带扫气泵的气门-气孔式直流扫气二冲程柴油机的工作原理示意图

1）第一行程

活塞由下止点移向上止点。当活塞还处于下止点位置时，进气孔和排气门均已开启。扫气泵将纯净的空气增压到 $0.12 \sim 0.14\,\text{MPa}$，经空气室和进气孔送入气缸，扫除其中的废气。废气经气缸顶部的排气门排除，如图 0-9（a）所示。当活塞上移将进气孔关闭的同时，排气门也关闭，进入气缸内的空气开始被压缩，如图 0-9（b）所示。活塞运动至上止点，压缩过程结束。

2）第二行程

活塞由上止点移至下止点。当压缩过程结束时，高压柴油经喷油器喷入气缸，并自行着火燃烧，如图 0-9（c）所示，高温高压的燃烧气体推动活塞做功。当活塞下移 2/3 行程时，排气门开启，废气经排气门排出，如图 0-9（d）所示。活塞继续下移，进气孔开启，来自扫气泵的空气经进气孔进入气缸进行扫气，扫气过程持续到上行活塞将进气孔关闭为止。

0.2.3　不同工作原理的内燃机比较

上面叙述了各类往复活塞式内燃机的简单工作原理，从中可以看出汽油机与柴油机、四冲程内燃机与二冲程内燃机的若干相同与不同之处。

1. 四冲程汽油机与四冲程柴油机的共同点

（1）每个工作循环都包含进气、压缩、做功和排气 4 个活塞行程，每个行程各占曲轴转角 180°，即曲轴每旋转两周完成一个工作循环。

（2）4 个活塞行程中，只有 1 个做功行程，其他 3 个是耗功行程。

2. 四冲程汽油机与四冲程柴油机的不同之处

（1）汽油机的可燃混合气在气缸外部开始形成，并延续到进气和压缩行程结束，时间较长。柴油机的可燃混合气体在气缸内部形成，从压缩行程接近结束时开始，并占小部分做功行程，时间很短。

（2）汽油机的可燃混合气用电火花点燃，柴油机则是自燃；所以又称汽油机为点燃式内燃机，称柴油机为压燃式内燃机。

3. 二冲程内燃机与四冲程内燃机相比具有下列一些特点

（1）曲轴每转一周完成一个工作循环，做功一次。当曲轴转速相同时，二冲程内燃机单位时间内的做功次数是四冲程内燃机的 2 倍。由于曲轴每转一周做功一次，因此,曲轴旋转的角速度比较均匀。

（2）二冲程内燃机的换气过程时间短，仅为四冲程内燃机的 1/3 左右。另外，二冲程内燃机的进、排气过程几乎同时进行，利用新气扫除废气，新气可能流失，废气也不易清除干净。因此，二冲程内燃机的换气质量较差。

（3）曲轴箱换气式二冲程内燃机因为没有气门机构，所以结构大为简化。

0.2.4　内燃机技术状况的评定

1. 评定内燃机技术状况的主要指标

内燃机随着使用时间的增长，技术状况将逐渐变坏，其技术变坏的程度主要根据使用条件、操作技术、维护保养等的情况以及内燃机本身结构强度的差异而有所不同。由于内燃机各系统技术状况变坏，则必然导致内燃机的动力性能降低，燃料与润滑油消耗增加，各机件的工作可靠性变坏，以至影响内燃机的正常使用。

内燃机技术状况变坏的过程，在正常情况下，是比较缓慢的，而且是有规律性的，也是完全可以预防的。研究内燃机运用技术的重要任务，就是围绕如何使内燃机在使用过程中经常保持其完好的技术状况，达到提高生产效率、降低运行成本的目的。因此，除合理选配发动机外，必须坚持贯彻执行计划预防保养制度、合理操作、遵守各项操作规程。

内燃机在使用过程中技术状况变化的主要评定指标有以下 8 点。

1）内燃机动力性指标

由于内燃机内部各机件的技术状况不断变化，因此，随着内燃机使用时间的增长，内燃机输出的有效功也随之降低。如内燃机缸套和活塞以及活塞环等的磨损，使配合间隙增大；气门与气门座的磨损等，使气缸内部工作条件恶化；以及其他各辅助设备摩擦阻力的增加（如水泵、油泵、风扇等），使内燃机有效功率降低，其功率的变化就会直接影响驱动功率。

2）内燃机经济性能指标

内燃机技术状况的变化（如柴油机燃料供给系统中柱塞副的磨损，出油阀偶件密封不严以及柴油雾化不良等），会使燃料的消耗增加。内燃机经济性能指标是以油耗量和耗油率来表示的。随着内燃机技术状况的变化也会使润滑油的消耗增加。

3）耐用性和可靠性

耐用性和可靠性是指内燃机在较长的工作时间内，不发生故障和损坏的性能。它既与原设计的结构性能和制造质量有关，也与使用情况有密切关系。在运行过程中，由于配合件的磨损量增加、配合间隙增大、甚至材料硬度改变、弹性消失、强度削弱，从而产生裂纹和折断现象，使内燃机丧失了原有的坚固可靠性，经常发生故障，甚至不能继续运转。这些都说明内燃机可靠性能下降。

4）机油消耗量

机油消耗量可以反应气缸活塞组的磨损状况，从而能在一定程度上表明内燃机的技术状况。机油消耗量增加的主要原因是气缸活塞组及活塞环磨损过大，机油串入燃烧室燃烧或者排除，造成机油过量消耗。

5）气缸压力

对内燃机气缸压力（压缩终了时的压力）的检验，可判明气缸活塞、气门与气门座的漏气程度。

6）曲轴箱压力

曲轴箱压力可以反应气缸活塞组的技术状况。曲轴箱压力大，则说明气缸活塞组磨损严重，串气量大。

7）机油压力

实践证明，轴承间隙每增加 0.01 mm，机油压力大致下降 10 kPa。因此，可根据机油压力来判断内燃机轴承的磨损程度。

8）润滑油中含铁（包括其他元素）量

内燃机工作时，各机件的磨损金属屑被润滑油带走，所以润油中磨损微粒的含量可以证明机件磨损程度。测定润滑油中磨损微粒含量的增加速度，还可以反映机件的磨损速度。

润滑油中可以测定的重点元素有：

① 铁元素含量，它表明气缸、油泵、轴等零件的磨损状况。

② 铬元素含量，它表明活塞环、气门杆等零件镀层磨损状况。

③ 铜元素含量，它表明曲轴、凸轮轴轴瓦磨损的程度。

④ 硅元素含量，它表明内燃机空气滤清器的工作是否良好。灰尘量越多，硅元素含量越多。

此外，内燃机的温度及运转时的异常响声、振动等现象，都可以用来判断内燃机技术状况的好坏。

2. 影响内燃机技术状况变化的主要因素

内燃机在运行过程中，影响技术状况的因素很多，其中最主要的是零件的磨损。影响磨损的因素有：零件结构及材质加工，运行条件，油料品质，操作技术，技术保养及修理质量等。

1）零件的结构，材料及加工质量

提高零件表面的加工质量和增加表面硬度，均能提高零件的耐磨性，降低零件的磨损速度，提高零件的使用寿命，如活塞环镀铬。铸件零件表面高频淬火，可提高耐磨性，延长使用寿命。缸套采用铬、钼、钒的合金材料之后，其磨损量比一般铸铁的缸套磨损减少 75% 左右。

在结构上应采用先进的技术，如进气系统空气滤清器芯子采用高效纸芯，润滑系统内设粗、细滤清器等；曲轴箱强制通风，驱出窜入曲轴箱的燃料蒸汽和燃烧产物，可减少润滑油的变质，避免润滑油对机件产生腐蚀；冷却系统内加节温器和润滑系统中装散热器，能使内燃机处于正常温度下工作。这些结构装置都能使内燃机磨损减少，使寿命延长。

2）运行条件

运行条件主要是指周围的气温和工作环境。冬季寒冷地区内燃机启动困难，润滑状况变坏，磨损加剧。夏季炎热地区发动机过热，润滑油变稀，润滑不良，亦导致零件磨损加剧。工作环境对内燃机的磨损也有很大影响。特别是现场的灰尘、风沙都会加速内燃机的磨损。

3）油料品质

燃料的品质是否适合内燃机的结构和使用条件，对零件的磨损有很大的影响。如采用辛烷值过低的汽油，将会使汽油机工作时引起爆燃，降低汽油机的动力性与经济性，并增加零件的磨损。

燃料的含硫量对内燃机的腐蚀影响很大。含硫量增加，内燃机的腐蚀磨损亦增加。当汽油的含硫量超过 0.15%，柴油的含硫量超过 0.71% 时，气缸的腐蚀磨损剧烈增加。

柴油的十六烷值（低于 40），发火性能不好，使着火落后期增长，燃烧时易发生爆燃，使曲柄连杆机构冲击负荷增大，加速机件磨损。

润滑油品质对零件磨损的影响因素，主要是黏度和油性。黏度过高、过低都会使润滑条件变坏，从而加速零件的磨损。所以，应根据季节和温度的不同，合理选择润滑油，使之适合机件的结构和工作条件，才能减少零件的磨损。油性是表示润滑油在零件表面的吸附能力，提高润滑油的油性，可以大大降低零件的磨损。

4）操作技术

操作技术的熟练程度、正确与否对内燃机技术状况的影响极大。在使用中，相同的内燃机，即使在同样条件下运行，由于操作技术和操作方法不同，其技术性能的变化情况是不一样的。比如内燃机启动前的检查，准备摇车及启动后的暖车；离合器接合等的操作技术，对内燃机零件的磨损及寿命都有影响。

5）技术保养及修理技术

内燃机在使用过程中，是否按照保养周期及时进行保养和及时修理，并保证修理的质量，对内燃机的技术状况有很大的影响。如及时对各机构进行润滑、调整、检查、紧固和消除故障，则能较长时间地保持完好的技术性能，减少零件的磨损和故障的产生，延长内燃机的使用寿命。相反，如不认真进行预防保养，不遵守预防保养周期和规定的作业内容，就可能使内燃机的性能急剧变坏，甚至不能使用。如不重视空气滤清器的作用，未及时清洗保养，就会丧失滤清能力，过滤性下降，会引起内燃机迅速的磨损。因此，及时而认真地进行技术保养作业，按需要及时进行修理，可以提高内燃机的完好率和延长大修周期。

0.3 内燃机技术管理

0.3.1 内燃机技术管理的基本概念

内燃机作为一种复杂的机械产品，其技术管理工作应属于设备管理的范畴。内燃机技术管理是指对内燃机规划、选配、使用、检测、维修、改装、改造、更新与报废全过程的综合性管理。它包括内燃机实物形态管理和内燃机价值形态管理。

所谓内燃机实物形态管理是指内燃机从选型、使用、维护、修理直至报废的全过程以设备实物形态运动过程的管理。

所谓内燃机价值形态管理是指在整个设备寿命周期内包含的最初投资、使用费用、维修费用的支出、折旧、技术改造、更新资金的筹措与支出等，构成了设备价值形态运动过程的管理。

从管理工作的性质来看，内燃机实物形态管理是建立在实用技术基础上的管理；内燃机价值形态管理是建立在经济思维基础上的管理。因此，内燃机实物形态管理更注重操作规程的建立、维修技术的优化、技术档案的完善等方面的工作；而内燃机价值形态管理则更注重于经济定额、经济效益、运行效能等方面的分析。两者的有机结合构成完备的内燃机技术管理体系。

内燃机技术管理可分为前期管理、中期管理和后期管理。其中内燃机规划、选配、安装、新机接收以及内燃机使用前的准备，是内燃机前期管理；内燃机使用、检测，维护、修理是内燃机中期管理；内燃机改装、改造、更新、报废是内燃机后期管理。内燃机运行技术管理、内燃机技术档案管理、内燃机技术状况等级鉴定管理、内燃机技术经济定额指标管理以及内燃机租赁、停放、封存和折旧等，都属于内燃机基础管理的范畴。

要做好内燃机技术管理工作，必须遵循以下原则：

"预防为主"：是内燃机技术管理的基本原则，只有做好事前的预防性工作，才能使内燃机经常保持良好的技术状况，尽量减少故障频率，保证安全生产，充分发挥内燃机的效能，降低消耗，延长使用寿命。

"择优选配"：是指内燃机在购置前就要首先考虑市场的具体情况和运行条件，合理确定各种不同机型的最佳配比关系（如大、中、小型的比例等），满足实际使用的需要。

"正确使用"：是指内燃机在使用过程中一定要根据内燃机性能、结构和运行条件等，掌握内燃机的操作和运用规程，正确使用。

"定期检测"：是运用现代化的技术手段，定期正确判断内燃机的技术状况。它包括两重含义：一是对所有从事运行的内燃机视其类型、新旧程度、使用条件和使用强度等制定定期检测制度，使其在运行一定时间后，按时进行综合性能检测，以达到控制内燃机技术状况的目的，同时这种方法也可通过对维修的内燃机定期抽检，监督维修质量。二是定期检测结合维护定期进行，以此确定维护附加作业项目，掌握内燃机技术状况变化规律，同时通过对内燃机的检测诊断和技术鉴定，确定内燃机是否需要大修，以便实行视情修理。

"强制维护"：是在计划预防维护的基础上进行状态检测的维护制度。它是预防为主的方针，对内燃机按规定的运行时间间隔进行强制维护，在执行计划维护时结合状态检测，确定附加维护作业项目，以便及时发现和消除故障、隐患，防止内燃机早期损坏。

"视情修理"：是随着检测诊断技术的发展和维修市场变化而提出的。内燃机经过检测诊断和技术鉴定，根据需要确定修理时间和项目（包括作业范围、作业深度），这样做既可以防止延误修理而造成技术状况恶化，又可以避免提前修理造成浪费。

综上所述，内燃机技术管理的原则概括起来说，就是预防为主和技术与经济相结合的全过程综合性管理。内燃机技术管理的目的，是以最小的花费取得最佳投资效果。

0.3.2　内燃机的技术经济定额管理

内燃机的技术经济定额是运行和维修业户在一定的生产条件下进行生产和经济活动时所应遵守或达到的限额，是实行经济核算、分析经济效益和考核经营管理水平的依据。

1. 技术经济定额指标

内燃机运行企业的主要技术、经济定额和指标有：燃料消耗定额、润滑油消耗定额、内燃机平均技术等级、完好率、内燃机维护与小修费用定额、内燃机大修间隔时间定额、内燃机大修费用定额、内燃机新度系数、小修频率共计十项。

1）内燃机维护与小修费用定额

内燃机维护与小修费用定额是指内燃机每运行一定时间，维护与小修耗用的工时和物料费用的限额，按机型和维护级别等分别鉴定。对由于机械事故造成的内燃机、各总成需修或更换费用，应按事故费处理，不列入小修费用。

2）内燃机大修间隔时间定额

内燃机大修间隔时间（里程）定额是指新机到大修，或大修到大修之间所运行的时间（里程）限额，按机型和使用条件等分别制订。内燃机运行时间达到大修间隔时间（里程）定额时，可进行技术鉴定，在技术上允许、经济上合理的条件下，可规定补充运行定额。

3）内燃机大修费用定额

内燃机大修费用定额是指内燃机大修所耗工时和物料总费用的限额，按内燃机类别和型式等分别制订。它是考核经营管理水平的一项综合性定额。

4）内燃机新度系数

内燃机新度系数是综合评价使用单位内燃机新旧程度，保持运行生产力和后劲的一项重要指标，可用下式表示：

$$F = C_g / C_y \qquad\qquad (0\text{-}4)$$

式中　F——内燃机新度系数；

　　　C_g——年末单位全部运行内燃机固定资产净值；

　　　C_y——年末单位全部运行内燃机固定资产原值。

一般来说，运行单位内燃机新度系数逐年呈自然下降状态，对它的数值要求应稍有下降，保值或增值应视单位的具体情况而定，一般不低于 0.52。

5）小修频率

小修频率是指每运行 100 小时发生小修次数（不包括各级维护作业中的小修）。

技术经济定额指标是内燃机管理的主要内容之一，内燃机主管部门、运行和维修业户都必须加强技术经济定额指标的管理。

2. 技术经济定额的制订

1）技术经济定额的制订

技术经济定额可由省、自治区，直辖市相关厅（局）组织制订和修订，实行分级管理。各单位可根据上级部门颁发的技术经济定额，制订本单位的技术经济定额。各级内燃机技术管理部门应配备专职管理人员，明确各自的职责，进行有效的管理。

制订技术经济定额常用的方法有：三面统筹法、比例法和系数法。

（1）三面统筹法。

三面统筹法是适当地选择内燃机运行单位先进面、总体平均面和落后面的比例制订出平均先进定额的一种方法。

$$A = A_1 Q_1 + A_2 Q_2 + A_3 Q_3 \qquad\qquad (0\text{-}5)$$

式中　A——平均先进定额；

　　　A_1——先进面上的平均定额；

　　　A_2——总体面上的平均定额；

　　　A_3——落后面上的平均定额；

　　　Q_1——先进面所占百分比，约 30%；

　　　Q_2——总体平均面所占百分比，约 50%；

　　　Q_3——落后面所占百分比，约 20%。

三面统筹法适用于制订工时消耗定额、材料消耗定额等，特点是定额比较稳妥，能够从整体出发，照顾后进。使用时要注意先进面、总体平均面和落后面各占的百分数不能太悬殊。若对计算出的平均先进定额不满意，可调整先进面、总体平均面和落后面的比例，重新确定定额。

（2）比例法。

比例法是把最先进的水平、最可靠的水平和最保守的水平，按 1∶4∶1 的比例进行平均计算，公式如下：

$$A = \left(A_4 + A_5 \times 4 + A_6 \right) / 6 \tag{0-6}$$

式中　A_4——最先进水平的平均定额；

　　　A_5——最可靠水平的平均定额；

　　　A_6——最保守水平的平均定额。

比例法适用于制订增长性定额，如内燃机大修间隔、内燃机维修质量等；不适用于降低性定额，如大修工时和物料消耗定额。

（3）系数法。

系数法是在平均定额的基础上，根据年度计划指标，确定一个相应的增减系数来进行计算，计算式如下：

$$A_7 = 1 + \delta \tag{0-7}$$

式中　A_7——年度平均定额；

　　　δ——系数。

2）技术经济定额的修订

技术经济定额一经制定，应有严肃性且保持相对稳定，但随着使用条件的改善和技术进步，一定时期可作必要修订，以保证定额的合理性。

3）技术经济定额指标的考核

技术经济定额指标的考核应分类进行，如对操作工考核油耗、维护等；对维修工考核维护与小修费用、大修费用、大修间隔时间等；对班组考核内燃机完好率、平均技术等级、内燃机维护与小修费用等；对企业考核内燃机完好率、平均技术等级、内燃机新度系数等。内燃机完好率、平均技术等级、内燃机新度系数这三项指标是综合体现企业技术管理水平、技术装备素质和企业发展后劲的主要指标，考核这些指标，对企业保持生产持续、稳定、协调发展，克服内燃机使用短期行为有着重大作用，有利于实现内燃机的良性循环（包括内燃机不断更新）。

0.3.3　内燃机技术档案

内燃机技术档案是指内燃机从新机购置到报废整个运用过程中，记载内燃机基本情况、主要性能、运行使用情况、主要部件更换情况、检测和维修记录以及事故处理等有关汽车资料的历史档案。这种档案对了解内燃机性能、技术状况及掌握内燃机使用、维修规律，为内燃机维修、改造和配件储备提供技术数据和科学依据，也为评价技术管理水平的高低提供依据，还可为内燃机制造厂提高制造质量提供反馈信息。因此，它是内燃机技术管理中的一项重要的基础管理工作，应认真做好这一项工作。

1. 内燃机技术档案的建立

各内燃机运行单位和个人必须逐机建立内燃机技术档案，并应认真填写，妥善保管。内燃机技术档案的格式由各省自治区、直辖市相关厅（局）统一制订，以使其内容和格式做到统一，便于管理。

内燃机技术档案应作为审核企业的依据之一。政府相关管理部门要督促指导企业和个人建立内燃机技术档案，对未建档案或档案不完整的内燃机，政府相关管理部门应不予审核通过。

内燃机技术档案一般由企业负责建立，由企业的设备管理技术人员负责填写和管理。为了适应总成互换修理，内燃机技术档案也可按总成立卡，随总成使用归入内燃机技术档案内。内燃机在检测、维修、改造时，必须随带技术档案进行有关项目的填写。内燃机办理过户手续时，技术档案应完整移交，接收内燃机单位应注意查收内燃机技术档案。内燃机被批准报废后，管理技术员办完报废处理手续并记入技术档案中，然后将技术档案上交有关部门保存。

2. 内燃机技术档案的管理

内燃机技术档案一般在单位由设备管理部门技术员负责填写执行，单位技术管理部门应定期进行检查。对内燃机技术档案管理的要求是：

（1）记载应做到"及时、完整和准确"。及时就是指档案中规定的内容，要按时记载，不得拖延，不允许采用在一定时期以后，以"总算账"的方法追记。完整就是要按规定内容和项目要求，一项不漏地记载齐全，不留空白。

（2）专人负责，职责分明。设备管理技术员是技术档案的具体负责人，负责填写、执行和保管，并负全部责任。

（3）技术档案妥善保存，内燃机报废后应上交。

0.3.4 内燃机运用效能管理

1. 内燃机停放、封存与租赁

内燃机停放、封存和租赁是内燃机技术管理的一项经常性工作，也是关系到保护内燃机、延长使用寿命的一项比较重要的工作。

1）内燃机停放

凡部分总成的部件严重损坏，在较长时间内配件无法解决又不符合报废条件的内燃机，机型老旧无配件供应但尚有改造价值的内燃机，由使用管理单位作出技术鉴定，按机型、数量、停放原因和日期上报企业主管部门批准停放。经批准停放的内燃机，应指定专人负责妥善保管，并积极创造条件修复，以恢复运行。内燃机在停放期间，应选择适当地点集中停放（与完好机隔开），原机件不得拆借、丢失。内燃机在恢复运行前，应进行一次维护作业，经检验合格后才能参加运行。

2）内燃机封存

凡技术状况良好，因其他原因（主要指设备过剩、燃料短缺等非技术性原因）需要较长时间（如半年以上）停放的内燃机，按规定办理审批手续后可作封存处理，并报上级主管部门备案。封存期间不进行效率指标考核，但一定要做好停放技术处理，妥善保管，定期做必要的维护、保持状况良好。启封使用时，要进行一次认真的维护作业，经检查合格后方可参加运行。

内燃机的停放与封存情况，应记录在内燃机技术档案和维修卡上，停放、封存机的维修卡，要缴回管理部门，否则不予办理有关手续。

3）内燃机租赁

随着改革开放形势的发展，出现了内燃机租赁的情况。加强租赁内燃机的管理，对保持其良好技术状况具有重要作用。内燃机租赁期限一般不宜过短，以一个大修周期为宜。在内燃机租赁期间，应按规定填写内燃机技术档案，认真执行强制维护、视情修理制度，保持机况良好。租赁内燃机的技术档案，技术经济指标完成情况和技术状况等级情况（包括租赁期满后的机况要求）等考核内容，由出租和承租双方同时记录和考核，应在鉴定租赁协议时予以明确。

2. 内燃机改装与改造

内燃机的改装、改造是内燃机技术管理不可缺少的组成部分，是提高装备技术水平和取得良好经济效益的重要手段。符合"技术上可靠、经济上合理的原则"的内燃机改装、改造，将对充分发挥内燃机效率，满足市场需要，改善内燃机技术状况和提高经济效益起到积极的促进作用。

1）内燃机改装

为适应市场的需要，经过设计、计算，试验，将原机型改制成其他用途的内燃机，称为内燃机技术改装。内燃机改装必须满足两个条件：一是必须改变原机型的用途；二是必须经设计、计算、试验后进行改制。两者缺一不可，否则就不能算为内燃机改装。

内燃机改装的目的是为了适应市场需要，提高效率，降低运行消耗。

2）内燃机改造

所谓内燃机改造，也必须满足两个条件：一是必须改变内燃机的部分结构以达到改善其技术性能或技术状况；二是必须有设计、计算和试验等程序。

内燃机技术改造的主要目的是为了延长内燃机使用寿命，或用先进的技术取代老旧技术，使内燃机经过改造后性能有所提高，消耗有所下降，经济效益显著。

内燃机改装和改造必须事前进行技术经济论证，符合技术上可靠、经济上合理的原则。也就是说，只有在通过对改装、改造方案的定性、定量分析，说明其技术上是可行的、经济上是合理的之后，才能进行内燃机的改装和改造。

改装和主要总成改造后的内燃机，必须经一定的试验或综合性能检测站测试，检验实际效果，发现存在的问题，然后加以改进，最后由主管部门组织专家进行技术鉴定，认定达到设计目标及满足使用要求，方能成批生产或出厂。内燃机改装完工后，应到相关部门办理内燃机变更手续。

改装、改造内燃机应有计划、有步骤地进行，改装后的内燃机机型应尽可能向单位原有机型靠拢，一般不应增加机型和自重。内燃机改造不可过多地改变原机结构，特别是进口内燃机，在索赔期内不得进行改装、改造。

3. 内燃机折旧、更新与报废

内燃机是企业的主要生产工具或动力设备，企业为了实现高产、优质、安全、低耗，提高产品质量，应优先采用技术先进，材质优良，性能优越，款式新颖的内燃机，同时应加速更新老旧的内燃机，进一步增加产量，提高质量。此外，内燃机又是企业固定资产的一个重要组成部分，提取折旧率的高低及维护费率的大小都会直接影响企业的经济效益。因此，研究合理的内燃机折旧率、内燃机更新等，对相关企业具有重要的意义。

1）内燃机折旧

内燃机折旧的方法一般有两种：一种是以内燃机运行的总工作时间为依据的折旧法；另一种是以使用年限即机龄为依据的折旧法。

内燃机折旧基金必须严格按照国家规定提取，专款专用。折旧基金只能用于内燃机的更新改造和技术进步，不得挪作他用。

2）内燃机更新

内燃机更新是单位维持简单再生产和扩大再生产的基本手段之一，是降低运行消耗，提高经济效益的重要措施，而且内燃机更新与其折旧资金的提取使用和内燃机新度系数有密切关系。因此，内燃机更新工作是单位领导、技术管理部门及其他有关部门的重要职责，必须认真做好。

以新内燃机或高效率、低消耗、性能先进的内燃机更换在用内燃机，称为内燃机更新。

内燃机更新包含以下四个方面的含义：

（1）同类型新内燃机替换在用内燃机；

（2）高效率、低消耗、性能先进的内燃机替换性能差的在用内燃机；

（3）在用内燃机尚未达到报废程度，但性能较差而被替换；

（4）在用内燃机已达报废条件而被替换。

3）内燃机报废

内燃机经过长期使用后，技术性能变坏，小修频率高，效率降低，运行材料消耗增加，维修费用增高，经济效果不好。因此，内燃机使用后期必然导致报废。内燃机报废应严格掌握内燃机报废的技术条件，任何提早报废必然造成浪费，过迟报废则增高成本，影响更新，也不符合经济原则。

对需要报废而尚未批准的内燃机，要妥善保管，严禁拆卸或挪用其任何零件和总成，对于已经批准或确定报废的内燃机，管理部门应及时报废。凡经批准报废的内燃机，要在技术档案上记录报废的原因、批准文号、折旧（净值）等项内容。

修理是对内燃机有形磨损的局部补偿，改装、改造是对无形磨损的局部补偿，更新是对内燃机整个磨损的全部补偿，报废在一般情况下是内燃机更新后的必然趋势。在报废问题上，一要防止提前报废，造成浪费；二要防止过于老旧，造成维修和运行材料费用过高，安全性差。

第1章 内燃机安全运转

1.1 内燃机选购与安装

1.1.1 内燃机选购

内燃机的选购应坚持以下基本原则。

1. 适应性原则

适应性原则主要指选购的内燃机能适应使用及工作任务的动力要求，适应当地的气候及道路条件，适应当地的经济发展水平。

1）适应动力要求

购买的内燃机必须满足驱动设备的动力要求，具体说就是功率、扭矩、转速要适应；除此之外，还必须考虑足够的动力储备。

2）适应环保要求

购买的内燃机必须达到国家的环保要求，不同用途的内燃机有不同的环保要求，国家标准或行业标准严格规定了内燃机的排放和噪声，必须严格执行。

3）适应环境要求

同样的内燃机在不同的使用环境中有不同的技术要求，如高原环境、低温环境、高温环境等对内燃机都有特殊要求。

4）适应发展要求

选购内燃机应具有发展的眼光，必须满足一定时期的发展要求，如当为企业选购柴油发电机组时，就必须考虑今后几年企业用电设备的增加。

2. 经济性原则

经济性原则主要指内燃机的购置费用和使用费用相对较低。我们主要应该综合考虑以下 3 个方面。

1）购置费用经济

我们应该购买的是动力充足、质量上乘、性价比高、购置费用低的内燃机。

2）燃润料消耗经济

燃润料的消耗直接关系到内燃机的运行成本，所以必须认真对待。

3）维修费用经济

保养维护及修理的费用高低也直接关系到内燃机的运行成本，要从常规保养费用、配件费用、售后服务体系、维修时间及周期等方面全面考虑。

3. 高质量原则

选购高质量的内燃机必须建立在广泛调查研究的基础之上，要从制造工艺、可靠性、耐久性等方面综合比较。

1.1.2　内燃机安装

内燃机的安装一般由内燃机制造企业完成，但购买单位必须重视这一环节，因为安装质量直接影响到内燃机的使用效率和使用寿命。越大型的内燃机，安装过程越复杂，对安装的质量要求也越高。

对内燃机安装总的要求是基础要牢固、通风要好、隔音降噪佳、散热迅速可靠、与驱动设备连接精度高。

1.2　内燃机启动

由于内燃机的型号产品种类不同，启动方法及操作规程也有所区别，所以在使用操作时应根据产品说明书，严格遵守操作规程，认真作好相关工作。

相比而言，柴油机因压缩比大又是压燃，所以柴油机比汽油机启动困难。下面我们以传统柴油机为例，阐述其启动、运行、停机过程。

1.2.1　内燃机启动前的准备工作

1. 全面检查

（1）检查机器底角螺母是否有松动现象（需用扳手检查）。对已经运行过一段时间的机器，还必须检查连杆轴承螺母是否松动、锁紧装置（开口锁）是否脱开、飞轮螺母是否有松动现象。

（2）检查各部间隙是否正确。气门间隙：一般进气门间隙为 0.25 mm，排气门间隙为 0.35 mm。减压间隙：在排气门处于关闭状态（即有气门间隙）的情况下，当减压放在关闭位置时减压应不起作用，气门摇臂这时应是松动的；当减压放在打开位置时，则排气门这时应能压下 1.5 mm 左右的距离，此间隙才算合适；否则需拧动调整螺母调整。

（3）打开减压机构，摇转曲轴，检查各转动部分是否灵活，机器内有无不正常的响声。这样才可使机油先进入各摩擦表面，防止因缺油而烧坏零件。关上减压机构，摇转曲轴，检查气缸是否漏气，如摇转时很费力，表示压缩正常。

2. 检查燃油供给系统

（1）检查油箱内柴油是否加足，不足时应加油。油箱盖上的通气孔是否被堵塞，不通时应将孔中污物去掉。

（2）打开减压机构，摇转曲轴，每个气缸里如果有清脆的喷油声音，即表示喷油良好；如果不来油，可能油路中有空气，这时需旋松柴油滤清器和喷油泵上的放气螺钉，排除油路中的空气；必要时，还需检查喷油提前角和喷油器的情况。这一工作可在上述全面检查时结合进行。

（3）检查各油管及接头处有无漏油现象。

3. 检查冷却系统

（1）检查冷却水箱内水量是否足够，不足时应添加清洁的软水或防冻液。

（2）检查水管接头处有无漏水现象。

（3）检查冷却水泵叶轮转动是否灵活，传动皮带松紧是否适宜（当用手在皮带中部推进时，皮带被压下应在 10 ~ 15 mm 为适宜）。

（4）检查冷却水是否清洁。

（5）当水箱水面低于水泵时，可暂时将进水管口放在水中用手封住或将进水管口抬至高于水泵，旋开水泵顶部放气螺塞，向水泵内腔灌水至充满为止，再拧紧放气螺塞，当柴油机启动后，立即将进水管口松开并插入水中。

4. 检查润滑系统

（1）拔出曲轴箱上的量油尺，检查机油储存量。机油量应在上下刻线之间为宜。若加油过多，油面过高，机油容易被带入气缸燃烧，产生大量积炭，加剧机件磨损，同时也增加机油消耗量。有的机务人员误认为加机油越多越好越保险，这是不正确的。若机油过少，油面过低，则会产生润滑不良，加快机件的磨损，或因缺油引起烧瓦等事故。当检查时，发现油面超过上刻线以上，应查明机油增加的原因，是原来加得过多，还是柴油漏入将机油冲稀，或是冷却水漏入油内。如果柴油机使用时间过久，磨损后间隙加大，为了保证润滑良好及密封作用，有利于正常启动，可以适当采用黏度比原来稍大一些的机油。

（2）检查各机油管及接头处有无漏油现象。

（3）需要人工加油的地方应加注黄油或机油。

5. 检查启动系统

（1）手摇启动时，应检查摇手柄上有无油污。摇车站脚的地方应要求清洁干净。

（2）用电启动时，应先检查蓄电池存电量。当电解液的比重为 1.285 时，表明蓄电池存电充足；当比重小于 1.18 时，则表明存电不足，应设法充足。检查电气线路是否正确；检查蓄电池接线桩上有无积污或氧化的现象，若有，应该擦净后再将线接紧。检查启动电动机上接线螺母是否旋紧，并在轴承内加足机油。

1.2.2 内燃机的启动操作

（1）打开柴油机油箱阀门和放空气旋塞，排除燃料系（如滤清器、高压油泵）内的空气，直到柴油流出不带气泡为止。

（2）转动曲轴 2 ~ 3 圈，注意曲轴转动中有无卡阻和异响。

（3）用预压机油泵压送机油，使机油压力达 200 kPa 以上，压力数值按说明书规定。

（4）合上铁塔开关，将手油门放在中速位置，按下启动按钮（注意每次按下时间不应超过 5 s，同时注意柴油机的声音，防止柴油机启动后再按启动按钮，使马达齿轮打坏）。

（5）柴油机启动后，调整在 600 ~ 800 r/min 下运转，并在机油压力正常情况下进行预热。这段时间应注意观察烟色、漏处、响声。当柴油机冷却水温达 50 ~ 55 °C 时，逐步升高转速，然后加上负荷。

内燃机启动有下列三种情况：

① 热车启动——当内燃机温度不低于 60 °C 时（包括运行中暂时停车熄火再启动时）；

② 常温启动——当大气温度或内燃机温度高于 5 °C 时；

③ 低温启动——当大气温度或内燃机温度低于 5 °C 时。

使用手摇柄启动时，两腿要分开，站立稳妥，身体略向左侧，握持手摇柄的五指应在同一面，用上提力量由下向上快提，当感觉压缩力增大时，应即迅速摇过上止点。不可由上往下压，或两手持手摇柄摇车，以防反转伤人。

1.3 内燃机运转

1.3.1 内燃机初期运行

内燃机启动后，总体要求是使其转速维持在较高怠速运转，逐渐提高温度达 50 ~ 60 °C，内燃机声响正常，检视各指示仪表，表明情况正常，符合要求规定，方可准备带负荷运行。

柴油机启动后，不要立即进行全负荷运转。应当依次使柴油机在低速、中速和高速作空载运转，转速的变换必须是缓和的，不能突然加速，待到冷却水的温度（出水温度）达到 40 ~ 50 °C 时，才可以使柴油机全负荷运转。因为当柴油机温度低时，机油黏度太大，机油不能很快进入各轴瓦间隙，几乎处于干摩擦状态。机器慢车运转几分钟后，机温升高，机油压力正常，这时机油才能完全进入轴瓦内，形成良好的油膜。

新的或大修后的柴油机，在初期使用时尽量在额定负荷内运载，不要超负荷使用，以获得柴油机的良好磨合。

1.3.2 内燃机正常工作运行

当内燃机运转时，应根据工作负荷变化需要，及时调整油门位置，改变内燃机扭矩、转速以满足负荷变化要求，保持内燃机稳定运转。

当柴油机在工作时，使用人员应仔细倾听是否有异常声响，当发现有不正常的敲击声时，应立即停车检查。

当柴油机在运转时，冷却水的出水温度应该保持在一定的范围内。通常用开式冷却水循环时，出水温度可控制在 65 ~ 75 °C 的范围内。在闭式冷却水循环中，出水温度一般在 90 ~

95 °C 的范围内。但水温也不能太低，有人认为愈冷愈好是错误的。同时还要经常检查水箱水面的高度，水量不足时应及时补给。在运转中，如发现冷却水不多，机器温度过高时，切不可突然加入冷水，这样做会使气缸与气缸盖因温度骤变而受到破坏。应该停机冷却一些时间，待温度下降后再加入冷却水。

注意机油压力，这是柴油机日常运转值班人员必须注意的事项。正常运转的柴油机，机油压力表上的读数一般要求为 2 ~ 3.5 kg/cm²。冬季刚启动时，机油黏度大，油压可能大一些，这是正常现象；柴油机走热后，即能恢复正常读数。在柴油机启动后，机油压力表指针不动，应立即停机检查原因。

柴油机正常运转工作时，应经常注意柴油箱内的油量，不能用光后再加油，以免空气进入柴油供给系统，造成运转中断。

1.4　内燃机停机

1.4.1　内燃机正常停机

内燃机停机之前，应先卸去负荷，并降低转速，用低怠速运转 3 ~ 5 min，使机器各部的温度逐渐降低，再将停机机构扳到停车位置，使内燃机停止转动。

柴油机停车后，应摇转曲轴数圈，以防止黏缸、黏瓦。停车前猛拉几下油门是极不正确的习惯，这样会造成各部零件温度急剧升高，形成气缸积炭，对柴油机极为不利。

当冬季有冰冻危险时，内燃机停车后应立即将冷却系统内的冷却水放出（未使用防冻液时），以免冻裂机体及冷却系统机件。当放尽冷却水时，最好是在停车后过几分钟再放水，使机温逐渐下降，防止急剧变冷，造成机体变形或开裂。

1.4.2　内燃机紧急停机

内燃机遇到下列情况应紧急停机：
（1）机油压力突然下降；
（2）内燃机出现不正常响声；
（3）飞轮松动出现摇摆现象；
（4）内燃机飞车；
（5）内燃机温度急速上升；
（6）内燃机管道断裂；
（7）内燃机使用现场出现易燃、易爆气体（如井场出现井喷或出现天然气时）。

大功率柴油机紧急停车是通过直接控制紧急停车装置关闭油门、风门使柴油机迅速停止工作的。紧急停车后应立即打开气缸盖上的放气螺塞（或件压机构），用人力转曲轴 2 ~ 3 圈。

当柴油机发生飞车，活塞卡阻，或因有重要机件损坏将使柴油机遭到重大事故时，必须采取紧急停车的措施，迫使柴油机不转。常用的方法是迅速关闭油门，但飞车往往发生在调速器失灵的时候，油门已不起作用，此时必须立即拧松高压油管接头，使燃油泵不再向气缸内供油，还可采用打开放压阀或堵塞进气管的办法。

1.5 内燃机使用误区

1. 机温低比机温高好

内燃机温度过高，会导致零件的机械性能下降，功率降低，具有加速磨损等严重后果。因此，很多机手认为，机温低比机温高好。为防止水温过高，有的机手从水泵的出水管接一根小水管至水箱，实行流水冷却，使内燃机长期处于低温下工作。殊不知，内燃机工作温度过低也是有害的。

（1）冷却过度，会造成气缸壁与活塞顶表面温度过低，影响可燃混合气的形成和润滑效果。

（2）过度冷却，气缸内温度过低，废气中的二氧化硫等不易形成蒸汽排出缸外，而在气缸内凝结成酸性物质，腐蚀气缸套、活塞、气门等零件，缩短其使用寿命。

（3）柴油机热量损失大，造成柴油机功率不足，耗油率增加。正常的冷却水温度一般是80～90 ℃。

2. 机油添加宁多勿少

机油加少了，会引起内燃机各部件润滑困难，磨损加快，甚至发生烧瓦抱轴事故。因此，有些机手错误地认为，加机油宁多勿少，以免烧瓦。其实，曲轴箱机油过多，不但容易泄漏，造成浪费，而且由于连杆大头撞击机油表面，形成过量的油雾和飞溅的油滴，使内燃机窜烧机油而飞车，积炭严重，活塞环焦结，磨损加快。所以添加机油一定要按规定添加。

3. 缸盖螺母拧得越紧越好

有的机手认为，缸盖螺母拧得越紧越不漏气。因此，拧紧力矩总是超过规定值。其实，缸盖螺母拧得过紧，缸体螺栓孔周围部分会被拉得凸起，造成缸体结合面不平，气缸垫不能全面压紧，反而造成漏气、漏水。所以缸盖螺母必须按规定的力矩拧紧，过紧和过松都不妥当。

4. 空气滤清器不上紧

有的机手怕飞车时不能立即制止，就故意不上紧空气滤清器，以便当发生飞车时，迅速拔下滤清器，堵住进气管口。这只是制止飞车的一种办法，但不是唯一的办法。如关闭油箱开关、切断油路，使喷油泵不能向缸里喷油；拧松高压油管，使柴油喷在机外等办法都可以制止飞车。即使需要阻止气缸进气，也可用衣物包住空气滤清器。如果空气滤清器不上紧，工作起来摇头晃脑，会导致早期损坏，灰尘过滤不彻底，使气缸、气门、活塞加速磨损。

5. 内燃机较长时间怠速运转

有些内燃机机务人员为图方便，经常使内燃机较长时间怠速运转，殊不知这样做是有害无益的。内燃机怠速运转，转速往往比较低，活塞及活塞环的线速度都比较小，活塞环的刮油能力较正常工作时低，使内燃机很容易窜机油。同时，由于气流惯性小，残余废气多，涡流速度低，喷油雾化质量差，使燃油不能充分燃烧，极易形成积炭。还有因水、油温度都低，使机油流动性变坏，以致不能形成良好的润滑油膜，机油还易老化，缸套中易产生水和硫酸等腐蚀机体的有害物质。这样将会导致内燃机怠速抖动，不平稳，影响内燃机的使用寿命。另外，由于内燃机空转着火，燃油燃烧的不完全，便产生游离碳而冒黑烟；有的由于周围环境气温低而冒白烟；还有的因长期使用，保养不当，内燃机技术状况不良，导致烧机油等现象。

6. 飞轮不固紧

有些内燃机的飞轮长期不卸，一旦需要卸时，非常困难。由于这个原因，有的机手在安装飞轮时故意安得不紧，结果造成工作中自行松动，使飞轮、曲轴上的键槽和键磨损。

7. 人为降低水温，使机器工作恶化

一台内燃机在抽水灌溉时，机手认为水温高不好，老向水箱补充水也麻烦，就别出心裁地弄一根塑料管插在水泵出水口，让水自动流入水箱。由于机器长时间在低温下工作，使燃油燃烧条件变坏，不仅耗油量增加，而且因水箱中泥沙积得过多，加速了零件磨损。

8. 内燃机气门间隙调大

有些手机认为间隙调大，便可防止烧蚀，其动力性能好；误认为内燃机气门间隙大，则进、排气充分，还可以防止气门烧蚀。实际上恰好相反，气门间隙调大，工作时气门行程减小，开度不够，使进气量不足或排气不畅，这样反而降低了内燃机的功率，同时使磨损加剧。

9. 内燃机水温怕高不怕低

当内燃机因水温高而工作不正常时，会反复查找原因；而当其水温低时，则误认为是正常的。其实，内燃机水温偏低同样危害很大，会使混合气燃烧不充分，功率降低，增加油耗，并造成润滑不良，引起废气排放严重超标。

10. 内燃机在低负荷、低转速下工作，使用寿命长

某些机手误认为：采用低速挡、小油门，在低转速下工作，内燃机的使用寿命会延长。实则相反，在这种工况下工作，不仅使用寿命会降低，还会经常出现内燃机过热和涡轮增压器损坏的现象。这是因为：

（1）内燃机转速低时，冷却风扇的风量不足，气缸的散热强度降低，结果导致机器过热；

（2）内燃机在低速、小负荷的状态下工作，致使涡轮增压器的转速低，造成进气量不足，使内燃机燃烧滞后而过热；

（3）涡轮增压器的转轴与轴套的配合间隙很小，其转速高达每分钟数万转，若机器长时间怠速运转，将使增压器轴承因冷却不足及润滑不良而加速磨损，甚至出现烧蚀、卡死等故障。因此，内燃机应在额定载荷、转速的状态下运转，若在怠速状态下作业，每次不允许超过 5 min。

11. 调整内燃机喷油器时，压力偏高一些好

实际上，当将喷油器调压弹簧的预紧力调大至超过规定值时，柴油的喷雾状况虽更好，

但喷油器会突然打开针阀，使喷入燃烧室的柴油急剧燃烧，导致缸压骤增而使机器发出敲击声。结果是内燃机工作粗暴，油耗增加，甚至过早地损坏，影响使用寿命。

12. 各种型号的干式空气滤芯，其性能基本相似

某些机手误认为：用于内燃机的高效滤芯和普通滤芯的性能基本相似，实际上大不相同。高效滤芯：纤维长、细密、成网眼状，且光滑不起毛；孔隙度小、韧性大、强度高且透气度适中；遇水后虽发软但晾干后不变形，可继续使用；寿命长，价格偏高。普通滤芯的情况与高效滤芯恰好相反。由于工程机械作业环境的灰尘大，因此，内燃机应选用高效滤芯。

13. 原机中干、湿型的空气滤清器在使用中不能互换

在实际工作中，采用干式还是湿式滤清器，应视施工环境的实际情况而定。在气候潮湿、空气清洁的地区，应使用干式空气滤清器；而在气候干燥、空气混浊的干燥地区，应使用湿式空气滤清器。不管使用哪种形式的滤清器都要勤清理、常维护、多保养。

14. 冬季使用防冻液，夏季改用水，经济实惠

实际上，这样做后患无穷，因水中的矿物质极易产生水垢而黏附在水套、散热器和水温传感器上，使内燃机温度的控制失准而导致过热，甚至引发缸垫冲坏、缸盖翘曲、拉缸和烧瓦等故障。因此，夏季也应使用防冻液。

使用防冻液的好处有以下 5 点。
（1）防沸功能：它的沸点在 110 ℃ 以上。
（2）防冻功能：一般冰点为 -25 ～ 5 ℃。
（3）除水垢功能：防冻液中加有阻垢剂，阻垢率达 98%。
（4）防腐蚀功能：防冻液中有缓蚀剂，能有效地对金属表面起到保护作用。
（5）防穴蚀功能：防冻液中加有防穴蚀剂，能有效地保护水泵叶轮内壁和缸体表面。

15. 增压内燃机升温慢，低温启动后应延长急速预热时间

某些机手误认为：增压内燃机低温启动后，机器升温较慢，应延长急速"暖机"的预热时间。实际上，用此方法的误区恰好是在冬季气温较低时使涡轮增压器损坏的主要原因。

机器启动后，应急速运转 3 ～ 5 min，待机油的压力和温度升高达到要求后才能加速或加负荷。如果急速、低负荷下运转的时间过长，既增加油耗，又加速活塞、活塞环和缸套的磨损，同时增压器也会因机油压力过低、润滑不良而加速磨损，甚至出现烧蚀、卡死等故障。另外，增压器会因增压比过低而使压气机出现低压或负压，导致中间壳内的机油窜入压气机室，并吸进气缸内燃烧，增加机油损耗量和积炭。

16. 冬季启动内燃机时，单依赖启动液启动

实际中，当在寒冷地区启动机器时，采用启动液启动是必不可少的。但是，如果不解决好影响启动的主要因素（如蓄电池容量不足、柴油喷射不佳、供油时间不当、缸内压缩力不足等），动辄依靠启动液来启动机器，将产生冲击载荷而造成内燃机的严重磨损。

对于技术状况较好的内燃机，应选用雾化情况较好的启动液，并控制好喷射时间、喷入

位置和喷入量。禁止从空气滤清器的进气口直接喷入启动液，以防损害空气滤芯，造成内燃机冷机启动的瞬间超速。

17. 加润滑脂愈多愈好

某些机手误认为：必须将轴承中间的空隙充满润滑脂，才能保证润滑。其实，过多的加注润滑脂不但浪费润滑脂，还影响轴承散热，对轴承的润滑有害无益。

18. 原机的螺栓质量好，可反复使用

其实，有的螺栓在装配时使用了固化胶，拆卸时会发生拉伸或其他损坏。因此，当再次装配时必须更换新件。有的螺栓虽然可以反复使用，但有明确的重用次数的严格限制，且再次使用前必须对螺栓进行认真检查。

19. 用汽油、柴油清洗零件，比用水溶液好

实际上，这样做不仅浪费燃油，而且容易导致维修人员因长期接触汽油而引起慢性中毒。另外，汽油容易引起火灾，所以一般安全技术规范上都规定禁止用汽油清洗零件。

用非离子表面活性剂加水配制成 5%左右的水溶液，可替代汽油、柴油用于清洗零件，它具有节约燃油、无毒、环境污染小、安全、成本低及清洗零件效果好等优点，目前在国内外已推广使用。

20. 维护内燃机时只有实行拆检才能放心

随着制造水平的提高，现代内燃机零、部件的使用寿命已大大延长，随意拆检将破坏其原来的配合状态，缩短其使用寿命。在内燃机故障不解体检测技术日臻完善的今天，如果没有发现部件有明显的故障，一般不要解体拆检。

21. 欲使增压内燃机熄火，应采用在转速较高时熄火停机的方法

实际上，增压内燃机在高速时突然熄火停机，会因涡轮增压器轴承转速高，突然无油散热、润滑而使其过热，甚至使轴承咬死、"O"形圈烧蚀及轴承壳体变形等。因此，内燃机停转前应先卸掉负荷，让其在怠速工况下运转 3~5 min，使增压器减速，并使其热量被机油带走。

第2章 内燃机技术保养

为确保内燃机在运行中有良好的技术状况和较长的使用期限，一般均对内燃机及各总成部件采取各种技术处理措施，这种处理措施通称为内燃机保养工作。技术保养与修理的区别在于，技术保养的任务是：降低零件磨损速度，预防故障发生，为延长内燃机使用寿命而采取预防性维护措施；修理工作任务是：在内燃机达到允许工作极限后，修复出现的故障或失去工作能力的机件，为恢复内燃机技术性能而采取的修理措施。前者是预防性强制执行的措施；而后者是按计划视需要进行的技术措施。

2.1 内燃机保养制度与劳动组织

2.1.1 内燃机保养制度

1. 计划预防保养制度

计划预防保养制度是有计划的预防性保养制度，主要在于保养作业的分级和各级保养周期的确定。根据内燃机运转时期的长短，把技术保养分为若干级，各级保养以一定周期循环进行，高一级的保养包括相邻的低一级的全部保养作业项目和内容，各级保养的周期成倍数关系。我国保养制度规定为例行保养、一级保养、二级保养、三级保养4个级别的保养制度。

保养作业的分级，主要根据零件磨损的规律和技术状况的变化，再依据内燃机各机构及零件使用性能和工作情况不同，制定需要进行作业的范围、深度，按其周期长短，分级进行有计划的保养。

各级保养周期的确定，取决于对内燃机质量和运行状态的综合分析，保养周期是否合理既有经验的总结又有科学数据的支撑。若拟订的各级保养周期不合适，可提前进行，或通过改善作用条件、改进内燃机结构及材料等方法予以延长。应当指出，保养周期没有严格的规定，但应有一定的性能指标要求。

不同型号的内燃机，具有不同的结构特点和薄弱环节。当研究制订计划预防保养制度时，既要考虑各类内燃机的共性，也要顾及其特殊性，对不同机型应按其结构特点和薄弱环节，在作业项目和保养周期上作适当的调整。

2. 按需保养制度

按需保养制度是非计划性的保养制度，它是根据内燃机技术状态变化的实际情况，按内燃机零件、部件、总成的实际需要安排的技术保养。它把按运转小时（或里程）强制保养转入按需要控制保养，摆脱了死板的"级别"要求，按需进行，这不仅提高了保养率，而且还节省材料及保养工时，降低成本。

应该指出，按需保养制度过分强调"需要"而没有计划，因此预防性不足，也存在弊端。

3．内燃机保养制度发展的趋势

客观而论，计划预防保养制度和按需保养制度各有所长，人们通过长期的实践，使内燃机的保养制度更加成熟，其发展趋势如下。

（1）取消一级保养，加强操作者的日常保养责任制，并严格执行内燃机保养制度，将保养作业内容落实到各个操作员。

（2）强化二级保养，二级保养是保持内燃机良好技术状态的关键，对稳定内燃机技术状况起着重要的作用。因此，二级保养要加强，不能削弱，运转周期可以延长。在二级保养中附加作业项目，把三级保养作业的项目，提前在二保中完成，因此，内燃机三级保养的间隔运转周期就可以大大延长。

（3）各总成按需保养，计划作业，取消三级保养，这种作法必须加强技术管理工作，在对内燃机使用规律完全掌握的情况下，提出了预防性的二级保养作业计划，取消定运转小时的整机解体，既减少了总成不合理保养，又减少了保养的工时和材料消耗。

（4）总成互换作业法，建立总成修理制度和总成周转的储备仓库，保养中采用总成互换作业法，这是提高效率和减少在场（厂）时间的最佳途径。

总之，内燃机保养制度不是一成不变的，国家也没有统一的规定。作为提供动力的机器，内燃机实际上分属于不同行业，执行着多元化的保养制度。在中小型内燃机行业，特别是移动内燃机行业，全面执行的是定期检测、强制维护、视情修理的维修制度。

2.1.2 内燃机保养的劳动组织

正确地组织内燃机的保养，是缩短内燃机停厂保养时间，提高内燃机的保养质量和完好率的有力保证。而把内燃机保养工作组织成一个互相配合的劳动组织是一件复杂的工作，它既要适应企业的工作能力、任务和制度，又要保证工段、工作地点的合理分工，还要取决于各类内燃机各级保养的工艺内容以及同一时间内进行这项作业的内容数据。合理的保养工艺组织体现在生产效率高、设备及场地利用合理、保养作业成本低等方面。

1．内燃机技术保养的作业方法

1）定位作业法

在整个保养过程中，内燃机在一个工作点不动，保养工人按照综合作业或专业分工等不同的组织形式，围绕内燃机交叉进行其分工范围内的作业项目。对于需要专业工种或固定的专业设备进行的作业项目（如燃油泵、喷油泵、喷油器等的主要零件的检查与调整等），一般在专业工间进行。

实行专业分工的定位作业法，对于各保养工人分工范围内的各项保养作业，要求在规定的时间内同时完成，以利于压缩内燃机停场保养时间；这种作业方式便于组织生产，适用于机型复杂和规模大小不同的保养场。

2）流水作业法

将内燃机的主要保养作业项目，按照作业性质或作业部位划分，设置若干个专业工段，每个工段都配备必要的机具设备和担任作业的工人，并按作业顺序排列为流水作业线，内燃机间隙地顺序通过整个作业后，即可依次有节奏地完成各项保养作业。这种作业法，工作效率高，保养质量有保证；但要求机型单一，每日进厂保养的内燃机数量较多，并需要有较完善的机械设备；因而只适用于机型单一的大型保养厂，并多在低保级别中采用。

2. 内燃机技术保养的劳动组织

1）综合作业法

综合作业法是以保养工组为单位，担负同一机型的某一级保养作业的作业法。所有应进行保养的项目以及保养中发现的小修工作，都由该保养工组负责完成。

2）专业分工法

组织人数较多的保养工人为一个保养工作组，每一保养工人均按固定分工的项目进行作业，这种劳动组织形式，即适用于定位作业法，也适用于流水作业法。

专业分工的劳动组织，又可区分为作业分类法和系统分工法。

① 作业分类法：将每级保养作业项按作业性质进行分类，如检查、紧固、清洁、润滑、检验、调整、三泵等作业，分别由固定的专业保养工组或保养工人来执行。

② 系统分工法：将每级保养作业工作项目，按内燃机不同系统划分，设若干个工位，每一系统或每一工位配备必需的保养工人，在规定时间内，基本上各自均衡地完成工位的工作量。为避免在作业中临时发生的小修工作，如其工作量大，影响保养作业进度，可采取总成部件互换，或由小修作业组来配合进行。这种劳动组织形式是目前普遍采用的。采用这种劳动组织形式，可以做到定系统、定人员、定工具和定进度，可以提高工人技术熟练程度和便于建立保证质量的各项岗位责任制，有利于压缩保养停场时间。

2.2 内燃机保养工艺

2.2.1 例行保养（8 h）

例行保养主要是维护内燃机，使之处于完整和完好的技术状况，保证正常运行，是以清洁和检查为中心内容的保养作业；也称之为每日技术保养（8 h）。

例行保养的主要内容为：内燃机外表养护，检查机油压力低、水温高等安全警报装置及各连接的紧固状况，补给油料、水等。

（1）擦净机体的各部分尘土和油污，检查并消除各部漏油、漏水、漏气现象。

（2）检查各部连接螺柱、螺母有无松动现象，特别是地脚螺栓连接的紧固情况。

（3）检查油底壳内存油情况（油位应保持在量油标尺上下两刻线的中间位置）和质量。若质量变坏，油内有金属屑或油量突然增减时，均应检查原因，并及时加注或更换新油。

（4）在尘土多的地区，应在每班后清洗空气滤清器。

（5）有电气设备的应清洁电气设备各部分的油污、水迹，检查接头是否牢固。

（6）检查传动皮带是否良好，皮带接头处是否牢固，松紧是否适当。

（7）检查油箱内的存油量并加满燃油，检查燃料系统各部机件及油管接头是否良好。

（8）检查冷却水箱存水情况及其水位。

2.2.2　一级技术保养（运行 100～300 h）

一级技术保养是以紧固润滑为中心内容的保养作业。

一级技术保养的主要作业内容为：检查、紧固内燃机外部的连接螺栓、螺母；在规定润滑部位加注润滑油；检查润滑油平面，清洗空气滤清器；检查气门间隙。

（1）执行例行保养工作。

（2）检查曲轴与其从动设备的中心线是否移动，并进行校正。

（3）检查蓄电池电解液面，是否高出极板 10～15 mm，不足时加蒸馏水补充。

（4）检查连杆螺栓和保险铁丝是否松动。

（5）清洗燃油箱和燃油滤清器。

（6）使用重柴油作燃料的柴油机应拆卸气缸盖，清除燃烧室的积炭，并清洗、调整、试验喷油器。

（7）检查调整气门间隙。

（8）放出油底壳中的机油进行滤清，再掺和新机油加入油底壳内使用，并清洗机油滤清器。

（9）水泵轴承注入钙基黄油。注入黄油不可太多，如果太多，油由水泵轴进入水泵与温水融合，这样会使冷却系统散热不良。

（10）清洗空气滤清器滤网。

（11）清洗加机油口盖上通风孔内的钢丝绒，清洗后浸上机油再装入。

（12）检查保养后启动内燃机，检查运转情况，消除存在的故障。

2.2.3　二级技术保养（运行 400～600 h）

二级技术保养是以检查、调整为中心内容的保养作业。

二级技术保养的主要作业内容为：除执行一级技术保养作业内容外，还应检查、清洗曲轴箱和机油、柴油滤清器，检查调整气门间隙。二级技术保养是为了维护内燃机的总成和零件，确保内燃机在保养周期内的正常运行。

（1）执行一级技术保养作业工作。

（2）彻底清洗燃油系统，包括燃油箱、滤清器、输油管、喷油泵与喷油器等；检查喷油压力和喷雾情况，必要时加以调整；检查喷油泵工作情况和供油提前角，必要时重新调整。

（3）彻底检查、清洗润滑系统，包括曲轴箱、机油管、机油滤清器、机油泵、机油冷却器等，并更换新机油，应特别注意机油冷却器油管是否锈蚀或损坏。

（4）拆洗气缸盖，清除积炭，研磨气门，并拆下排气管清除烟灰。

（5）检查连杆、连杆轴承、配气机构、冷却水泵、调速器等零件的情况，若有松动损坏，应予检修。

（6）检查蓄电池的电压及电液比重，电液比重应为 1.27～1.29（大气温度为 15 ℃ 时）。

2.2.4　三级技术保养（运行 1 000～2 000 h）

三级技术保养是以总成解体清洗、检查、调整和清除隐患为中心内容的保养作业。

三级技术保养的主要作业内容为：除执行二级技术保养作业内容外，还包括燃料系统部件、气门组、气缸活塞组、连杆及其轴承和主轴承等的检查和调整。

（1）执行二级技术保养作业工作。

（2）彻底清洗、检修各主要机件，并视情况更换零件。

（3）清洗水套内部砂粒污物和水垢。

第3章 内燃机诊断技术

3.1 内燃机故障及其成因

3.1.1 内燃机故障及分类

内燃机是在转速、载荷、温度、润滑等条件不断变化的情况下工作的,内燃机的曲柄连杆机构、配气机构、燃油系、点火系、润滑与冷却系、启动系在使用过程中,不可避免地会出现各种问题。内燃机本身以及零件之间配合状态发生了异常的变化,使内燃机部分或完全丧失工作能力的现象,即称之为故障。

(1)按丧失工作能力程度,内燃机故障可分为:局部故障或完全故障。

局部故障是指内燃机部分丧失工作能力,暂时不能运转或降低了使用性能的故障;完全故障是指内燃机完全丧失工作能力,不能运转的故障。

(2)按发生的后果,内燃机故障可分为:轻微故障、一般故障、严重故障和致命故障。

轻微故障是指对正常运转基本没有影响,不需更换零件,操作工做适当调整就能及时排除的故障;一般故障是指内燃机运转中能及时排除的故障或不能排除的局部故障,对内燃机运转影响不大;严重故障是指运转中无法排除的故障,它导致内燃机停转或故障进一步恶化,可能发生致命故障或导致内燃机总成重大损坏的故障;致命故障是指导致内燃机可能报废的重大故障。

(3)按预报性,内燃机故障可分为:突发故障和渐进故障。

突发故障是指不能预见的突发性故障;渐进故障是指有一定征兆,逐渐发展而产生的故障。

(4)按产生的原因,内燃机故障可分为:设计缺陷、制造缺陷、维修缺陷、使用错误、自然耗损而产生的故障。

设计缺陷故障是指因设计缺陷必然产生的故障或因结构不合理,经常在该处发生规律性的故障;制造缺陷故障是指因工艺和材料不符合技术要求而产生的故障;维修缺陷故障是指维修不当造成的故障;使用错误故障是指因操作、管理不当导致的故障;自然耗损故障是指因自然磨损、腐蚀、疲劳等原因造成的故障。

3.1.2 内燃机故障变化规律

1. 内燃故障率 $\lambda(L)$

内燃机故障率是指使用到某时间的内燃机,在该时间后单位时间内发生故障的概率。它是内燃机可靠性的一项重要参数，也称为失效率或故障程度。它能表示内燃机在使用中工作能力丧失的频率和程度，比较确切地表示了内燃机实际使用阶段的可靠性程度。

2. 内燃机故障变化规律

内燃机可能由于各种原因而产生故障，按照故障率函数特点，其故障变化规律如图 3-1 所示，这条曲线称为浴池曲线，它分为 3 个阶段，即早期故障期、偶然故障期和损耗故障期。

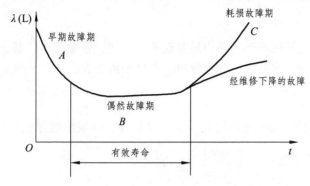

图 3-1　故障变化规律曲线

早期故障期的故障率，内燃机在开始使用时发生故障的可能性很大，故障率随着时间的延长而逐渐下降，相当于磨合期，如图 3-1 中 A 段。此类故障多是由于设计、制造、管理、检验的差错及装配不佳所致，一般可通过强化试验或磨合加以排除。

偶然故障期的故障率是与时间无关的常数，如图 3-1 中 B 段，其故障率变化甚微，相当于正常使用期。此类故障多是由于操作疏忽、润滑不良、维护欠佳、材料隐患、工艺及结构缺陷等原因所致，故障具有偶然性。这个阶段零件磨损均匀，内燃机总成在此期间处于最佳状态，其时间长短称为有效寿命。

耗损故障期是指产品经长期使用后，出现老化衰竭现象而引起的，故障率随时间的延长而逐渐增加，如图 3-1 中 C 段。因此，若在故障率开始上升前提前更换或修复好将要耗损的零部件，则可以减小故障率，延长内燃机的使用寿命。

3.1.3　内燃机故障的征象

内燃机故障的征象主要表现在以下几个方面。

1. 作用异常

内燃机各系统工作能力下降或丧失，使内燃机不能正常工作时，则说明系统作用反常。例如：内燃机工作无力（功率降低）、启动困难、怠速不稳、工作中自动熄火、机油压力过低或过高等。

2. 声音异常

内燃机在正常工作时发出的声音是均匀、柔和、有规律的工作噪声；内燃机声音异常，则说明有故障。例如：当活塞碰气门或供油提前角过大时出现的敲击声，气缸漏气时出现的吹嘘声，旋转件相碰时出现的摩擦声等。

3. 温度异常

当内燃机正常工作时，内燃机的水温、油温及零部件温度，均应保持在正常的范围内；当温度超过了一定限度（如水温、油温超过 95 ℃，与润滑部位相对应的壳体表面油漆变色、冒烟等）而引起过热时，即说明温度异常。

4. 外观异常

内燃机工作时凭肉眼可观察到各种异常现象。例如：冒黑烟、白烟、蓝烟，漏气、漏油、漏水，柴油机剧烈振动，水箱内有气泡冒出，零件松脱丢失、错位、变形、局部裂纹等。

5. 气味异常

内燃机燃烧不完全、烧机油、烧瓦及油漆烧焦等，会发出刺鼻的烟味或烧焦味，此时即表明气味异常。

6. 消耗异常

内燃机燃油、润滑油、冷却水过量消耗，或机油油面越来越高等，均为消耗异常。

以上几种异常现象，常常相互联系，因为很多故障的征象都不是单一的，几种征象可能相伴而行或先后出现。

3.1.4 内燃机故障形成的原因

形成内燃机故障的原因主要有：在零件的磨损、变形、疲劳断裂等造成的零件之间的关系改变，制造不合格，安装调整问题和维护保养不当 4 个方面。

1. 零件间关系改变

连接件配合性质破坏，主要指动静配合性质的破坏。例如：当曲轴间隙增大时，机油自间隙向外泄漏，并使载荷带有冲击性，主油道压力下降，出现敲击声，零件温度升高；当气门与气门座的配合关系破坏时，会造成气缸压力降低，喷入气缸的燃油不能完全燃烧，因而冒黑烟。

零件之间的相互位置关系破坏形成的故障。例如：当活塞环开口间隙增大，使弹力减弱时，会影响活塞环与缸套的配合关系，致使不能刮净缸壁上的机油，会使机油窜入燃烧室，产生冒蓝烟的现象。

零件之间相互关系的协调是部件、总成或整机正常工作的保证。例如：多缸柴油机工作时，燃油系必须按一定的顺序，定时、定量地喷入雾化良好的柴油；若各缸供油量不均匀，会使柴油机转速变得不平稳，这就说明调速器控制的转速与相应的燃油供给量及各缸的供油量之间出现了不协调。

自然恶化过程，内燃机经过长期使用，由于配合件的相互摩擦，长期受高温、高负荷以及周围腐蚀的作用，使零件表面受到磨损和腐蚀，材料疲劳或老化，这些现象是内燃机在工作过程中不可避免要发生的。

2. 零件制造不合格

零件制造不合格，例如：活塞环弹力不足，缸套耐磨性差，喷油嘴雾化不良等，均会造成内燃机早期故障。由于慢性原因（如磨损、疲劳等）引起的故障，一般是在较长时间内缓慢形成的，其工作能力逐步下降，不易立即觉察。由于急性原因（如安装错误、发生堵塞等）引起的故障，往往是在很短的时间内形成的，其工作能力丧失很快或突然丧失。

3. 安装、调整错乱，修理质量差

内燃机的某些零件（如正时齿轮室的齿轮、曲轴与飞轮、空气滤清器、机油滤清的滤芯和垫圈等）相互间只有严格按要求位置和记号安装，才能保证各系统正常工作。若装配记号错乱、位置装倒，或遗漏了某个垫片、垫圈，便会因零件间的相对位置改变而造成各种故障。零件之间相对位置的改变，会使部件、总成的工作性能随之改变。例如：气门的开闭时间是由定时齿轮、凸轮、挺杆、气门等零件控制的，若配气时间不对，即说明这些零件的相对位置有问题；喷油器的喷射压力是由调节螺钉与喷油器体的配合位置来控制的，若工作中喷油压力不正常，即说明调节螺钉与喷油器体的相对位置有问题。内燃机的各调整部位，使用中必须认真按要求规范调整，才能保证各系统在规定的技术条件下工作。若调整不当，便会发生各种故障。装配过程中乱敲乱打，油道未清洗干净或堵塞，缸盖螺栓未按顺序和规定力矩拧紧等，均会造成故障。

4. 使用保养不当

由于操作人员经验不足或懒惰，不及时地检查、保养和维护，违章操作，是造成事故的主要原因。如冬季停车后，柴油机未放掉冷却水而冻裂缸体；水箱内水垢增多，散热效果差，内燃机过热；油路堵塞、通气孔堵塞、滤清器堵塞及油路进气、油箱积水等造成故障。特别是内燃机空气滤清器、机油滤清器和燃油滤清器（简称"三滤"），由于使用维护不当所造成的危害往往是潜在的。"三滤"出了故障，常常不会立即影响内燃机的运转，但实际上对主要工作部件的磨损却是十分严重的。

3.2　内燃机故障的诊断方法

内燃机故障诊断是指在不解体的条件下，确定内燃机的技术状况，查明故障部位及原因的检查。

内燃机故障诊断主要有两种基本方法：一是传统的人工经验诊断法（直观诊断法）；二是利用仪器设备诊断法（检测诊断法）。人工经验诊断法是利用人的观察和感觉，或采用简单工具，以及眼看、手摸、耳听等确定内燃机的技术状况或故障部位的方法。仪器设备诊断法是在人工经验诊断法的基础上发展起来的诊断方法，该法在不解体的条件下用测试仪表与检测设备来确定内燃机或总成的技术状况或故障部位。人工经验诊断法的优点是不需要专用仪器设备，可随时应用；缺点是诊断速度慢、准确性差、并要求诊断者具有丰富的实践经验和较

高的技术水平。仪器设备诊断法的优点是诊断速度快、准确度高、能定量分析；缺点是投资大、占用固定厂房等。

内燃机故障诊断不论采用何种方法，都必须按一定的程序进行，切忌杂乱无序，顾此失彼，使本来很小的故障，由于诊断操作不当而引发更大的故障产生。

进行内燃机故障分析，应遵循询问、查阅、直观检查、基本检查、调取故障码、检测和试验的过程规律，采用逐一排除的方法，将确定故障的范围一步步缩小，最终找到故障位置。

1. 询　问

为了准确判断故障发生的位置，首先询问客户，了解机型和生产年份、故障发生的时间、故障的状况、发生故障时的环境条件、进行了哪些操作、是否已进行检修以及动过哪些部位等；同时，还要了解内燃机以前是否进行过维修及维修部位。通过信息收集，可以帮助初步估计故障发生的原因和部位，排除不必要的干扰，明确查找的目标。

2. 查　阅

在对内燃机进行检测前，一定要掌握该内燃机的有关数据、所要检查部件的准确位置、接线图以及检测仪器的使用。内燃机的机型很多，发展很快，即使同一厂家、同一牌号的内燃机，其各系统也因生产年份不同而可能大不一样。在不具备第一手材料的情况下，盲目地检查可能会带来意料不到的后果。

3. 直观检查

这是故障分析最基本的检查，可以确定前面两步骤对故障的估计是否正确。其内容包括以下3点。

（1）看：看是否有部件丢失，各种管路的连接是否正确，连接是否松动等状况。

（2）听：启动内燃机，检查是否有漏气、杂音，可能产生故障的部件能否正常工作等。

（3）摸：通过触摸检查某些部件是否在正常工作，接线是否牢固，管路是否断裂等。

通过以上检查可以帮助确认前面的判断，排除非系统故障的可能性。作为故障诊断的辅助检查，此项程序不容忽视。它可以有助于在后面的检查中，很快地找到故障的根本原因节省大量的时间。

4. 基本检查

基本检查是对内燃机基本工作状态的检查与调整。在进行基本检查时，对能够启动的内燃机应该使内燃机冷却液温度达到正常工作温度（约 80 ℃ 以上），同时，关闭与内燃机运转无关的所有附加电器装置和辅助系统。在此基础上，对内燃机的工作状态进行全面了解。

5. 调取故障码

对于带自诊断系统的内燃机，调取故障码，以作为故障判断的依据。故障码可帮助我们迅速地找到故障发生的部位。得到故障码后，还要判断所显示的故障是否存在，与当前的故障现象是否有关，是否因没有清除故障码所致。要注意：并非带自诊断系统的内燃机的所有故障都能用故障码显示，有时还需采用其他方法进行故障分析。例如：利用尾气分析仪，通过检测废气中 CO 和 HC 的浓度，可以帮助判断点火和喷油器等故障。在内燃机彻底修好后，要进行故障码的清除工作。

6. 检 测

只有在进行检测后才能最终判定故障的位置和找到产生故障的原因。检测包括的内容很多，检测涉及的检测仪器也较复杂，要求能够正确选择和使用检测仪器，并谨慎、准确地与内燃机相关系统连接。

7. 试 验

正确地判断出故障，排除故障后要进行试验，以确认所出现故障已被排除，并检查修理后的效果等。

3.2.1 直观诊断法

内燃机功率下降，燃油消耗量增加，机油耗损严重，零件磨损或损坏，机器不能正常工作，这些都是内燃机发生故障的征兆。这些征兆可通过声音、温度、烟色、气味等反常现象表现出来。直观诊断法就是人们根据自己在实践中积累的经验，对各种反常现象作出故障的分析判断。传统的直观诊断法有以下 7 点。

1. 耳听法

利用耳朵仔细辨别内燃机是否有金属的敲击声，以及有无其他不正常的声音。由于内燃机产生不正常的响声因素有很多，由同一因素产生的响声，又因内燃机温度的高低、负荷的轻重、转速的快慢等原因也有所不同。因此，在诊断时，要根据响声的大小，发出的部位，振动的程度，声音是连续的还是间断的，是尖锐的还是嘶哑的，转速低时声音大，还是转速高时声音大，是大转速稳定时的声音大，还是猛加速时声音大，是无负荷听得声音清晰，还是有负荷时声音听得清晰等情况，逐步掌握规律，判断内燃机的故障。

2. 摸触法

用手触摸内燃机感知各部的温度、高压油管的振动情况等（注意防止高温部件的烫伤）。

3. 部分停止法/隔断法

在分析判断故障的过程中，为了便于判断故障的具体部位，常常需要断续地停止或隔断某一部分或某个系统的工作，以观察故障现象的变化，或使故障暴露得更为明显。其中停缸法最为常用：依次停止某缸供油，观察故障征象变化的情况，以判断某缸是否有故障。如柴油机发生断续冒烟，但当停止某一缸的工作时，此现象即消失，则证明此缸有故障，应对此缸进行分析。

4. 比较法

分析故障时，当对某一部件有怀疑时，可用标准部件替换，比较换件前后的工作情况是否有变化，如果有变化，说明被替换下来的部件有问题，否则没问题。

5. 观察法

用眼睛观察内燃机各运转部件和接合部位有无松动现象，观察排气颜色是否正常，有无漏水、漏气、漏油等现象。

6. 试探反证法

怀疑某部位有问题，但又不能肯定时，可使该部位的工作条件或技术状态改变，来判断故障。如压缩力不足，向气缸套部注入几滴机油，以改变压缩性能，若压力增大，说明缸套活塞机构有问题；若压力不增加，说明气门机构有问题。

7. 变速法

在升降内燃机转速的瞬时，注意观察故障征象的变化情况，从中选择出适宜的转速，使故障的征象表现得更为突出。一般情况下，多采用低转速运转，因为这时内燃机转得慢，故障征象持续时间长，便于人们观察和检查。如检查配气机构，由于气门间隙过大引起敲击声时，就采用这种方法。

在实际工作中，上述几种方法常常是综合采用，以达到相辅相成的效果。

3.2.2 仪器设备诊断法

使用仪器、仪表或专用检测设备，在不拆卸或少拆卸的情况下，比较准确地了解内燃机内部状态好坏的方法，称为"仪器设备诊断法"。使用仪器设备检查各部分技术状态，能对各部位技术状态进行定性、定量分析。要想预防和及时发现故障，必须对内燃机各系统的技术状态做到心中有数，不但要搞清楚各系统技术状态是好是坏，还要搞清楚好坏所达到的具体程度。单纯凭经验检查故障往往是不够的，使用仪表设备检查可较准确地做到定性、定量分析，这是内燃机故障诊断的发展方向。当进行内燃机技术状况诊断时，在条件允许的情况下，首先考虑使用仪器设备诊断方法。

内燃机故障诊断的常用仪器设备有测功仪、油耗仪、废气分析仪、气缸压力表、气缸密封检查仪、各总成试验台、发动机综合测试仪等；带自诊断系统的发动机，可用专用解码器进行故障解读。

当进行内燃机技术状况诊断时，可以利用内燃机检测设备，重点检测出与内燃机功率、燃料消耗、排气净化和磨损等有关的诊断参数并进行分析和评价。

3.3 内燃机性能检测

3.3.1 内燃机台架性能试验

将内燃机与测功机连接起来，固定在试验台上，然后装上各种测试仪表，模拟内燃机在实际使用下的各种工况，这种试验称为台架试验。这是内燃机性能检测最全面、最精确的方法。

对于新设计或经重大改进的内燃机，台架试验是必须进行的工作。除进行台架试验外，尚需装在其驱动的动力装置上进行较长时间的实际试验，如装在汽车上进行数万公里的道路试验，船用柴油机装在船上进行水中运转试验，钻井柴油机可将它直接和钻机连接，在实际状态下试验。

1. 试验方法和标准内容

内燃机的试验方法、试验测定项目随内燃机用途不同而有所不同。

1）固定用内燃机

驱动发电机、水泵、农用机具等的内燃机，和发电机一样，基本上都是在一定转速下使用的，所以称之为恒速内燃机或固定用内燃机。因此，其试验要求主要是得出在一定转速下（额定转速）功率和燃油消耗率的关系。又由于该种内燃机长时间连续使用，因此，在规定功率工况下（持续功率）应能持续运转而性能不变，耐久性要好。为使其实现转速稳定不变，对调速性能要求比较严格，必须进行调速特性试验。钻井柴油机其使用负荷和转速非常广泛，同时内燃机经常长时间连续使用，所以必须进行连续运转试验和各种转速、各种负荷下的功率和油耗测定试验。

2）车用内燃机

汽车、拖拉机、工程机械、内燃机车、摩托车用内燃机，其使用负荷和转速非常广泛，所以必须做各种转速和各种负荷下的功率和油耗测定试验。机车等用内燃机经常长时间连续使用，所以必须进行连续运转试验；汽车等用内燃机转速负荷变化频繁，所以要进行怠速、启动、加速等试验。

3）船用内燃机

船用内燃机和车用内燃机一样，要在停车到全速的各种转速下使用。由于螺旋桨的驱动功率与转速的三次方成正比，因此，在船用内燃机的试验中，应试验功率与转速三次方成比例的功率性能。因为在额定转速下要长时间连续使用，所以必须进行长时间的连续试验。此外，还要做轴承的扭振试验以及与控制转速有关的试验。

动力性能参数、经济性能参数是与性能直接有关的参数。大气状况、温度、压力是与试验条件有关的参数，测量这些参数的目的是为了进行标准大气状态下的功率和油耗度的换算，以及了解内燃机运转的稳定程度。

2. 试验中注意要点

（1）不经过磨合的样机不能进行试验；

（2）连续试验时，需定时按规定的工况检查内燃机性能指标，以判断其技术状况是否良好；

（3）试验进行中不得更换燃油、机油品种（除非燃油和机油是被试验对象）；

（4）比较性实验应在较短时间内完成，以免由于环境状态变化而引起误差；

（5）所有测试仪表必须符合所需的测量精度；

（6）内燃机必须在工况稳定时方可测量，即各部压力、温度应在指定范围内稳定一段时间后才可记录数据；

（7）每种试验工况的全部参数应尽可能同时测量，而每个参数应相继至少测量 2 次；

（8）一般每一条试验曲线应至少取 8 个均匀分布的试验点，当难以判断曲线形状和趋向时，应增加中间点；

（9）试验必要时，应绘制监督曲线，即绘制主要原始数据与试验中选定的变化参数之间的关系，如负荷特性试验中应该绘制消耗一定燃油量时间 t 和测功机指示值 P 之间的关系曲线；

（10）试验中发现的各种异常现象应及时记录。

3.3.2　内燃机主要性能检测参数

内燃机台架试验需要专门的场地和较好的设备条件，因此，对于使用中内燃机的故障诊断并不常用。在现实中，我们希望用一些简单的测试设备就能准确地诊断出内燃机的各种故障，并迅速地解决这些故障，使内燃机尽快地正常运行。

不论采用什么方法检测内燃机的性能，其检测的基本参数都是相同的。内燃机常用诊断参数，如表 3-1 所示。

表 3-1　内燃机常用诊断参数

序号	参数名称	影响参数的主要因素
1	内燃机功率	磨损、点火、供油、冷却、润滑
2	燃油消耗率	供油、点火、润滑、冷却
3	机油消耗率	气缸活塞组件磨损、密封
4	燃烧质量	供油、压缩、点火、冷却
5	气缸压力	磨损、压缩比、转速、负荷
6	曲轴箱窜气量	磨损、密封、转速、负荷
7	气缸漏气率	磨损、机油黏度
8	进气歧管真空度	磨损、点火、供油、转速
9	点火质量	电压、混合气浓度、温度
10	机油压力	轴承磨损、机油黏度、温度
11	机油含铁量	磨损、润滑
12	内燃机温度	冷却、点火、积炭、配气相位
13	异常响动	磨损、间隙、点火
14	振动	磨损、间隙

3.4　内燃机故障诊断的一般原则

为了能迅速、有效地排除故障，要对故障产生的部位和原因进行正确地判断。因此，要求在了解故障的基本征象后，根据该内燃机构造和原理上的特点，全面分析产生故障的可能原因，加以排除。即"搞清现象，联系原理，区别情况，周密分析，从简到繁，由表及里，准确诊断，仪器优先，少拆为益"。

通常在进行故障诊断时要遵循以下原则：

1. 判断故障要有整体性，排除故障要有全面性

内燃机各个系统和机构及其所属的零部件之间是有密切关系的，一个系统、机构或零部件有故障，必然要涉及其他系统、机构或零部件。因此，对于各个系统、机构或零部件的故障不能绝对孤立地对待，而必须要考虑其影响的系统、机构或零部件，以及本身又可能受到的影响，从而以整体观念来分析判断故障原因，并进行全面检查和排除。

2. 查找故障时应尽可能减少拆卸

查找故障时，若盲目地乱拆乱卸，或由于侥幸心理与思路混乱而轻易拆卸，不仅会延长排除故障的时间，而且还可能使内燃机遭到不应有的损坏或产生新的故障。拆卸只能作为在经过缜密分析后采取的最后手段。在决定采取这一步骤时，一定要以结构和机构原理等知识作指导，建立在科学分析的基础上，并应在有把握恢复正常状态和确信不会由此而引起不良后果的情况下才能进行。此外，还应避免同时进行几个部位或同一部位几项探索性拆卸和调整，以防互相影响、引起错觉。

3. 切忌存在侥幸心理和盲目蛮干

当遇到较严重的、可能造成破坏性损坏的故障征兆时，切忌存在侥幸心理，盲目蛮干，在没有查找到故障原因，并予以排除时，不能轻易地开动机器，否则会进一步扩大故障损坏程度，甚至造成重大事故。当需要开机检查时，应切实做好各种防范措施，谨慎地进行。如做好各项安全顺利启动的检查；盘车检查有无影响运转的任何阻碍，哪怕是盘车稍感重一些，也应敏感地注意到，并做出相应地检查，对重要螺栓要检查有无松脱现象，重要摩擦副有无异常发热等。内燃机一旦启动后，当仔细分辨运转声响，查看机油压力是否正常，并根据需要能够做到及时停机。

4. 注重调查、研究和合理分析

调查、研究和了解内燃机在使用维修方面的经历和现状，了解该机在使用管理和维修方面的经历，主要看常出些什么故障，发生在什么部位；检修中更换了哪些机件；检验和装配的间隙数据等。对于现状的了解，主要是内燃机在故障出现前后观察到哪些现象，已经采取过哪些措施，效果如何。通过对这些问题的了解，把思路引导到产生故障可能性大的方向上去，便于做出正确地分析和判断。

5. 亲自动手，用看、听、摸、嗅、检查等手段掌握第一手材料

看：内燃机运转的外部特征，如看机油颜色有无污染，排气烟色是白烟、黑烟还是蓝烟；观察仪表读数是否正常，内燃机有无漏油、漏水、漏气的地方等。

听：内燃机运转的声音是否正常，可用长螺丝刀（或长金属棒）贴耳或用听诊器监听内燃机各部位的工作响声；同时改变油量，倾听内燃机在各种转速下声响的变化，也可根据声音的有无节奏性，判断与工作循环的间隔是否一致。要区分内燃机进行的正常工作声和非正常的机械摩擦或撞击等异常响声。

摸：触摸检查内燃机各部位温度是否正常。一般的轴承温度不应超过 60 ℃。触摸时，有经验的同志认为：手摸记数，从 1 数到 7（5~6 s），若达不到 7 以上就感到灼热不能忍耐，非松手不可时，则认为该温度已超过了 60 ℃ 了。手摸不仅可以用来感觉温度，而且通过手感可以检查连接是否可靠，间隙大小，甚至机油有无稀释，黏度大小均可用手感来做初步判断。用手感的方法大概可以判断出故障轻重程度及具体部位。

嗅：可以辨别排气的烟味，机油气味，更明显的是电器和橡胶制品的焦味。

检查：对可能出现故障的零件进行拆卸、检查，同时注意相关零件的损坏情况，作出综合分析，并判断出故障的真实原因。然后针对故障的原因"对症下药"，进行排除和制定预防措施。

6. 遵循"从简到繁、由表及里、按系分段、推理检查"的原则

"从简到繁、由表及里"的含意比较明确，要求我们不要将故障看得过于复杂，分析排除故障的方法与一般的工作方法一样，总是从简到繁、由近及远、由表及里地进行。

"按系分段、推理检查"，则要求我们检查时要有层次，合理地去分析判断故障，不要东抓一把，西抓一把，毫无头绪。例如：柴油机排气冒黑烟的故障，主要与两个系统有关：一个是进、排气系统；二是燃油系统。进、排气系统是进气不足，还是泄漏太多。燃油系统是吸入油量过多，还是油质不好。油质包括：喷油雾化质量、喷油压力和喷油时间。然后按系统逐一检查，检查一项排除一个疑点，逐步缩小故障范围，最后找出产生故障的真正原因。

7. 仪器优先，首先使用先进、科学的诊断方法

有自诊断系统的内燃机，应首先使用自诊断系统进行检查；当有诊断仪器时，也必须优先使用。不能盲目相信人的经验判断，要相信科学，要将仪器诊断结果与人的经验推断有机地结合在一起，才能真正做到准确、快速地查明和排除故障。

第4章 内燃机常见故障分析

内燃机作为动力机械，其运行状态的好坏直接影响到成套设备的工作状态。因此，对其进行状态监测和故障诊断，确保设备处于最佳运行状态，提高设备维修质量和效率是十分必要的。内燃机是一种复杂的往复式动力机械，由于其结构复杂，加之运动的往复性，使得内燃机的故障诊断变得十分复杂，现代内燃机故障诊断更趋向于各诊断方法的综合运用。

4.1 内燃机启动困难

4.1.1 故障现象和原因

1. 汽油机启动困难

汽油机启动困难故障一般发生在点火系、燃油供给系以及启动系。若启动时，内燃机毫无着火征兆，或运行中由于振动等原因造成发动机突然熄火，多属点火系故障；若启动时有着火征兆，或着火后又逐渐熄火，或运行中由感觉动力不足而逐渐发展到熄火，多属燃油供给系故障；若启动时，启动机不转，一般为启动系故障；若上述三个系统中都没诊断出故障，就应检查气缸压缩压力等因素。

2. 柴油机启动困难

柴油机启动的必备条件是具有足够的启动转速，足够的压缩压力，喷入气缸的柴油雾化良好，并有足够的空气与之混合，燃烧室内的良好预热。正常情况下，柴油机一般应能在 5秒钟内顺利启动，有时需反复几次才能启动，也属正常。若经多次反复启动仍不能着火，视为启动困难。

4.1.2 故障诊断方法与步骤

1. 汽油机启动困难诊断

检查诊断时，可按上述现象初步确定故障范围，或按如图 4-1 所示的检查诊断流程（图 4-1 为化油器式汽油机诊断流程），确定故障所在系统，然后对该系统进行检查诊断，确定故障的具体部位及原因。各系统的诊断方法与步骤，参见相关章节。

2. 柴油机启动困难诊断

引起柴油机启动困难的原因有很多，主要是燃油供给系的原因，其次是机械方面的问题，电路方面的问题较少。可按如图 4-2 所示的检查诊断流程进行检查诊断，首先确定故障所在的系统，然后再按照相关章节介绍的方法对该系统进行检查诊断，确定故障的具体部位及原因。

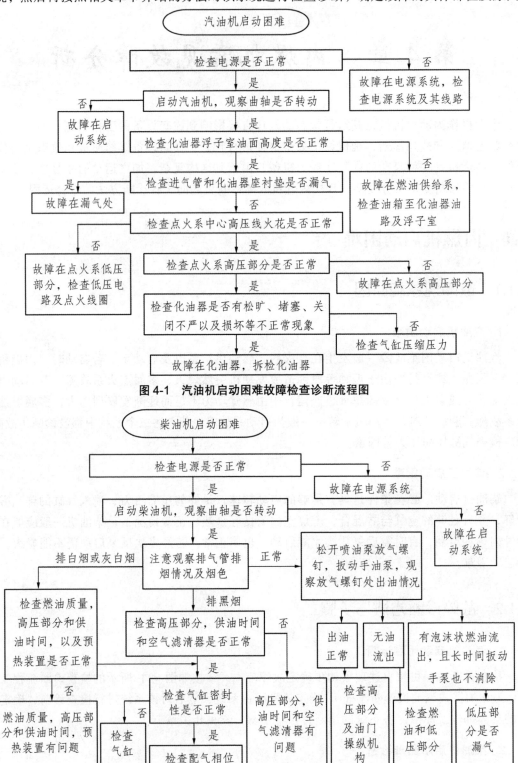

图4-1　汽油机启动困难故障检查诊断流程图

图4-2　柴油机启动困难故障检查诊断流程图

4.2 内燃机功率不足

4.2.1 故障现象和原因

内燃机功率不足，可能是由燃料系故障、进气系统故障、压缩压力不足等原因造成的。燃料系故障的原因可能是油路堵塞、输油泵供油量不足、油路有空气或水，柴油机还可能是喷油提前角不准、出油阀卡住、喷油器喷孔堵塞或喷雾不良、针阀卡死或喷油压力不符合要求等。进气系统故障的原因可能是配气正时不准、气门间隙过大或过小等。气缸压缩压力不足的原因可能是进气不足、气门漏气、气缸垫漏气、活塞与缸壁漏气等。

内燃机功率不足：一是表现在中小负荷功率正常，大负荷时功率不足；二是表现在内燃机运转不均匀，排气管冒白烟。当燃油含水或冷却水漏入气缸时，都可以化为水气由排气管排出白烟。当柴油机喷油过迟、喷油压力低雾化不良时，可使燃油未经充分燃烧而呈白色烟状排出。出现该情况，可用逐缸停油的办法找出可疑气缸，然后，再拆下该缸喷油器进行喷油压力、密封性和喷雾质量检查。柴油机冒白烟的同时，功率不足、加速性差、柴油机有过热现象，主要是由供油时刻过晚引起的。

可见，造成内燃机功率不足的原因是多方面的，我们必须认真分析，逐一排除其假象，才能找到真正的原因。

4.2.2 故障诊断方法与步骤

以柴油机为例说明其诊断流程，如图 4-3 所示。

4.3 内燃机异响

4.3.1 故障类型和影响因素

在运转过程中，内燃机产生的超过技术文件规定的不正常响声，称为发动机异响。异响是由于内燃机运动机件的磨损和老化等使零件相互配合间隙增大或损伤，在运动中由于振动和相互撞击而发生的金属碰击声。所以内燃机的异响往往反映着不同性质和不同程度的故障。异响只是现象，故障才是本质，所以内燃机若在运行中出现异响，应及时检查、诊断、分析原因、正确判断以至排除，否则内燃机带病工作可能导致更大的损伤。需注意的是，在运转中还有一种不正常的响声，称之为内燃机噪声，它对机件寿命与使用影响不大。所以，轻微的噪声是允许存在的。

1. 内燃机异响的类型及常见异响引起的振动区域

1）内燃机异响的类型

常见内燃机异响可分为两类：燃烧异响和机械异响。

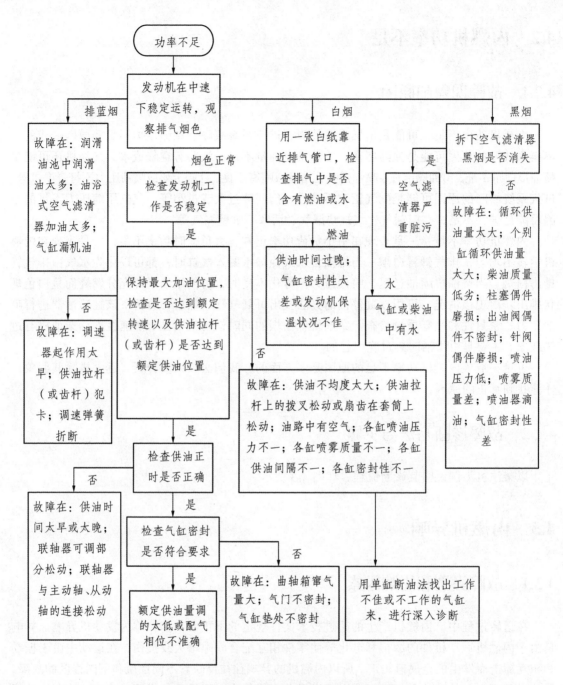

图 4-3　柴油机功率不足故障检查诊断流程图

　　燃烧异响：主要是内燃机不正常燃烧时产生的响声。如汽油机产生爆燃时或柴油机工作粗暴时，发出强烈的类似敲击金属的响声；排气管放炮声等。此种响声有的可以通过调整来排除，如推迟点火或供油时间；有的可通过选用合适的燃油来排除；有的可用清除积炭来排除。

　　机械异响：主要是运动件因磨损、松动、润滑不良和修理调整不当使其配合间隙过大或配合表面损伤，运转中引起冲击和振动，而产生的金属敲击声。内燃机的机械异响主要集中在曲柄连杆机构和配气机构。

2）常见异响在内燃机上引起的振动区域

内燃机上不同的机件、不同的部位和不同的工况、声源所产生的振动是不同的。内燃机常见异响所引起的振动，常在内燃机的气缸盖部位、气门室部位、凸轮轴部位和油底壳与气缸体接合部位有所反应。此外，在加油口或正时齿轮盖处也有某种反应。因此，常见异响在内燃机上引起的振动区域，可以分为四个区域两个部位。如图4-4所示。

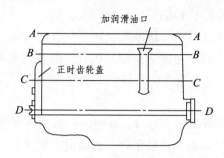

图4-4 内燃机常见异响所引起的振动分布区域

A—A 区域可听察的故障。在该区域，可用听诊仪触及气缸盖各缸燃烧室部位或触及与主轴承、气门等相对的部位。这样可以辅助诊断活塞顶碰缸盖、气缸凸肩（因磨损过其所致）、气门响、气门座圈松动、曲轴折断和主轴承松旷等故障。

B—B 区域可听察的故障。在该区域气门推杆对面一侧，用听诊仪触及各气缸部位，可辅助诊断活塞敲缸一类故障。如拆下加润滑油盖，用耳听察，可辅助判断活塞销、连杆轴承、活塞环漏气等故障。

C—C 区域可听察的故障。在该区域，用听诊仪触及与凸轮轴衬套、各挺杆对应部位或触及正时齿轮盖部位，可辅助诊断凸轮轴衬套松旷、挺杆响和正时齿轮响等故障。

D—D 区域可听察的故障。在该区域，用听诊仪触及气缸体与油底壳分开面的附近（凸轮轴对面一侧），可以辅助诊断主轴承发响或曲轴断裂等故障。

两个部位，是加润滑油口部位和正时齿轮盖部位。

2. 影响异响的因素

异响与内燃机的转速、温度、负荷、润滑条件等有关。

1）转 速

一般情况下，转速愈高机械异响愈强烈。但高转速时各种响声混杂一起，听诊某些异响反而不易辨清。所以，诊断转速不一定是高速，要具体异响具体对待。例如：听诊气门响或活塞敲缸响时，在怠速下或低速下就能听得非常明显；当主轴承响、连杆轴承响和活塞销响较为严重时，在怠速和低速下也能听到。总之，诊断异响应在响声最明显的转速下进行，并尽量在低转速下进行，以减少不必要的噪声和损耗。

2）温 度

有些异响与内燃机温度有关，而有些异响与内燃机温度无关或关系不大。在机械异响诊断中，对于热膨胀系数大的配合副要特别注意内燃机的热状况，最典型的例子是活塞敲缸响。当内燃机冷启动时，该响声非常明显，然而一旦温度升高，响声即消失或减弱。所以，诊断这一类配合副产生的异响应在内燃机低温下进行。热膨胀系数小的配合副所产生的异响，如曲轴主轴承响、连杆轴承响等，内燃机温度的变化对其影响不大，因而诊断时对内燃机温度无特别要求。内燃机温度也是燃烧异响的影响因素之一。汽油机过热时，往往产生点火敲击声（突爆或表面点火）；柴油机过冷时，往往产生着火敲击声（工作粗暴）。

3）负　荷

一般说来，负荷对曲柄连杆机构的异响影响较大，而对配气机构的异响没有影响或影响较小。如曲轴主轴承响、连杆轴承响、活塞敲缸响、气缸漏气响、汽油机点火敲击响等，均随负荷增大而增强，随负荷的减小而减弱；柴油机着火敲击响随负荷增大而减小，气门响、凸轮轴轴承响和正时齿轮响，当负荷变化时异响不变化。

4）润滑条件

无论什么机械异响，当润滑条件不好时，异响一般都显得严重。

异响的影响因素往往成为异响的诊断条件，诊断时主要从以上几个方面找出异响的变化规律。

4.3.2　故障诊断方法与步骤

诊断内燃机异响的方法主要有经验诊断法和仪器设备诊断法。在没有诊断设备（如声压频谱仪、声级计、综合测试仪等）的情况下，可采用经验法诊断异响的部位、特征、出现时机及变化规律，在听察响声的同时还应适时的观察颜色、烟量变化，并借助听诊仪及断缸法，来寻找故障的具体部位。常见异响的诊断如下。

1. 曲柄连杆机构异响的诊断

1）曲轴主轴承响

① 故障现象：内燃机稳定运转时一般不响，转速突然变化时发出沉重而有力的"当当"或"刚刚"的金属敲击声，严重时机体发生很大振动；产生响声的部位在气缸体下部的曲轴箱内；响声随内燃机转速提高而增大，随负荷的增加而增强；单缸断火时响声无明显变化，相邻两缸同时断火时响声会明显减弱；机油压力明显降低。

另外，最后一道轴承发响声音沉重发闷，最前道轴承发响声音较轻、较脆。曲轴轴向窜动出现的响声，在低速下微抖节气门，可听到较沉重的"咯噔、咯噔"响声；踩下离合器踏板响声减轻或消失。

② 故障原因：主轴承和轴颈磨损过甚、主轴承盖螺栓松动或拧紧力矩不够，造成径向间隙过大；轴向止推装置磨损过大造成轴向间隙过大；主轴承合金烧毁或脱落；曲轴弯曲；润滑油压力太低或润滑油变质，使得润滑不良。

③ 故障诊断：曲轴主轴承响故障检查诊断流程如图4-5所示。

若怀疑是飞轮固定不良发响，可通过开断点火开关试验，即发现响声时，关闭点火开关，当内燃机即将熄火时再立即接通，此时若能听到一声金属撞击声，而且每次开断点火开关均出现这种现象，即可怀疑飞轮固定不良；单缸断火，响声加重，即可证实是飞轮撞击发响。

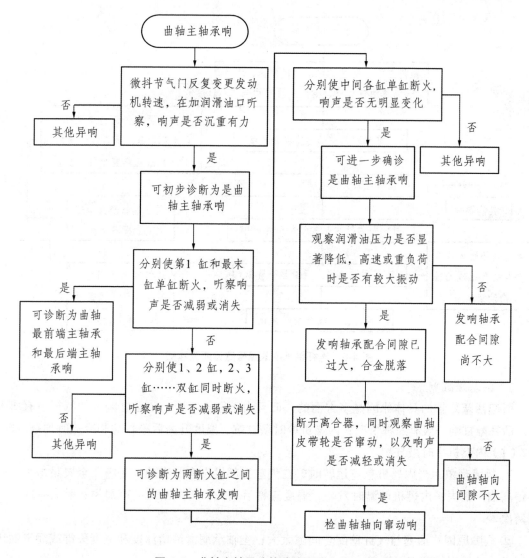

图 4-5 曲轴主轴承响故障检查诊断流程图

2）连杆轴承响

① 故障现象：当内燃机突然加速时，有明显连续的"当当当"轻而短促的金属敲击声，这是连杆轴承响的主要特征；怠速运转时响声较小，中速时较明显；当内燃机温度变化时，响声不变化；发动机负荷增加响声加剧；单缸断火，响声明显减弱或消失，复火时又立即出现，即具有所谓响声"上缸"现象；机油压力降低。

② 故障原因：连杆轴承或轴颈磨损过甚、连杆螺栓松动或拧紧力矩不够，造成径向间隙太大；连杆轴承合金烧毁或脱落；润滑油压力太低、润滑油变质或曲轴内通连杆轴颈的油道堵塞，使得润滑不良。

③ 故障诊断：连杆轴承响故障检查诊断流程如图 4-6 所示。

当对连杆轴承响声进行检查诊断时，必须注意响声有无明显变化，加速踏板不要踩得过猛且次数不宜过多，并尽量避免发动机高速运转，整个检查诊断过程时间也应尽量短，以免造成"捣缸"事故的发生。

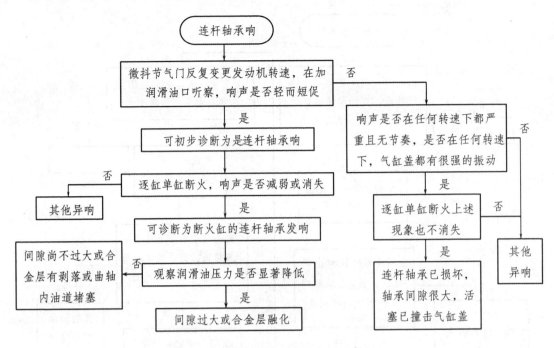

图 4-6　连杆轴承响故障检查诊断流程图

3）活塞敲缸响

引起活塞敲缸的具体原因是多方面的，而且由于原因不同，使敲缸响声的特征也有所不同。活塞敲缸响一般有三种情况：内燃机冷时敲缸响、温度升高后敲缸响和冷热时均敲缸响。

（1）内燃机冷时敲缸响。

①故障现象：当内燃机怠速运转时，在气缸上部发出有节奏的"嗒嗒"金属敲击声，转速稍高响声消失；内燃机低温时发响，温度正常后消失；单缸断火响声消失；跳火一次，发响两次。

②故障原因：活塞与气缸壁配合间隙太大；主轴承润滑油槽深度和宽度失准或润滑油压力不足，致使气缸壁润滑不良。

③故障诊断：内燃机冷时敲缸响故障诊断流程如图 4-7 所示。

敲缸声若仅发生在内燃机低温工作时，还可继续使用。但若在内燃机温度升高后依然存在，则需尽早修理。

（2）内燃机温度升高后敲缸响。

①现象及原因：如果是由于曲轴连杆轴颈与主轴颈不平行，连杆弯曲引起，其现象是内燃机高速时发出"嘎嘎"连续金属敲击声，且高温时响声加重。如果是由于活塞裙部圆度过小甚至反椭圆，活塞与气缸配合间隙过小，活塞销装配过紧而使活塞变形，活塞环背隙、端隙过小，活塞与气缸壁润滑不良所引起，则表现为内燃机怠速时发出"嗒嗒"声，并伴随机体抖动；温度升高后，响声加重；跳火一次，发响两次；单缸断火，响声加重，该缸即为故障缸。

②故障诊断：内燃机温度升高后敲缸响故障诊断流程如图 4-8 所示。

出现这种情况，应立即停机检修，否则会造成"拉缸"事故。

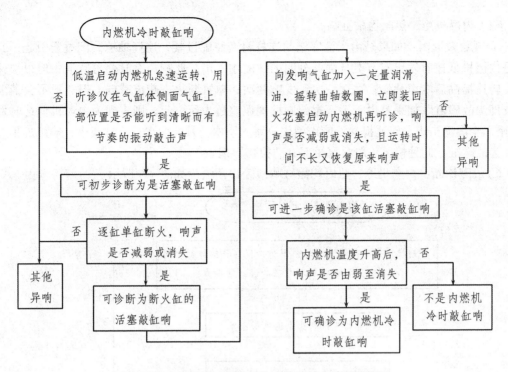

图4-7 内燃机冷时活塞敲缸响故障检查诊断流程图

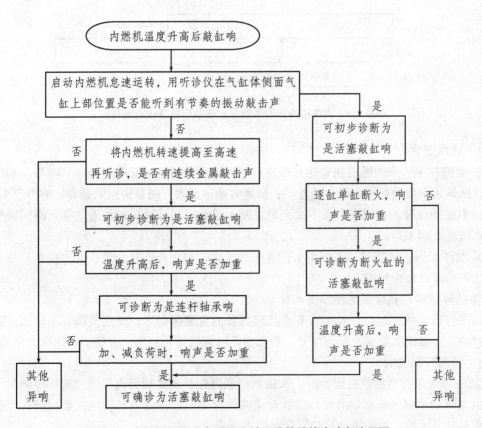

图4-8 内燃机温度升高后活塞敲缸响故障检查诊断流程图

（3）内燃机冷、热时均敲缸响。

① 现象及原因：如果是由于活塞销与连杆衬套装配过紧，连杆轴承装配过紧引起，其现象是内燃机低速时发出有节奏且强弱分明的"刚刚"声，此响声有时会短暂消失但很快又复出；转速提高后响声消失；跳火一次，发响两次；单缸断火，响声减弱，但一般不会消失，该缸即为故障缸。如果是由于活塞裙部圆柱度误差过大所引起，则表现为内燃机低速时发出"嗒嗒"金属敲击声，转速提高后响声消失；跳火一次，发响两次；单缸断火，响声加重，该缸即为故障缸。此种情况一般活塞裙部有"拉伤"现象。

② 故障诊断：内燃机冷、热时均敲缸响故障诊断流程如图 4-9 所示。

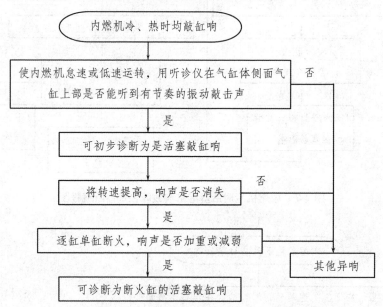

图 4-9　内燃机冷热时活塞敲缸响故障检查诊断流程图

4）活塞销响

① 故障现象：当内燃机在怠速和低速运转时，发出清脆而又有节奏的"嗒嗒"金属敲击声，比同转速下活塞敲缸响声尖且连续；加速时响声更大；随着转速的升高，响声节奏加快；内燃机温度变化时，对响声影响不大；单缸断火时响声明显减弱或消失，复火瞬间突然出现一响声或连续两响声。

② 故障原因：活塞销与连杆小头衬套配合松旷；衬套与连杆小头孔配合松旷；活塞销与活塞上的销座孔配合松旷。

③ 故障诊断：其诊断流程如图 4-10 所示。

如果当内燃机怠速时，发出有节奏且较沉重的金属碰击声，转速提高也不消失，并伴随机体抖动，单缸断火时响声反而加重，则说明是活塞销锁环脱落，致使活塞销自由窜动发响。

5）活塞环漏气响

① 故障现象：当内燃机运转时，从加润滑油口处听到曲轴箱内发出"嘭嘭"的漏气声，负荷愈大时响声愈强；加润滑油口处脉动地向外冒烟，冒烟次数与发响次数相同；当收回节气门或单缸断火时，加润滑油口处冒烟和响声减弱或消失。

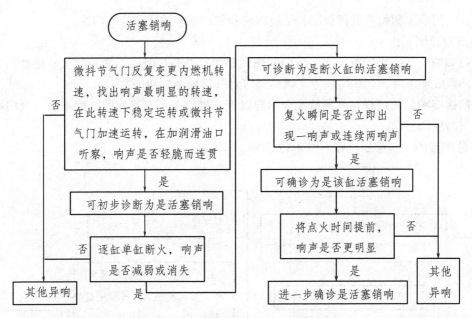

图 4-10　活塞销响故障检查诊断流程图

② 故障原因：新换活塞环与气缸壁的漏光度太大；活塞环开口间隙太大或各环开口重合；活塞环和环槽严重磨损，活塞环在环槽内松旷；气缸壁严重磨损；活塞环弹力太弱；活塞环卡死在环槽内；活塞环或活塞环岸折断；气缸壁拉伤，出现沟槽；活塞环质量不好。

③ 故障诊断：其检查诊断流程如图 4-11 所示。

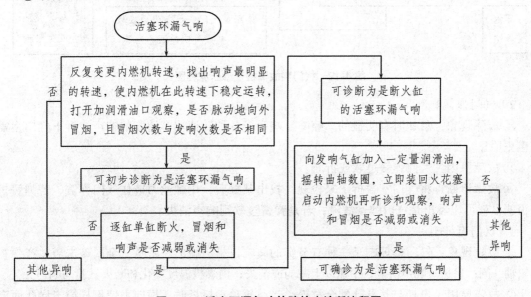

图 4-11　活塞环漏气响故障检查诊断流程图

2. 配气机构异响的诊断

1）气门响

① 故障现象：内燃机怠速运转时发出有节奏的"嗒嗒"（气门脚处）或"啪啪"（气门座圈处）金属敲击声；转速增高时响声亦随之增大；温度变化和单缸断火时响声基本不变化；

若有数只气门响，则响声显得杂乱。气门脚响和气门落座响统称为气门响。

②故障原因：

气门脚响：气门脚间隙太大；气门间隙调整螺钉处两接触面不平；配气凸轮磨损过甚，造成缓冲段效能下降。这些均加重了调整螺钉对气门杆端的冲击。

气门落座响：气门杆与其导管配合间隙过大；气门头部与其座圈接触不良；气门脚间隙过大；气门座圈松动。

③故障诊断：其诊断流程如图4-12所示。

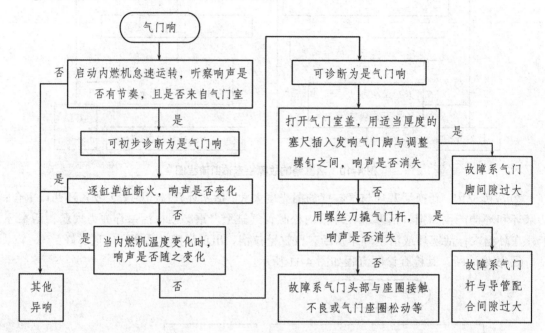

图4-12　气门响故障检查诊断流程图

2）气门弹簧响

①故障现象：急速时有明显的"嚓嚓"响声；各种转速均有清脆的响声，拆下气门室盖响声更明显。

②故障原因：气门弹簧过软或折断。

③故障诊断：将气门室盖拆下来检视，找出某缸后，用螺丝刀撬住气门弹簧，若弹簧折断很明显就可以看出是气门弹簧故障；若是弹簧过软则响声消失。

3）气门挺杆响

①故障现象：气门挺杆响是一种有节奏的间响，呈清脆的"嗒嗒"金属敲击声，产生在凸轮轴一侧；急速时响声明显，中速以上减弱或消失；内燃机温度变化和断火试验与响声无关。

②故障原因：挺杆与其导孔配合过松，当凸轮顶动挺杆时，横向力使挺杆撞击导孔而产生响声；挺杆底面磨损有沟槽；挺杆不能自由转动；凸轮有线形磨损，顶动挺杆有跳动现象。

③故障诊断：打开气门室侧盖，用铁丝依次径向钩住各挺杆，若响声减弱或消失，即为该挺杆故障。

4）凸轮轴响

①故障现象：当内燃机低速运转时可听到有节奏的"嗒嗒"金属敲击声，中速时响声明

显，高速时响声减弱或消失；在凸轮轴侧响声明显，凸轮轴衬套部位有明显振动感；单缸断火，响声不变化。

②故障原因：凸轮轴轴颈和衬套磨损过甚，使其配合间隙过大；凸轮轴弯曲变形；凸轮轴轴向间隙过大。

③故障诊断：其诊断流程如图4-13所示。

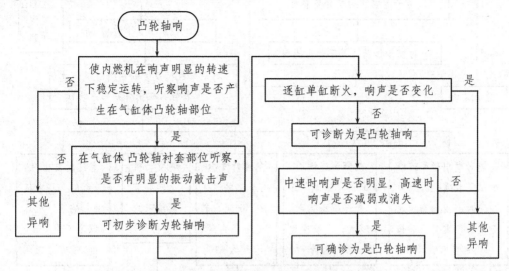

图4-13 凸轮轴响故障检查诊断流程图

5）正时齿轮响

①故障现象：原因不同，响声特征也不完全相同，有的有节奏、有的无节奏，有的是连续响、有的是间断响；响声产生在正时齿轮室盖部位；温度变化时响声不变化；单缸断火响声不减弱。

②故障原因：齿轮啮合间隙过大或过小；曲轴中心线与凸轮轴中心线在使用或修理中发生变化不平行，中心距变大或变小；齿轮啮合间隙不均匀；齿面有伤痕、脱层或齿断裂；齿轮在曲轴或凸轮轴上松动；曲轴或凸轮轴轴向间隙过大。

③故障诊断：其诊断流程如图4-14所示。

3. 常见燃烧异响的诊断

1）汽油机点火敲击响

①故障现象：当内燃机急加速时，发出"嘎嘎"类似金属敲击响声；内燃机温度愈高、负荷愈大时响声愈强烈；空负荷急加速时，响声明显；当响声出现时，减小节气门开度，响声便减弱或消失，再加速响声又重新出现。

②故障原因：造成点火敲击响的主要原因是内燃机爆燃（发生在点火以后），其次是早燃（发生在点火以前）。二者虽然发生的时间不同，但相互助长，爆燃可引起早燃，早燃又进一步促进爆燃，因此很难区别。

产生爆燃与早燃的原因主要有：汽油品质差或选用牌号过低；在使用、维修中造成压缩比过高；内燃机过热或负荷太大；燃烧室积炭严重；点火提前角或断电器触点间隙过大；混合气太稀。

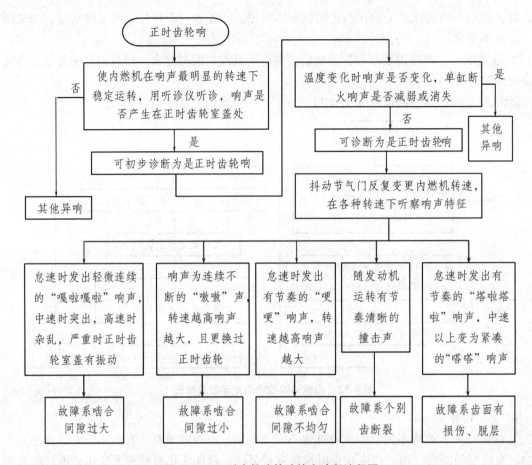

图 4-14 正时齿轮响故障检查诊断流程图

③ 故障诊断：其诊断流程如图 4-15 所示。点火敲击响发生在内燃机加速运行和增加负荷等情况下。内燃机产生点火敲击响后，一般只要适当推迟点火时间，响声即会消失；若推迟点火时间后响声仍不消失，则应进一步找出原因，加以排除。

若响声只在内燃机过热时出现，这是内燃机温度过高造成的，按内燃机过热故障诊断，找出过热的原因，并检查清除燃烧室积炭即可。

若响声在加燃油之后出现，则应检查燃油品牌是否符合要求。

若响声在更换火花塞之后出现，则检查火花塞热特性。

若响声在内燃机正常工作温度范围内出现，可首先检查断电器触点间隙是否过大，点火提前角是否过大。若都不过大，则拆下火花塞，检查燃烧室积炭是否过多，以及气缸压缩压力是否过大。

2）柴油机着火敲击响

柴油机着火敲击响分为"均匀而粗暴的敲击响"和"非均匀而粗暴的敲击响"两种。

① 故障现象：低速无负荷运转时，柴油机发出尖锐清脆和有节奏的敲击响声，或无节奏的敲击响声；冷启动时，响声尤其明显；内燃机温度变热、转速升高和负荷增大时，响声减弱或消失，但当内燃机过热和超负荷运转时响声又增大；加速时响声增大，且加速愈急响声愈大。

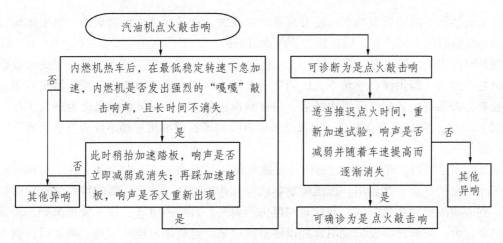

图 4-15 汽油机点火敲击响故障检查诊断流程图

② 故障原因：柴油机着火敲击响的主要原因是柴油机工作粗暴。造成工作粗暴的原因，又是着火落后期太长，具体原因如下。

"均匀而粗暴的敲击响"：柴油品质差，特别是自然性能不好；供油时间提前角过大；内燃机过冷或过热；内燃机超负荷运转；空气滤清器严重阻塞，使进气量不足。

"非均匀而粗暴的敲击响"：个别缸供油时间过早，即供油间隔不均匀；个别缸供油量过大，即供油量不均匀度超过标准；个别缸喷油器性能不佳喷射质量不好；个别缸密封性不佳，压缩终了的温度和压力太低。

③ 故障诊断：其诊断流程如图 4-16 所示。

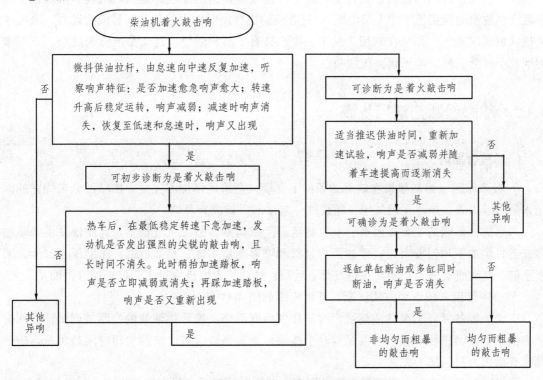

图 4-16 柴油机着火敲击响故障检查诊断流程图

如果柴油机冷启动后发响，温度升高后响声消失，这是温度太低造成的，可继续运行。如果温度变热后响声仍存在，则应检查诊断找出原因。

如果响声均匀，即"均匀而粗暴的敲击响"，说明各缸工作情况基本一致。可先检查供油提前角是否过大；若供油提前角不大或调整后效果不明显，则应检查空气滤清器是否堵塞、进气胶管是否凹瘪；若进气通道也畅通，仍有响声，便应检查循环供油量是否过大（排气管排黑烟）、柴油品质是否符合要求，以及是否所有喷油器的喷油质量都不佳或是否所有气缸的密封性都差。

如果响声不均匀，即"非均匀而粗暴的敲击响"，说明各缸工作情况不一致。可用断缸法找出工作不良的气缸，然后用一标准喷油器或与其他缸喷油器调换，若响声消失或转移到其他缸，则表明故障就在喷油器；若此时响声仍不消失，且响声沉重，排气管排黑烟，说明该缸供油量过大；若响声尖锐，说明该缸供油时间过早。也可用减油法试验，减油后，响声和黑烟消失，说明供油量过大；若减油后故障只是减弱并不消失，只有断油后才完全消失，说明供油时间过早。

4.4　内燃机排烟异常

4.4.1　故障类型

技术状况良好的内燃机，在常用工况下，排气管排出的废气，是无色透明（汽油机）或接近无色透明的浅灰色气体（柴油机）。只有柴油机在短时间内超负荷运转或启动时，废气才呈现灰色或深灰色，如果在常用工况下，废气具有了某种颜色，这就是故障的反映。不正常的烟色一般分三种，即黑烟、蓝烟和白烟。

4.4.2　故障诊断方法与步骤

1. 排气冒黑烟

① 故障原因：燃料如果在缺氧的条件下燃烧，会造成燃烧不完全，使一部分未烧完的碳元素形成游离碳，悬浮在燃气中，随废气一起排出，就成为黑烟。

内燃机排黑烟的主要原因有：空气滤清器严重堵塞，造成进气量不足；喷油泵供油量过多或各缸供油不均匀度太大；喷油压力过低和喷雾质量不佳；喷油过迟；压缩压力过低，温度不够；燃油质量低劣；经常在超负荷下运行；机油进入燃烧室过多；校正加浓供油量太大。

② 故障诊断：按下列方法诊断，其流程图如图 4-17 所示。

当柴油机各循环工况供油量过大时，排气将冒黑烟。循环供油量的检测与调试，必须拆下喷油泵（附调速器）在喷油泵试验台上按原厂规定条件进行。柴油机短时间超负荷运转，其排气烟色为灰色属于正常。

当气缸密封性低时，漏掉的空气量增多，燃烧时氧气量不足，燃烧不完全，排气冒黑烟。

柴油质量差，雾化性能差，着火性能差，燃烧不完全，因而排气冒黑烟；机油过多地进入燃烧室，其油雾不易燃烧完全，因此，也加剧了冒黑烟的可能。

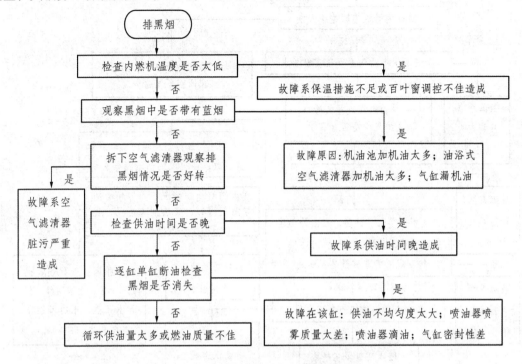

图 4-17　排黑烟故障检查诊断流程图

2. 排气冒白烟或灰白色烟

① 故障原因：内燃机排白烟的原因是燃油蒸汽未着火燃烧或燃油中有水。

内燃机排白烟的主要原因有：燃油中有水，或因气缸衬垫烧蚀、缸套缸盖破裂漏水等原因造成气缸进水；气缸工作温度太低或气缸压缩压力不足；喷油器喷雾质量不佳；供油时间太迟；燃油质量低劣或选用牌号不符合要求等。

② 故障诊断：按下列方法诊断，其流程图如图 4-18 所示。

冬季早晨，内燃机启动后往往冒白烟，但当内燃机热起来后白烟能自行消失，这是正常现象，不属于故障。

3. 排气冒蓝烟

① 故障原因：内燃机排蓝烟，是大量机油进入气缸受热蒸发成蓝色气体而未能燃烧随废气排出的结果。

内燃机排气冒蓝烟的主要原因有：机油池油面过高和油压过高；活塞环装错或损坏；气缸与活塞之间间隙太大；气缸盖机油回油不畅；油浴式空气滤清器油面过高或滤芯堵塞。

② 故障诊断：按下列方法诊断，其流程图如图 4-19 所示。

当机油池和油浴式空气滤清器油面过高时，仅造成一度排蓝烟，机油油面降低后排蓝烟消失。气缸漏机油是排蓝烟的主要原因，可用其来评价气缸活塞组的密封性。进气门与其导管松旷后排蓝烟，但较为轻微。

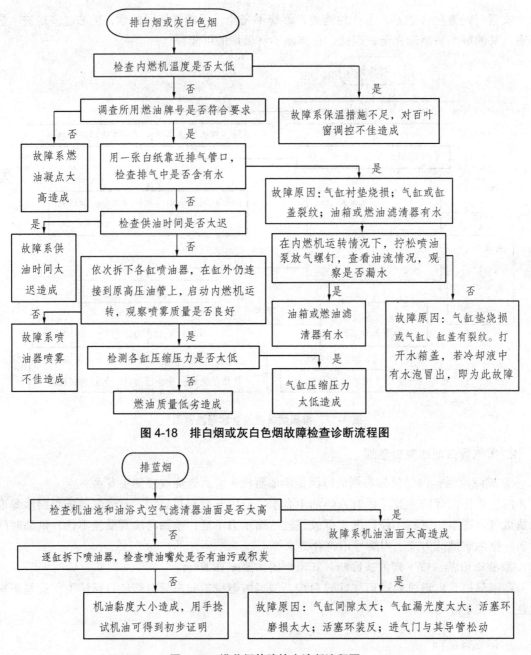

图 4-18 排白烟或灰白色烟故障检查诊断流程图

图 4-19 排蓝烟故障检查诊断流程图

4.5 内燃机机构系统故障分析

4.5.1 曲柄连杆机构故障分析

曲柄连杆机构是内燃机的重要组成部分,在使用中容易出现故障,使内燃机不能正常使用。故障出现后，若不及时排除，往往会造成事故性破坏。因此，应重视对曲柄连杆机构的诊断，出现故障后，及时处理。

曲柄连杆机构的常见故障有异响、气缸早期磨损、拉缸、烧瓦抱轴、曲轴轴向间隙增大以及气缸密封性降低等。异响的诊断参见本章 4.3 节。

1. 气缸早期磨损

内燃机气缸套的使用寿命，一般都在 5 000 kh 以上；但在实际使用中，由于各种原因往往达不到那么高的使用寿命。

1）现　象

气缸密封性、内燃机动力性、经济性比正常情况下降较多，曲轴箱窜气量增大，严重时有活塞敲缸声。

2）原　因

① 空气滤清器失效，或机油滤清器滤清效果欠佳，使得大量杂质进入气缸，造成磨料磨损。

② 润滑油质量低劣，含硫量过高，腐蚀气缸壁。

③ 较长时间的低温运转。

④ 气缸与活塞配合间隙太大，引起气缸受到活塞环或活塞边缘的刮磨而增加磨损。

⑤ 活塞环表面太粗糙或弹力过大，增加气缸的磨损。

⑥ 未严格执行走合期使用规定。

⑦ 连杆弯曲或曲轴轴向间隙过大，造成活塞与气缸的偏磨。

⑧ 活塞环的各间隙过大，造成漏气，冲刷气缸壁油膜；或活塞环的各间隙过小，活塞环卡死，而加速活塞环与气缸的磨损。

⑨ 由于装配不当而造成气缸变形，造成早期磨损。

⑩ 气缸修理后表面质量不合要求。气缸表面过于光滑，油膜较薄，反而不利于润滑；但是，若气缸表面过于粗糙，则润滑过多，工作性能也会变坏。

⑪ 连杆衬套孔偏斜，活塞销中心线与连杆小头中心线不平行而迫使活塞压向气缸的某一边，造成气缸早期磨损。

3）诊　断

① 经验法诊断。使用中，当发现内燃机动力不足、燃油消耗增加，曲轴箱窜气量增大，并伴随有活塞敲缸声，检查润滑油中含有大量铸铁磨料时，可确认气缸磨损严重，与活塞配合间隙增大或活塞环有问题。

② 通过上面的检查，若仍不能确定，可检测气缸密封性。测量气缸压力，若气缸压力低于正常情况，向气缸内加少许润滑油再测，若测得气缸压力明显增加可确定活塞与气缸部位密封不好。

2. 拉　缸

拉缸是由气缸与活塞、活塞环受到机械损坏，严重时活塞在气缸内卡死，并造成其他损坏而引起的。拉缸现象多呈现在气缸表面与气缸体上平面相垂直的方向，较严重的部位多正对进气门方向，或在活塞销轴线方向的气缸表面。凡是气缸有拉伤痕迹的，在活塞环工作面和活塞裙部也往往有拉伤的痕迹。

1）现　象

曲轴箱窜气量异常增大，运转时有大量烟气从曲轴箱窜出，并伴随气缸内异响，摇转曲轴非常吃力，甚至不能摇动，向气缸内加入润滑油后，又能摇动。

2）原　因

下述原因之一均可造成拉缸。

① 活塞与气缸的配合间隙过小。

② 气缸套外径与套孔配合过紧或过松，气缸套质量不符合要求，气缸套硬度过低。

③ 活塞本身质量不符合要求，时效处理差；活塞销与活塞销座孔装配太紧，造成活塞轴向变形，活塞裙部圆度不符合要求。

④ 装配时活塞及气缸等均没有很好地清洗干净，致使在活塞及其环槽上夹有砂粒，或进气管道未清洗干净，前者造成的拉缸，多发生在气缸圆周方向，无规则；后者拉缸的部位，一般发生在进气门对面部位。

⑤ 空气滤清器失效，或试车时未装空气滤清器。

⑥ 润滑油质量差、杂质过多或品种不符合要求。

⑦ 活塞环折断，咬死在活塞上，或活塞环开口间隙过小。

⑧ 活塞销孔和卡簧槽磨损，活塞销卡簧失去弹力、扭曲变形、折断、脱落或漏装。

⑨ 连杆弯曲、活塞销座孔或连杆衬套偏斜、气缸中心线和曲轴中心线不垂直而产生前后偏斜，迫使活塞和活塞环倒向一面，紧压在气缸壁上。

⑩ 低温时，内燃机未经预热，冷车强行启动也往往易引起拉缸

⑪ 冷却系统冷却液循环失效，或冷却系统中存有大量的空气，这样在短期内可能造成拉缸事故发生。

⑫ 冷却液漏进润滑油中，破坏了气缸与活塞配合副之间的正常润滑，形成干摩擦，引起高温，造成拉缸。

⑬ 内燃机缸套外层水垢过多，传热性能下降，当载荷过大时易拉缸。

⑭ 连杆螺栓未拧紧，当发动机运转时，发生冲击载荷，塑性变形，致使连杆被顶弯造成严重拉缸。

3）诊　断

当发现上述现象后，可初步认定为拉缸，此时不允许再启动内燃机，可打开内燃机油底壳，摇转曲轴，从下部依次观察各缸。

3. 烧瓦抱轴

曲轴的轴颈与轴瓦之间由于缺少润滑而咬死，称为烧瓦抱轴。

1）现　象

润滑油压力异常降低，曲轴箱有大量烟气产生，伴随曲轴箱异响，曲轴不能摇动，润滑油中含有许多合金粉末。

2）原　因

① 润滑油不足或润滑油道不通畅，润滑油内有水或燃油，润滑油质量差、杂质过多或品种不符合要求等导致润滑不良。

② 机油压力过低。

③ 轴承与轴颈的配合接触面没有达到一定的要求，接触面积过小，轴承单位面积的受力过大，油膜被破坏。

④ 轴承与轴颈的装配间隙过大或过小，以致无法形成一定的油膜，而产生润滑不良；另外，曲轴止推片磨损，引起曲轴轴向窜动过大，轴颈和轴承在圆角处影响机油的流动，也会造成烧瓦事故。

⑤ 轴承背面未与座孔紧密贴合在一起，轴承在座孔内松动；另外，如果主轴轴承上、下片错装，油孔堵塞则肯定导致烧瓦。

⑥ 轴承合金质量不符合要求，合金与底瓦没有能完全紧密贴合在一起。

⑦ 当内燃机刚启动尚没有充分进行润滑时，就以很高的速度并满负荷运转，或长期超负荷运转，致使机器温度过高。

⑧ 当各主轴承中心线不一致，或曲轴弯曲变形导致曲轴旋转时，有的地方油膜太薄或形成干摩擦。

⑨ 气缸与活塞配合副处的各间隙过大，造成烧润滑油和高温气体窜入曲轴箱，导致连杆轴承部位温度过高；同时，由于高温气体窜入曲轴箱后使润滑油温度升高，黏度下降，油膜形成困难。

⑩ 吸油盘管接处，垫圈损坏或有间隙，机油泵吸入空气，无法正常供油而引起烧瓦。

3）诊　断

根据实际经验，如果出现润滑油压力异常降低，并伴随曲轴箱异响，则通过检查机油温度比正常情况是否高很多，检查机油中是否有许多轴承合金粉末，可以判断出轴瓦是否已烧损。

4. 曲轴轴向间隙增大

曲轴的轴向间隙是为了适应内燃机在工作中机件热膨胀的需要而设定的。如果间隙过小，会使机件膨胀而卡死；如果间隙过大，曲轴易前后移动，引起气缸异常磨损和拉缸、改变配气正时及产生不正常的敲击声响。

诊断时，先用撬棒拨动曲轴作轴向运动，用塞尺或百分表测量曲轴的轴向间隙。一般车用内燃机为 0.08 ~ 0.20 mm。如果轴向间隙过大或过小，则应更换或修刮止推片进行调整。

5. 气缸密封性降低

气缸密封性对内燃机的动力性、经济性及其排放影响很大。

1）气缸密封性检测

气缸压缩终了时压力的大小可综合反映气缸的密封情况，因此，一般都采用检测气缸压缩压力大小的方法来判定气缸的密封性能。气缸压力可用气缸压力表或内燃机综合测试仪进行测量。

（1）用气缸压力表测量气缸压力。

用气缸压力表测量气缸压力的一般步骤如下。

① 预热内燃机到正常工作温度后停机。

② 清洁火花塞（或喷油器）孔周围，拆下各缸火花塞（或喷油器）和空气滤清器，拔下高压总线分电器端并可靠搭铁，将节气门和阻风门全开。

③ 将气缸压力表的锥形橡胶塞紧压在火花塞（或喷油器）孔上，或将气缸压力表的螺纹接头接到火花塞（或喷油器）孔上。

④ 用启动机带动曲轴旋转 3~5 s，使内燃机达到规定的转速（一般汽油机转速应不低于 150~180 r/min；柴油机转速应不低于 500 r/min），压力表指示值为该缸压力。

⑤ 各缸应重复测量 2~3 次。

（2）用内燃机综合测试仪测量气缸压力。

用气缸压力表检测气缸压力，简单方便，应用广泛。但测量误差较大，且需把所有的火花塞（或喷油器）卸下，费时费力。内燃机综合测试仪可在不拆卸火花塞（或喷油器）的情况下，测量内燃机各缸的压力。

内燃机综合测试仪的测量原理是利用启动电流曲线来测定内燃机各缸的压力。用启动机驱动内燃机曲轴所需的转矩 M_{eg} 与启动电流 I_m 近似呈线性关系。内燃机启动阻力矩是由机械阻力矩和气缸内压缩空气（或可燃混合气）的反力矩两部分组成的。在正常情况下前者可以认为是常数，而后者是随气缸压缩过程波动的变量。用启动机驱动内燃机曲轴时的启动电流 I_m 随曲轴转角 θ 变化的曲线如图 4-20 所示，曲线各段的峰值与各缸的最大气缸压力成正比。

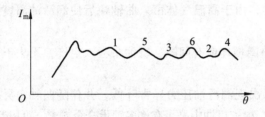

图 4-20　启动电流曲线

用内燃机综合测试仪测量气缸压力的一般步骤如下。

① 预热内燃机到正常工作温度后停机。

② 拆下空气滤清器，拔下高压总线分电器端并可靠搭铁，将节气门和阻风门全开。

③ 根据仪器使用说明书接通电源，预热至规定时间，并进行检查和调整，操作键盘或按钮使仪器进入气缸压力测量等待状态。

④ 根据仪器使用说明书将各传感器正确安装到适当的位置。

⑤ 用启动机以规定的转速驱动内燃机运转 6 s，即可得到各缸压力值或各缸气缸压力比较结果。

2）气缸压力检测结果分析

气缸压力检测结果可能出现气缸压力过高、符合标准和气缸压力过低三种情况。若气缸压力测量值超过原厂规定标准值，则为气缸压力过高；若气缸压力测量值低于原厂规定标准值的 80%~85%，则为气缸压力过低。

气缸压力过高主要是由燃烧室内积炭过多，或修理时气缸体气缸盖结合面磨削过多，导致燃烧室容积减小，压缩比过高所造成的。

气缸压力过低的原因较为复杂，要判断具体原因，则可按以下步骤进行深入诊断。

（1）向该缸火花塞（或喷油器）孔内注入 20~30 ml 润滑油，然后用气缸压力表重测气缸压力。如果重测的气缸压力比第一次明显升高，则表明是气缸、活塞环、活塞磨损过大或活塞环对口、卡死、断裂及缸壁拉伤等原因造成气缸不密封。

（2）如果重测气缸压力与第一次相近，表明是进、排气门或气缸衬垫不密封。可进一步按如下方法检查。

①将该缸摇至压缩上止点，变速器挂低挡，拉紧驻车制动器。

②从火花塞（或喷油器）孔，向该缸通入高压空气，听漏气声。

③若排气管有漏气声，表明排气门关闭不严；若空气滤清器口有漏气声，表明进气门关闭不严；若相邻缸或气缸垫周围有漏气声，表明气缸垫不密封。

4.5.2 配气机构故障分析

配气机构出现故障后，会影响内燃机的动力性和经济性，严重时，将造成内燃机不能正常工作，甚至会导致事故性故障发生。配气机构的常见故障有：配气相位失准、气门间隙失准、气门关闭不严、气门杆卡住以及异响等。异响的诊断参见本章4.3节。

1. 配气相位失准及其诊断

内燃机在使用过程中，配气相位的失准，会使气缸充气系数和排气效率降低，导致内燃机的动力性和经济性降低。

1）配气相位失准的原因

引起配气相位失准的原因主要有以下几个方面。

①维修质量的影响。由于加工和装配质量不好，使得曲轴连杆轴颈位置不正确、分度不均匀，凸轮轴凸轮的位置不正确、形位误差过大，曲轴和配气机构各部间隙过大，气门间隙不正确或不一致，导致配气相位失准。在极限状态下可能使配气相位误差达到3°甚至更大。

②使用中配气相位的变化。内燃机在使用过程中，机构必然会发生磨损和变形，使得零件的形位误差增大、各配合间隙增大等也是引起配气相位偏移的原因。

③动态变形引起配气相位偏移。顶置气门式内燃机配气机构的刚度较差，在工作过程中产生弹性变形，导致配气相位发生偏移。内燃机转速越高，配气机构刚度越差，动态配气相位与静态配气相位的偏差越大。

④使用条件的影响。由于各地使用条件的差异，原厂规定的配气相位与实际要求不能适应。不同的工况和不同的使用条件，对配气相位的要求也不尽一样。

2）配气相位的诊断

对配气相位可进行静态和动态检测，具体方法有多种。动态检测即用专门的检测仪在内燃机运转状态下进行的不解体检测。静态测试中典型的有气门升程法和刻度盘法。

气门升程法是通过测出当活塞在排气行程上止点时进、排气门的实际开启升程量，然后将其与对应的曲轴转角对照，来测定进气门早开和排气门晚关两个相位角。这种方法只适用于检测某种已知配气凸轮升程函数，或由此已计算出凸轮升程与相应的曲轴转角对照表的机型。

刻度盘法是用百分表测试出气门刚刚开闭时曲轴在专门的刻度盘上指示出的曲轴转角。这种方法通常需对内燃机进行部分解体，但能准确测出配气相位的四个角度，较适用于车用内燃机维修检测。下面简要介绍一下配气相位的几种测量方法。

（1）凸轮顶点法（气门升起最高点法）。

凸轮顶点法测量配气相位，是指当进排气门升程最大时，测定曲轴曲柄距上止点的转角并与标准比较，其差值即为配气相位偏移度。

为了准确测定当进排气门升程最大（即凸轮转至顶点）时，曲轴曲柄距上止点的转角，可在凸轮顶点两侧各选出一个测量点：以 EQ1090 型汽车发动机为例，进气凸轮选在对称中心 ±45°处，即进气门升起 3.5 mm 和落座前 3.57 mm 处；排气凸轮选在对称中心 ±48°处，即排气门升起 2.5 mm 和落座前 2.5 mm 处。然后，测定凸轮转至两测量点时曲轴曲柄距上止点的转角，取平均值，即是凸轮至顶点时曲轴曲柄距上止点的转角。测量规程如下。

① 将气门间隙调整为零。

② 在曲轴前端安装刻度盘，并用上止点测定仪确定第一缸排气行程活塞上止点，将刻度盘指针对准上止点零刻度。

③ 固定配气相位检查仪，并将百分表测头接触在气门弹簧座上平面，当进气门升起 3.5 mm 和落座前 3.57 mm 时，分别从刻度盘上读出曲轴转角 θ_{j1} 和 θ_{j2}。

④ 计算出 $\theta_j = (\theta_{j1} + \theta_{j2})/2$，即进气凸轮转至顶点时曲柄至上止点的实际转角；然后根据公式 $q = 108° - \theta_j$，求出配气相位偏移度或直接将 θ_j 与标准值 108°比较，即得到配气相位偏移度 q。

⑤ 同理，可以测定排气门升起和落座前 2.5 mm 时，排气凸轮转至两测量点时曲柄距上止点的转角 θ_{p1} 和 θ_{p2}，求平均值 $\theta_p = (\theta_{p1} + \theta_{p2})/2$，即排气凸轮转至顶点时曲柄至上止点的实际转角，然后根据公式 $q = \theta_p - 100.5°$ 或与标准值 100.5°比较的差值，得出配气相位的偏移度。

（2）气门叠开法。

当排气行程活塞处于上止点时，进排气门叠开，进、排气门均有固定的升高度，测出此时进、排气门升起的开度差，便能近似的测出配气相位的偏移度 q。

同样，以 EQ1090 型汽车发动机为例。在标准配气相位下，气门叠开期进气门提前开启，当活塞处于上止点时，进气门升高度为 1.19 mm（曲柄转角 20°）。此时，排气门尚未关闭，其升高度为 1.9 mm（距关闭点曲柄转角 20.5°）。

当活塞处于上止点时，气门高度差=进气门高度 h_j - 排气门升高度 h_p。EQ1090 型发动机的气门高度差= 1.19 mm −1.90 mm = −0.71 mm，即标准值。

在配气相位变动后，在叠开期，当活塞处于上止点时，进、排气门升高度相应发生变化。因此，可以根据气门高度差的数值大小来判别配气相位的偏移度。测量规程如下。

① 将气门间隙调整为零。

② 转动曲轴，使第一缸活塞上行达到排气行程上止点附近，进气门在未开启位置。

③ 固定好上止点测试仪，安装配气相位检查仪。

④ 用上止点测定仪找准气门叠开期活塞上止点。

⑤ 将配气相位检查仪百分表测头分别接触于进气门排气门弹簧座上平面，测定进气门和排气门在上止点的升高度。

⑥ 根据进、排气门处于上止点的升高度及高度差值，对照标准的数值，确定配气相位的偏移度。

3）配气相位的调整方法

（1）调整气门间隙法。

当配气行程过长或过短时，相应改变气门间隙大小来适应。气门间隙增大，则行程缩短；气门间隙减小，则行程延长。

（2）安装凸轮轴偏位键的方法。

通过改变固定正时齿轮与凸轮轴的半圆键断面形状来实现配气相位的调整。将半圆键的矩形端面改制成阶梯形，使键的上下有所偏移，则正时齿轮与凸轮轴的配合位置变化了一个与键的偏移量相当的角度，因此，使得配气相位有所移动。键的偏移量可按需要纠正的配气相位偏移度来计算。

① 首先，按照凸轮轴正时齿轮轴颈直径 d，单位 mm，计算出每度偏移量 α，单位 mm/（°）。即：$\alpha = (\pi d/2) \times 360°$。

② 按所提前或滞后的角度计算出键的偏移量 s，单位 mm，即 $s =$ 提前或滞后的角度 $\varphi \times$ 每度偏移量 α。

当用偏位键固定正时齿轮时，应注意键的安装方向。键分为正键（正时）、顺键（由快调慢）、逆键（由慢调快）三种，如图 4-21 所示。装键时应注意配气迟时用逆键，配气早时用顺键。

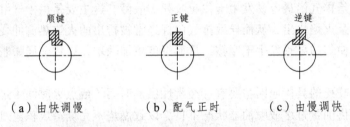

（a）由快调慢　　　　（b）配气正时　　　　（c）由慢调快

图 4-21　偏位键及其安装方向

（3）凸轮轴正时齿轮轴向位移法。

由于多数内燃机正时齿轮都是斜齿轮，当凸轮轴正时齿轮在轴向推进或推出少许时，即可改变与曲轴正时齿轮的啮合位置，从而改变配气相位。实践中通常是改变凸轮轴止推突缘厚度或正时齿轮厚度。用计算法求出正时齿轮轴向位移量 b 与配气相位偏差角 φ 之间的关系 $b = 1.88\varphi$；式中，φ 为凸轮轴需要修整的角度，（°）；b 为凸轮轴轴向位移量，mm。

当配气相位滞后时，可增加垫片，凸轮轴正时齿轮前移，使配气提前。当配气相位提前时，车削正时齿轮端面，凸轮轴正时齿轮后移，使配气滞后。

2. 气门间隙失准及其诊断调整

内燃机工作时，气门杆经常热胀冷缩，影响气门的开闭，所以在气门杆尾端与摇臂端头之间，需预留间隙，称为气门间隙。气门间隙的大小，对内燃机性能和工作情况影响极大。气门间隙过大会使气门升程减小，引起充气不足，排气不畅，严重时还会引起不正常的敲击声；气门间隙过小，则会使气门工作时关闭不严，造成漏气和气门与气门座密封面烧蚀。

配气机构零件的变形与磨损，是气门间隙在使用中发生改变的主要原因；气缸盖螺栓和摇臂轴螺栓松动，也会引起气门间隙改变；此外由于维修质量不高、调整不准确或方法不当，同样会使气门间隙失准。

气门间隙的检查与调整方法参见 5.3.1 节。

3. 气门关闭不严及其诊断

气门关闭不严，将会引起气门漏气，使气缸压缩压力降低，严重时造成该缸不能工作，造成内燃机动力性和燃料经济性下降，有些原因若不及时停机将造成事故性破坏。

1）气门关门不严的原因

气门关门不严的原因主要有：气门与气门座配合部位磨损、烧坏或粗糙，以致不能很好地密封；气门间隙过小，内燃机工作时，造成气门关闭不严；气门积炭过多或产生凹穴；气门杆部弯曲变形或气门头翘曲；气门在导管内上、下往复运动时有发涩或卡滞的情况发生；气门座与气缸盖配合不良，以致造成因导热不良而变形；气门弹簧折断或弹力过小。

2）诊断方法

气门漏气的情况，可以用测气缸压缩压力的方法初步判断。若气缸压缩力低，可在气缸中注入少许机油再检查一次，若这时气缸压力仍低，运转时有进气管回火和排气管放炮现象（对汽油发动机而言），则说明气门漏气。

4. 气门杆卡住

气门中尤其是排气门最容易发生卡住（咬死）故障。这主要是由于气缸内燃烧不良，排气时气缸内有剩余火焰排出，从而导致排气门杆经常被排出的火焰热流冲烧达到很高温度。在这种情况下易使气门导管发生干摩擦，从而温度更加骤增，以致金属膨胀或熔化，上、下滑动不灵而咬死。

造成气门杆咬死的具体原因主要有：经常性供油时间（或点火时间）过迟；柴油发动机喷油泵个别气缸供油量过多或喷油器状况不良，以致燃烧不完全造成积炭过多；气门处有水进入，且长期未加使用，以致气门杆与导管之间因生锈而被黏结咬死；内燃机维修保养不当，使过多的灰尘通过气门吸入气缸内，部分灰砂窜入气门导管里将气门杆卡住；气门杆弯曲变形；气门导管和气门杆间隙磨大，废气窜入使润滑油炭化，或润滑油污染，润滑条件恶化而导管冷却条件不良；配气机构凸轮轴凸轮的几何形状不正确，挺杆太松或是气门弹簧扭曲，使气门在导管中不正确的滑动，也会使气门咬死。

当在使用过程中发生气门咬死情况时，很易损坏机器的零部件。严重时，可能会造成气门头被活塞顶断掉入气缸里，活塞在上升时冲坏气缸盖或活塞本身被冲坏等重大事故。

4.5.3 润滑系统故障分析

润滑系统的主要功能是为润滑系统提供具有一定压力的、连续的、清洁的润滑油，对内燃机运动部件的摩擦副进行润滑、清洗、冷却和密封，以达到减少机件磨损，保证内燃机正常工作，延长其寿命的目的。润滑系统的评价指标有内燃机工作过程中的润滑油压力、温度、润滑油的清洁度、润滑油耗量、润滑油品质等几个方面。故障的诊断也主要从这几个方面进行。

1. 润滑油压力的诊断检测

润滑油压力是内燃机润滑系技术状况的重要指标，润滑油压力的大小，一般可直接通过仪表板上的润滑油压力表或油压信号指示灯显示而得知，虽精度较差，但能满足使用中的要求。润滑油压力常用的检测方法是：当打开点火开关时，润滑油压力表指针指示为"0"，如果装有油压信号指示灯则灯亮。内燃机启动后，油压信号指示灯在数秒内熄灭，润滑油压力表则表示为某一较高的数值，并随发动预热逐渐指示正常。一般车用汽油机润滑油压力应为 0.18 ~ 0.39 kPa；柴油机应为 0.294 ~ 0.588 kPa。当润滑油压力显示不符合要求，润滑油压力指示灯不熄灭时说明润滑系统润滑油压力不正常。应先检查润滑油存量、润滑油渗漏及润滑油品质情况，如果均正常则应安装油压表检查润滑油压力和润滑油压力开关。

1）润滑油压力诊断及油压开关的检查

① 停熄内燃机，拆下润滑油压力开关，在螺纹孔中装上润滑油压力表接头和润滑油压力表。启动内燃机，如果润滑油压力表无压力显示，则应立即停熄内燃机，检查润滑油泵是否工作和集滤器是否有堵塞；如果润滑油压力表有压力显示，则继续运转内燃机，待内燃机达到正常工作温度时，润滑油压力应与内燃机转速下相对应的压力符合。如"广州本田"怠速时润滑油压力应高于 70 kPa；内燃机转速为 3 000 r/min 时，润滑油压力应高于 340 kPa，

② 从润滑油压力开关上拆下连接插头，检查润滑油压力开关正极端与车体搭铁之间的导通情况。内燃机熄火时，应为导通；内燃机运转时，应为截止。

2）润滑油压力过低的诊断

润滑油压力过低的原因有很多，主要有以下几个方面：润滑油压力表失准；润滑油压力感应器效能不佳；润滑油黏度降低；燃烧室未燃气体漏入油底壳，将润滑油稀释；油底壳油面太低；润滑油泵齿轮磨损、泵盖磨损或泵盖衬垫太厚造成供油能力太低；润滑油集滤网堵塞；润滑油限压阀调整不当、关闭不严或弹簧折断；内外管路有泄漏之处；曲轴主轴承、连杆轴承或凸轮轴轴承磨损松旷，轴承盖松动，减摩合金脱落或烧损等。

润滑油压力过低诊断的方法如下。

① 第一次启动内燃机时，注意观察润滑油压力表的指示情况。若刚启动时压力正常，然后迅速下降至低于规定值，说明油底壳存油不足，应停机 15 min 钟以后待润滑油全部返回油底壳内首先检查润滑油量，抽出润滑油液位刻度尺观察液面位置，应在上限标记与下限标记或液位计刻度"F"和"L"之间；若油面低于下限或刻度"L"，则为此故障。

② 一次启动内燃机，若刚启动润滑油压力就低，说明故障不在油底壳的存油多少上，可先检查润滑系外露部分有无明显泄漏之处，若无泄漏，再检查润滑油压力表和传感器的技术状况。

③ 当检查润滑油压力表的技术状况时，可先检查润滑油压力表与传感器导线两端的连接状况。若无问题，再将导线从传感器上拆下，然后打开点火开关，使导线与机体搭铁；若润滑油压力表指针急速上升到头，说明压力表良好；若压力表指针不动或仅动一点，说明压力表失效。

④ 若润滑油压力表良好，应检查传感器的效能。从内燃机机体拆下传感器，然后启动内燃机，观察油流情况，若流出的润滑油压力很足，说明传感器失效；反之，若油流压力不足，油道又无堵塞，说明故障不在传感器，应继续查找。

⑤ 若润滑油限压阀露在内燃机机体外部，可停熄内燃机检查限压阀的技术状况；若限压阀磨损严重、弹簧太软、弹簧折断或调整状况不佳，则故障在此。

⑥ 若限压阀良好，可拔出润滑油尺，用手捻试其上润滑油的黏度，若润滑油太稀，说明润滑油黏度发生变化；若润滑油中有汽油味，说明润滑油被汽油或被汽油蒸气稀释。

⑦ 若润滑油黏度良好，说明润滑油压力过低的原因可能在润滑油泵、集滤器、内部管路或各处轴承间隙上，此时需拆下内燃机润滑系统部件才能诊断出结果。

3）润滑油压力过高的诊断

润滑油压力过高的原因有：润滑油压力表失准；传感器失灵，润滑油变稠或新换润滑油黏度太大；润滑油内有过多机械杂质、沥青或胶质等黏附在主油道、分油道和滤清器芯上而堵塞；曲轴主轴承、连杆轴承、凸轮轴轴承间隙太小；限压阀调整不当等。

润滑油压力过高诊断方法如下。

① 打开点火开关未启动内燃机前，首先检查润滑油压力表指针能否回零，若不能回零，则故障在润滑油压力表。

② 压力表良好，拔出油尺，检查润滑油油面高度。若油面太高，则故障在此。若油面不高，可用手捻试润滑油黏度，并与规定标号新润滑油进行对比，若黏度太大，则为故障原因。

③ 若润滑油限压阀露在内燃机机体外部，可检查限压阀的技术状况。使其在规定压力下能灵活地开启或关闭，若限压阀调整不佳，球阀或柱塞发卡，则为故障原因。

④ 检查润滑油传感器是否短路，润滑油压力表是否损坏，若有损坏应更换新件。

2. 润滑油消耗量的诊断检测

润滑系统是一个闭式的循环系统，正常使用时内燃机润滑油的消耗量并不大。磨损小、工作正常的车用内燃机润滑油消耗量为 0.1～0.5 L/100 km；当每天检查润滑油时，润滑油消耗逐渐增多，超过了正常的消耗量，磨损严重时可达 1 L/100 km，内燃机运转时观察到排气管烟呈蓝色，同时加注润滑油口处大量冒烟或脉动冒烟，则说明润滑油进入了燃烧室，可能有润滑系统渗漏或密封故障。

1）主要原因

（1）曲轴的前后端、气门室盖、正时齿轮盖、凸轮轴后端油封、油底壳、气门室边盖或润滑油管接头等处漏油。

（2）内燃机活塞、活塞环与气缸壁磨损使活塞与气缸壁的间隙过大；活塞环的边隙、背隙或开口间隙过大，活塞环抱死、装反或对口；油环积炭过甚或弹力减弱刮油能力下降，气门杆与导管磨损过大或气门油封损坏润滑油窜入燃烧室被烧掉。

（3）空气压缩机活塞、活塞环与缸壁磨损过甚，润滑油随压缩空气经气阀进入贮气筒。

2）诊断方法

（1）检查润滑油所有可能外漏的部位，如内燃机后部曲轴、后轴承油封、凸轮轴后端的端盖处密封、内燃机前部正时齿轮室盖等，并加以排除。

（2）查看排气烟色，当加速时排气管大量排出浓蓝色烟雾，润滑油加注口也有大量冒烟或脉动冒烟现象，这是由于活塞、活塞环与气缸壁磨损过甚，润滑油窜入燃烧室内燃烧所致。应拆下活塞连杆组，进行检查分析。当内燃机大负荷运转时，排气管冒浓蓝色烟，但加润滑油口并无冒烟现象，这是飞溅到气门室内的润滑油，沿气门导管间隙被吸入燃烧室的结果。若短时间冒蓝烟，而曲轴箱润滑油不减，是空气滤清器油面过高或堵塞所致。

（3）检查曲轴箱通风情况，当曲轴箱通风不良时，将使曲轴箱内气体压力和润滑油温度升高，造成润滑油渗漏、蒸发，使油底壳衬垫或气门室边盖衬垫冲破漏油。

（4）润滑油消耗量的检测，目前实际使用的有油标测定法和质量测定法两种。

① 油标尺测定法：测试前，汽车置于水平地面上，预热后停机，将润滑油加至润滑油底壳规定的液面高度，然后在油尺上清楚地做上记号，并记住这一油面位置。其后投入实际运

行，使润滑油消耗至油尺下限或运行一定时间后，停止运行，按原测试条件，向油池内加入已知量（质量或体积）的润滑油，使油面仍升至油尺上的刻线，所加油量为润滑油消耗量。此测定方法简单，但测量误差较大。

② 质量测定法：预热内燃机至正常温度，按测试条件打开油底壳的放油螺塞，放出油底壳内的润滑油，至润滑油由流变成滴时，拧上油底壳的放油螺塞，记下放油时间，然后将已知质量的润滑油加入油底壳至规定的液面，使内燃机投入实际运行。运行若干时间后，当需要测试润滑油消耗量时，只要按同样的测试条件和放油时间，放出油底壳内的在用润滑油，并秤出其质量就可以了。加入和放出的质量之差，即为润滑油消耗量。此测定法费力费时，但测量精度高。

3. 润滑油品质的诊断检测

内燃机工作时，润滑油在循环流动中受多种因素的影响，发生理化性质的变化，使润滑油丧失了润滑性能。其表现为机械杂质的增多、润滑油稀释、黏度变低、高温和低温的氧化、润滑油颜色变黑和呈乳白色。

1）出现的原因

① 机械杂质的增多主要是零件表面磨损下来的金属屑；零件受高温、燃烧产生的酸类物质而形成的残渣；密封不严漏入的灰砂。这些机械杂质悬浮于润滑油中将造成有害于零件的磨料磨损。

② 燃油稀释主要是燃油（汽油或柴油）雾化不良，喷油嘴滴油，气缸温度较低；燃油中温度较高的分子，形成较大的燃油颗粒，凝集在缸壁上，通过活塞与气缸壁的间隙，窜入曲轴箱稀释了润滑油而使其黏度下降、形成油膜的能力变差从而丧失润滑作用。

③ 润滑油高温氧化是润滑油变质的主要原因。活塞与气缸间的润滑油在高温高压下，部分碳氢化合物化合成胶质，胶质中大部分是半固体物质。胶质进一步氧化与缩合而生成沥青，它是坚硬不溶解但脆性的物质。沥青更进一步氧化与缩合，又生成半油焦质和碳青质，是一种坚硬不溶解于普通碳化物溶剂的胶性物质。聚集在润滑油油膜中的胶质在高温作用下形成沉积物，它胶着在活塞、气缸壁和其他零件的摩擦表面，破坏摩擦表面的正常润滑，同时由于胶膜导热系数低，引起温度升高，零件过热，这些又使内燃机磨损加剧。在低温条件下，润滑油也会被氧化而形成一种黏糊状的氧化物油泥。它的成因是发动机工作时，水蒸气和燃烧气体漏入曲轴箱，沉落在曲轴箱的冷壁上，凝结后流入或有冷却液渗漏进入润滑油中。在曲轴旋转的激烈搅动下，水与润滑油形成乳浊液，其中除含有油和水外，还含有落入润滑油中的燃料、灰砂、金属颗粒以及燃油和润滑油的各种氧化物。通常所说的油泥，实质上就是这种乳浊物。油泥沉积在油管中，增加其流动阻力，减少了摩擦表面的供油量，恶化了润滑条件。油泥过多，易造成油路堵塞。

2）润滑油品质的诊断与检测

已用润滑油的诊断分析与新润滑油的理化分析不同，它主要是分析润滑油的污染性质和程度。常用的方法有润滑油滤纸斑点检测法、介电常数分析法、润滑油污染不透光度分析法、光谱分析法、放射性同位素分析法等。

除应对在用润滑油实行质量监测，做到按质换油外；当无监测手段时，应做到按运行时间或行驶里程定期换油。

4.5.4　冷却系统故障分析

冷却系统水温的过高或过低，都会引起内燃机功率下降，油耗增加。因此，在正常情况下，冷却水温应保持在 80~90 ℃（有些强化内燃机还可以更高些）。在使用过程中，冷却系的技术状况逐渐变坏，使冷却系冷却水温度过高或过低，其主要原因为：冷却液过少，有渗漏处；散热器水管堵塞；冷却系内有水垢；风扇皮带打滑；节温器失灵等。根据这些情况，可以把外观检查、压力试验及部件检验结合起来综合的对冷却系进行诊断检测，以排除故障。

冷却系统诊断与检测的主要目的是查明系统中存在的故障。常用的诊断方法有外观检查、气缸密封检查、散热器水管堵塞检查、节温器性能检查及水温表故障检查等。

1. 外观检查

外观检查主要是查看散热器、水泵、水管、水套、放水开关等部位是否漏水，冷却水水量是否足够，风扇和散热器的距离是否正确，皮带两侧面有无磨损。外观检查应在静止的冷内燃机上进行，因为冷却系统的外部渗漏在冷态时容易被发现；当发动机处于热态时，这种泄漏因蒸发而不易被发现。对那些不容易接近的部位（如气缸体后部、放水阀以及水泵的密封圈等），可以通过留在地面上的水迹判断泄漏部位。检查风扇皮带松紧度时可用拇指压在风扇皮带中间位置，施加 20~50 N 的力，皮带压进距离应在 10~20 mm（车用）。

2. 压力试验

压力试验主要检查内部渗漏，常见的内部渗漏有：气缸垫漏气、缸盖螺栓松脱以及缸盖或缸体上有裂纹等。下面介绍两种压力试验方法。

1）冷却系密封性试验

当内燃机不工作时,将 50 kPa 的压缩空气从散热器放水阀引入如图 4-22 所示的冷却系中,如果气压不降低，表示散热器加注密封正常。启动内燃机，在内燃机预热后，再通入 20 kPa 的压缩空气，若冷却系工作正常，气压表指针应抖动，不抖动表示节温器阻塞。气压表指针迅速上升至 50 kPa，表示散热器阻塞或气缸垫漏气，此时不应立即停止内燃机观察。停歇内燃机后压力表指针不立即下降，故障属于散热器水管阻塞；指针迅速下降，说明气缸垫漏气。在检查中，应查看有无漏水处。

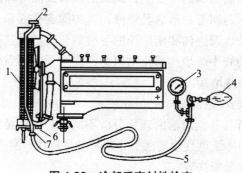

图 4-22　冷却系密封性检查

1—散热器；2—水箱盖；3—压力表；4—橡皮；5—软管；6—放水开关；7—软管接头

2）气缸漏气试验

可用旧的火花塞壳制成一个连接器，通过它依次对每个火花塞孔输入 700 kPa 的压缩空气，这时活塞应处于压缩行程的上止点。如果将缸盖上的出水软管拆去，气缸漏气时冷却水中将有气泡冒出，或出水口水位升高。这种方法，也是检验气门漏气的有效方法。另外，还可以采用气缸漏气量检验仪进行检验。

3. 水泵故障检查

水泵工作状态不正常或水泵叶轮打滑，使水泵的泵水量不能与内燃机转速成正比，或水封泄漏。

1）水泵工作状态检查

打开散热器加水口盖，使内燃机缓慢加速，查看加水口内冷却水的循环，若不断加快，则水泵工作正常，叶轮也不打滑；反之，水泵有问题。当不易从加水口观察冷却水的循环情况时，可用另一方法，让内燃机在水温高时熄火，并迅速拆下气缸盖通往散热器上水室接头的胶管，再用布团将上水室接头塞住，从加水口向散热器内加注冷却水，再启动内燃机，如果气缸水套内和散热器中的水，被水泵泵出胶管口外 200 mm 左右，说明水泵工作正常，叶轮也不打滑；反之则异常。

2）水泵流量试验

水泵流量试验需在专用试验台上进行，由试验台驱动装置带动水泵转动，观察排水量是否符合制造厂的标准或是否有漏水现象。

4. 节温器性能检查

节温器是一个随冷却水水温高低自动调节流经散热器水量的装置，它能使冷却水温度保持平衡。

节温器是否失灵的检查方法是：当冷却水温度升高时，拆下气缸盖通往散热器上水室的接头胶管，用布或棉纱塞住上水室接头，向散热器内加注冷却水，然后启动内燃机。当水温达到 80 ℃ 时，节温器处于开启状态，此时，就能看到散热器中的水从开启的节温器内泵出。内燃机转速越高，泵出的距离越大，高温水泵出一段时间后，向散热器内加入冷却水，节温器随着内燃机温度降低而关闭，通往上水室的胶管就没有水泵出了。如果内燃机继续运转，当冷却水水温升到 80 ℃ 以上时，节温器又重新开启。当上述动作异常时，可拆下节温器或装新的节温器试验，以确定使用的原节温器是否失灵。应当注意的是，不同内燃机装用的节温器开启和关闭的温度是不一样的，如桑塔纳内燃机当水温低于 76 ℃ 时，主阀门关闭，侧阀门打开；随着水温提高，主阀门渐开，侧阀门渐关；当水温升到 90 ℃ 时，主阀门全开，侧阀门全关。

检验节温器好坏还可以用另一种方法，如图 4-23 所示，把节温器从内燃机上拆下，清洗后放在水中加热，用量程为 100 ℃ 的温度计测量温度，按节温器主阀门开启或侧阀门关闭的温度规定，检查其性能是否良好，工作是否可靠。当温度再高 10 ℃ 左右时，节温器阀门应全开，其工作升程应 ≥10 mm。

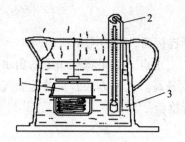

图 4-23　检验节温器的另一种方法

1—节温器；2—温度计；3—冷却液

5. 水温表故障及水温传感器的检测与诊断

（1）正常的水温表，在打开点火开关后，指针应从 100 ℃ 向 40 ℃ 方向偏转，然后逐渐指示正确水温。

打开点火关，仪表板上的其余仪表正常，水温表如果不动，可能有两种情况：一是水温表坏，二是传感器坏。将水温传感器接线柱与机件短路，若水温表指针从 100 ℃ 向 40 ℃ 转动，说明水温表正常，传感器有故障；如果水温表指针仍然不动，说明水温表本身有故障。打开点火开关，若水温表指针迅速从 100 ℃ 位置移至 40 ℃ 位置，但内燃机温度升高后，指针仍然在 40 ℃ 位置不动，此时可拆下传感器导线，若指针迅速从 40 ℃ 位置回到 100 ℃ 位置，则说明水温表传感器内部有搭铁短路之处；若指针仍然在 40 ℃ 位置不动，则说明水温表至传感器的连接导线有搭铁之处。

诊断时若发现传感器内部有故障，接线与内燃机机体间发生短路，应立即关掉点火开关，以免烧坏水温表；也可拆开水温表的一端接线，然后在该线和车身搭铁之间接入一只 4 W/12 V 的灯泡。接通点火开关，观察灯泡是否发亮及水温表的指针能否偏移到最高的对应位置，如果灯泡不亮或水温表无偏移显示，说明水温表性能不良，应拆检或更换水温表。

（2）水温传感器的检查通常根据传感器的温度-电阻特性使用万用表检查传感器的好坏。将传感器接头引线断开，把万用表置于 $R \times 1$ 挡，按如图 4-24 所示的方法检测传感器的电阻。当水温不同时，其电阻值与水温的关系如表 4-1 所示。

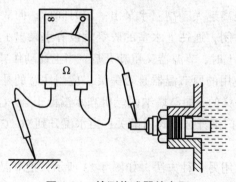

图 4-24　检测传感器的电阻

单件检查如图 4-25 所示。逐渐升高水温的同时用万用表 $R \times 1$ 挡测量传感器两端子的电阻，这时，冷却液温度与阻值之间的关系应符合表 4-1 所列的范围，如果超出规定值就应换用新的水温传感器。

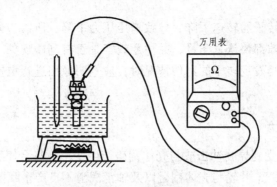

图 4-25　用电加热器升高水温检测传感器的电阻

表 4-1　水温与传感器电阻的关系

水温/℃	电阻值/kΩ	水温/℃	电阻值/kΩ
0	47	60	0.4 ~ 0.7
20	23	80	0.2 ~ 0.4
40	0.9 ~ 1.3	115	0.024

6. 散热器水管堵塞的检查

当散热器水管因杂质、油污、积垢多而堵塞时，就会因冷却水循环受阻而使水温过高。检查的方法是：打开散热器加水口盖，使上水室的水位低于加水口 10 mm 左右，然后启动内燃机，先以怠速运转，注意观察水流和水位，随后使内燃机转速提高到 1 200 r/min 左右，仔细观察转速提高时的水位变化，如果比怠速时水位高，冷却水溢出加水口，说明管道堵塞；如果比怠速时水位略低，而且又随着内燃机转速的稳定，水位相对保持不变，则表示散热器畅通，水管无堵塞。

4.5.5　涡轮增压器故障分析

1. 增压压力下降

故障原因：①进气阻力增大，它包括滤清器有脏物、中冷器有脏物、进气蜗壳内有脏物；②压气机转速下降，它包括涡轮有积炭、涡轮排气阻力增大、轴承磨损、转子与壳体有刮碰；③海拔高度增加。

故障检修：①清洁空气滤清器。空气滤清器被堵塞以后，压气机的进气阻力增加，导致增压压力下降，增压柴油机的空气滤清器必须及时清洗，应经常检查空滤器的指示器，保持空滤器的清洁。②清洗中冷器和压气机。当中冷器进、出口压力差超过规定值时，应及时清洗以使它的内部流通。当压气机涡壳和叶轮上粘上油泥和灰尘时就应分解清洗并且要定期进行。③清除积炭。增压器的内部积炭会增加转子的转动阻力，使增压器转速下降，增压压力降低。积炭通常积存在涡轮叶片、转轴；密封环等部位，一般是因密封不严，机油漏入及柴油机燃烧不完全所致。④检查转子的轴向、径向间隙，消除刮碰现象。转子的径向间隙过大会丧失液体的润滑条件，使转子的转动阻力增大，转速降低；转子的轴向间隙过大或变形产生的刮碰现象，也会使转子的转速下降，导致增压压力下降。所以当分解保养增压器时，转子的径向间隙和轴向间隙都要认真测量，并注意观察是否有刮碰现象。当发现间隙超过标准时，应及时更换轴承；当发现转子的刮伤情况时，应查明原因进行更换，转子的轴向及径向间隙应符合标准。

2. 增压器运转噪声大

故障原因：① 叶轮受到异物冲击或与壳体刮碰产生变形，将会使工作中气体的运动发生变化从而产生高频噪声；② 叶轮与壳体刮碰以及轴承润滑不良产生摩擦噪声；③ 柴油机到增压器间的排气管路不密封，漏气产生噪声。

故障检修：当发现增压器噪声过大时，应首先检查排气管路密封是否可靠（排气管路漏气部位通常颜色会发生变化），然后检查增压器的润滑是否良好，最后分解增压器，检查内部机件是否有异物损伤。

3. 增压器过热

故障原因：① 柴油机供油提前角过小，使排气温度过高，造成增压器转速过高，温度上升；② 喷油质量差，后燃严重，造成排气温度升高，导致增压器过热；③ 润滑不良，润滑油压力不足，油温过高，供油量不足，带走的热量减少，使增压器温度升高；④ 增压压力下降，导致空气流量减少，造成增压器温度升高。

故障检修：发现增压器过热，应首先检查柴油机的供油正时和喷油质量；然后检查增压器润滑油供应是否正常，增压器的供油压力应在说明书规定的范围内，一般不低于 200 kPa；最后检查增压器的内部机件是否有损坏。

4. 增压器的异常损伤

故障原因：① 润滑油不清洁。增压器的工作转速在 6 000 r/min 以上，它的轴承要求实现液体润滑。因此，润滑油的清洁度对其使用寿命的影响非常大。② 润滑油压力低，供油量不足。增压器润滑油的压力通常在 200 kPa 以上，机油压力低，会造成轴承的供油不足而丧失液体润滑条件，引起轴承的异常磨损。

故障排除：在使用过程中要注意润滑油的清洁，经常检查和保养空气滤清器，要保证润滑油的压力，对压力不足者要及时进行故障排除。

5. 增压器轴承早期磨损

故障原因：① 当冬季启动内燃机温度过低时猛轰油门或立即加载；② 柴油机熄火前猛轰油门后又立即熄火，使转子轴因瞬间的高速旋转缺油而烧坏轴承；③ 长期停运的内燃机，在重新启动时没有预先润滑增压器，使转子缺油而烧坏轴承。

故障检修：柴油机启动时一定要待机油的油压和温度正常后再加载，尤其是冬季冷车启动时，一定要怠速升温后再加载，同时切忌乱轰油门加载；柴油机熄火前，必须怠速运转 3 ~ 5 min，待增压器转速降低后方可熄火；对新开启的内燃机，一定要先润滑增压器，其方法是：拆下增压器的进油管路，从进油口倒入适量的洁净机油，以实现增压器轴承及转子的润滑。

4.6 内燃机电控系统常见故障分析

4.6.1 汽油机电控系统常见故障分析

1. 电控车用汽油机故障诊断注意事项

现代汽车电控系统是一个非常复杂的机电一体化综合控制系统，由于装备有电控单元、各种传感器和执行部件，所以对高压、高温、潮湿、强电磁干扰等环境很敏感。如果维修人员仍旧采用传统的检修方法，往往修不好，甚至会损坏重要部件，因此，在故障诊断中应注意以下几点。

（1）熟读使用说明书。使用维修前，一定要熟读汽车手册、使用说明，以便掌握发动机、仪表、自动变速器等的使用维护方法。

（2）了解故障指示灯的作用。了解故障指示灯的作用和使用方法，可以方便迅速地找到故障性质和部位。当故障指示灯亮时，说明电控系统有故障，此时应及时进行维修。需要注意的是，当故障指示灯亮时，不可断开蓄电池接线柱，否则存储在电控单元（ECU）内的故障码就会被全部清除，给维修带来不便。

（3）检修前先读取故障码。ECU 内存储的故障码能够直接反映汽车电控系统的故障，因此，检修发动机前一定要先读取故障码。维修过程中蓄电池接线一旦断开，故障码将在几十秒内自行清除而给检修带来不便。有时自诊断系统会显示错误的故障码，因此，故障码只能作为维修过程的参考，而不可完全依赖它。

当读取故障代码时，蓄电池电压必须保持在 11～12 V，节气门全关，变速器挂空挡，所有用电设备关闭，发动机水温正常，点火开关闭合。

（4）了解 ECU 的位置和使用注意事项。ECU 是汽车上非常精密的元件，不能受潮、受压、受高温烘烤，一般安装在驾驶室仪表盘下方，不可在上面堆放重物，洗车时也不能将它淋湿，对汽车进行烤漆、焊接时应事先拆下 ECU。

（5）了解蓄电池搭铁线断开注意事项。首先，不可随意断开蓄电池搭铁线。在点火开关接通的状态下，不可随意断开任何一条带有电磁线圈装置的电路（如喷油器、怠速控制阀、点火装置、空调离合器，以及连接这些部件的蓄电池连接线等）。因为任何线圈在断电的瞬间，由于自感作用，都将在线路上产生瞬时高压电，而使电控单元及传感器受损严重。其次，在检修发动机各电控系统之前一定要先关闭点火开关，再断开蓄电池搭铁线，然可进行维修。因为维修过程中需要断开一些系统的电控连接线，对于像喷油器等需要靠电磁感应来工作的元件，如果在没有断开蓄电池的情况下断开其电路，可能会产生很高的感应电动势而烧坏 ECU。

当没有连接和拧紧蓄电池连接线接头时，绝不要启动发动机，也不可在发动机运转时拆下蓄电池连接线。当安装蓄电池时，务必认清其正、负极。

（6）检修时，先排除机械故障，再考虑 ECU 故障。即使是电控发动机，它也是由机械和电控两大部分组成的，因此，在正常使用条件下的故障中，机械故障比电控故障多。另外，机械部分相对简单，维修人员也较易掌握，所以维修时应从易到难，先机械后电控，优先排除机械故障后，再检测电控系统的故障。

若发动机有明显的故障症状，但自诊断系统工作正常，故障警示灯不亮，也没有故障代码可以读取，此时，故障属于机械部分的故障。

电控发动机控制系统的工作可靠性高，使用中出现故障的几率很小，故在一般的检修中不要拆检其器件或拆除其连接器及导线。即使是电控系统本身的故障，往往也是以一般的机械故障形式出现的，如接线不良、接地端子接触不良、熔丝烧坏、喷油器或滤清器脏污堵塞、进气道有积炭等，因此，检查时，也应首先从简单的机械故障查起，尤其是显示"进气系统故障"时，应特别注意燃油箱加油口和机油加油口是否密封可靠，空气流量计与进气系统相配零件是否松脱，进气歧管压力传感器的真空软管是否破裂或密封不严等。

当转动发动机，检查气缸压缩压力时，要拔掉汽油喷射控制系统的电源继电器或熔丝，以防止喷入的燃油影响检测结果。当拆开任何油路部分时，首先应降低燃油系统的压力；当检修油路系统时，千万不能吸烟，并要远离明火；橡胶密封件千万不能沾染汽油。

（7）检测电子元件时要使用数字式万用表。检修电控系统的电子元件时，一定要使用高阻抗数字式万用表，而不能用低阻抗的指针型万用表。低阻抗万用表会因阻抗小损坏 ECU。

（8）检修 ECU 的注意事项。人体静电放电量的电压可能达到 10 000 V 以上，因此，当对 ECU 控制的数字表等进行维修作业时，一定要带上搭铁金属带并将一头缠在手腕上，另一头夹在车身上。需拆下 ECU 时，必须先关闭点火开关、拔下点火钥匙，再拆下蓄电池极柱线，最后拆卸 ECU。

（9）清楚故障码的注意事项。故障排除后，一定要清除故障码，以免给下次维修带来不必要的麻烦。清除故障代码后，只需拔下电控燃油喷射系统的熔丝，不要拆下蓄电池负极搭铁线，以免导致安全气囊意外张开和防盗报警系统失效。

2. 电控汽油机故障诊断基本方法

快速准确地诊断发动机电控系统的故障，是正确维修发动机电控系统的前提，是维修技术的重要组成部分，概括起来，发动机电控系统的故障诊断方法主要有故障码诊断法、故障征兆模拟法、查故障征兆一览表法、用专用或通用仪器检测技术参数法等几种方法。

1）故障码诊断法

现代汽车电子控制系统都具有故障自诊断功能，当系统出现故障时，ECU 会使"CHECKENGINE"（检查发动机警告）灯点亮，同时将故障码信息存入存储器。检修人员可以通过一定的程序将故障码从 ECU 中调出，根据故障码所显示的内容，迅速准确的确定故障的性质和部位，有针对性地去检查有关部位、元件和线路，从而将故障排除。因此，调取故障码诊断电控系统故障是检修现代汽车很重要的基本方法。故障被诊断出并排除后，还需将存储器内所存储的故障码清除，不同车型调取和清除故障码的方法不尽相同，具体可以参照有关维修手册。

2）故障征兆模拟法

当利用故障码诊断法进行故障诊断时，有时读不出故障码，但故障确实存在，且没有明显的故障征兆。在这种情况下，故障征兆模拟法就是一种行之有效的方法。这种方法是在充分分析故障的基础上，模拟与用户车辆出现故障时相同或相似的条件和环境，在停车条件下，向车辆施加外部作用，通过故障征兆的再现，进行故障原因和部位的诊断。

故障征兆模拟法的要点是：当模拟试验时，不仅要验证故障征兆，而且还要将发生故障的部位或零件及原因同时诊断出来。要做到这一点，必须在连接试验器和开始试验之前，预先把可能发生故障的电路范围缩小，然后进行故障征兆的模拟试验。在判定被试验的电路是否正常的同时也验证了故障征兆。故障征兆模拟法的特点是适合可能由于振动、高温和渗水（受潮）引起的难以再现的故障的诊断，而且无需专用的仪器设备，就可直接准确地判断出故障的部位和原因。缺点是速度相对较慢，对维修人员的技术素质和基础理论要求较高，诊断时必须耐心仔细，否则很容易错过故障。故障征兆模拟法又可分为振动法、加热法、水淋法及电器全通法四种。当缩小故障可能出现的范围时，如果有故障征兆一览表的话，可以参阅。

（1）振动法。

当振动可能是故障的主要原因时，可使用振动法。振动法主要检查连接器（线束接插件）、配线、零件与传感器，在检查过程中，观察是否再现故障征兆。

连接器：在垂直和水平方向轻轻摇动各个连接器。

配线：在垂直和水平方向轻轻摇动配线和连接器的接头。振动支架和穿过开口的连接器体都是应仔细检查的部位。

零部件和传感器：用手指轻轻拍打装有传感器的零件，检查是否失灵。在检查时要注意不要用力拍打继电器，否则可能会使继电器开路，产生新的故障。

（2）加热法。

当怀疑某一部位是因为受热而引起的故障时，可用电吹风或类似工具加热可能引起故障的零件或传感器，检查是否出现故障。在使用加热法时应注意：

① 加热温度不能高于 60 ℃（温度限制在不致损坏电子器件的范围内）；

② 不可直接加热 ECU 中的零件。

（3）水淋法。

当故障可能是在雨天或在高湿度环境下引起时，可使用水淋法，将水喷在车辆上，检查是否出现故障。检查时应注意：

① 不可将水直接喷在发动机零部件上，应喷在散热器前面，间接改变温度和湿度；

② 不可将水直接喷在电子器件上；

③ 如果车辆漏水，漏入的水可能侵入 ECU，当试验车辆存在漏水故障时，必须特别注意。

（4）电器全部接通法。

当怀疑故障可能是用电负荷过大引起，可使用此方法。接通所有电气负载，包括加热器鼓风机、前照灯、后窗除雾器、空调以及音响等，检查是否出现故障。

3）用专用或通用仪器检测技术参数法

在车型不断更新、车型繁多、维修技术资料难以跟上的情况下，用万用表检测技术参数法或许是最有效的方法。只需根据已知资料的经验数据，就可以快速准确地诊断出故障，这是用万用表检测技术参数法的最大优点。例如：对于负温度系数的冷却液温度传感器而言，其电压输出一般为 0.32 ~ 4.7 V（-30 ~ 139 ℃），电阻值在正常室温下（20 ℃）为 11 ~ 13 kΩ、热机时小于 1 kΩ，如果用万用表测量的电压或电阻值超过此范围，则说明冷却液温度传感器出现故障。另外，当使用其他方法进行故障诊断时，在一定程度上也需要测量技术参数，因此，这种方法也是故障诊断的基本方法。该方法的缺点是要求维修人员有较丰富的经验，对发动机电控系统的各元件连接器的各接脚的作用有清晰的了解。各种车型连接器的作用和符号及技术参数可参考相关的技术手册。

3. 电控汽油机故障诊断的一般程序

对于电控发动机电控系统的故障诊断，应按下述程序进行。

（1）询问故障产生的时间、现象、当时的情况、发生故障的原因以及是否经过检修、拆卸等。

（2）初步确定故障的范围及部位。

（3）调出故障码，并查处故障的内容。

（4）按故障码显示的故障范围进行检修，尤其注意接头是否松动、脱落，以及导线连接是否正确。

（5）检修完毕，应验证故障是否确已排除。

（6）若调不出故障码，或调出后查不出故障内容，则应根据故障现象，大致判断出故障范围，再采用检查逐个元件工作性能的方法加以排除。

4. 电控汽油机常见故障的诊断方法

1）故障现象：发动机不能启动，且无着车征兆

① 排除启动系统自身故障，如电瓶电压低、启动机接线不良。

② 检查是否由防盗系统引起。有些车型的防盗功能被锁定后，启动机不能转动；而有些车型则没有点火或喷油信号。如果防盗系统已锁定，请先按规定方法解除，或排除防盗系统故障。

③ 用仪器或人工方法提取故障码，若有与油泵、点火、喷油控制相关的故障码，就应按相应的内容检修。

④ 检查是否建立油压。如果没有合适的油压，应检查油箱、汽油滤清器、油压调节器、汽油泵及控制电路。如果没有合适油压，检查喷油器是否动作：若喷油器动作，则检查是否有堵塞或泄漏；否则，应检查电源和脉冲控制信号以及相关电路元件。

⑤ 检查火花塞是否跳火。若有跳火，则检查火花是否太弱或点火正时是否正确；否则，检查曲轴位置传感器、凸轮轴位置传感器、点火模块、点火线圈、ECU 等有关元件和电路。

2）故障现象：发动机不能启动，但有着车征兆

① 进行自我诊断，若有相关的故障码，按相应内容检修。

② 检查进气道是否有严重泄漏或堵塞现象。

③ 检查火花是否太弱或点火正时是否正确。

④ 检查燃油系统。当油压太低时，检查油路相关元件，如喷油泵、汽油滤清器、油压调节器等；检查喷油器是否堵塞或漏油，或部分喷油器是否不工作。

⑤ 检查空气流量计、水温传感器等与喷油量相关的元件。

⑥ 检查气缸压力。

3）故障现象：发动机冷车启动困难

① 进行故障自诊断，若有相关故障码，按相应内容检修。

② 检查水温传感器的电阻、信号和电路。

③ 检查供油压力，注意喷油器是否泄漏。

④ 检查点火系统及相关元件。

4）故障现象：发动机热车启动困难

① 进行故障自诊断，若有相关故障码，按相应内容检修。

② 检查水温传感器的电阻、信号和电路。

③ 检查供油压力，注意喷油器是否泄漏。

④ 检查点火系统及相关元件。

5）故障现象：发动机冷、热车都启动困难

① 进行故障自诊断，若有相关故障码，按相应内容检修。

② 检查燃油系统，包括汽油泵、油压调节器、油路等。

③ 检查点火正时，以及是否有间歇性断火。

④ 检查进气系统是否堵塞或元件工作不良。

⑤ 检查气缸压力。

6）故障现象：发动机怠速偏低

① 确定怠速控制阀是否正常工作。

② 确认怠速是否调整适当。

③ 检查节气门位置传感器信号。

④ 检查点火正时及相关元件、电路。

7）故障现象：发动机怠速过高

① 进行故障自诊断，若有相关故障码，按相应内容检修。

② 检查与怠速过高有关的元件：水温传感器、P/N、AC 开关、快怠速阀是否关闭。

③ 检查基本怠速调整是否适当。

④ 检查节气门位置是否正确，节气门位置传感器信号及怠速开关调整是否正确。

8）故障现象：发动机冷车怠速抖动

① 先进行故障自诊断，若有相关故障码，则按相应内容检修。

② 检查冷车快怠速有关元件：水温传感器、快怠速阀等。

③ 检查怠速控制阀工作情况。

④ 检查基本怠速调整是否适当。

⑤ 检查 EGR 是否漏气。

⑥ 检查喷油时间及相关元件。

9）故障现象：发动机热车怠速抖动

① 先进行故障自诊断，若有相关故障码，则按相应内容检修。

② 检查基本怠速调整。

③ 检查怠速控制阀工作情况。

④ 检查节气门位置传感器的怠速开关是否常闭。

⑤ 检查喷油时间、氧传感器、空气流量计或歧管压力传感器、水温传感器的元件和线路，以及 EGR 阀的动作情况。

⑥ 检查点火正时及点火系统相关元件。

⑦ 检查喷油器的工作情况。

⑧ 进气系统或机械部分是否漏气。

10）故障现象：发动机冷、热车怠速均抖动

①进行故障自诊断，若有相关故障码，按相应内容检修。

②检查进气系统及发动机各真空软管是否漏气。

③检查基本怠速是否调整得当。

④检查怠速控制阀的工作情况。

⑤检查燃油系统是否油压太低或被脏物堵塞。

⑥检查空气流量计或歧管压力传感器等信号元件是否不良。

⑦若各缸工作不平衡，则进行断缸测试，检查不良汽缸的点火、喷油、气缸压力。

11）故障现象：发动机怠速上下波动

①进行故障自诊断，若有相关故障码，按相应内容检修。

②检查进气系统是否漏气。

③检查节气门位置传感器的怠速开关或怠速信号电压。

④检查空气流量计信号。

⑤检查怠速控制阀的工作情况。

⑥检查水温传感器、氧传感器以及其他信号元件。

12）故障现象：发动机加速不良、无力

①进行故障自诊断，若有相关故障码，按相应内容检修。

②检查燃油压力是否足够，以及燃油系统是否被脏物堵塞。

③检查喷油时间以及影响喷油时间的信号元件：空气流量计、节气门位置传感器、氧传感器、冷却液温度传感器等。

④检查 EGR 是否漏气，检查排气管是否通畅。

⑤检查点火正时及火花情况。

⑥检查汽缸压力，检查是否有漏气部位。

4.6.2 柴油机电控系统常见故障分析

随着柴油机技术的发展，电控单体泵、电控共轨喷油系统、电控 PT 供油系统（以压力 P 和时间 T 来控制喷油的系统）和电控 VE 分配泵供油系统已逐步取代了传统的直列泵喷油系统。这类电控柴油机供油系统对喷油量的调节完全由 ECU 控制。对于电控柴油机而言，柴油机故障的诊断一般由故障诊断仪完成。

当柴油机出现故障时，应采用先易后难并逐一排除的方法。在查明故障前，不要轻易更换任何零部件；在弄清楚问题前，不要轻易清除闪码，请注意记录闪码。对故障诊断仪器检测到的故障码能进行逻辑分析。

1.潍柴电控柴油机电控高压共轨系统几种常见故障分析

1）故障现象：柴油机无法启动

①根据闪码灯读取闪码，确定故障点。

②检查挡位是否处于空挡位置，空挡开关是否正常；检查副熄灯开关是否正常。

③检查整车启动线路及电瓶是否正常。

④检查启动机工作是否正常，若问题仍未解决，应进一步检查柴油机转动是否灵活、配气正时是否正确等。

⑤检查低压油路是否有气、漏气或堵塞。

⑥使用故障诊断仪，检查飞轮信号盘与油泵凸轮信号盘是否同步。

⑦检查共轨压力是否正常，若不正常，有可能是由喷油器、共轨管、高压油泵、ECU等故障引起的。

2）故障现象：柴油机启动困难（能启动，但较困难）

①根据闪码灯读取闪码，确定故障点。

②检查启动机是否正常及电瓶电量是否充足。

③检查低压油路是否有气、漏气或堵塞。

④检查柴油机转动是否灵活，配气正时是否正常。

⑤检查曲轴转速传感器和凸轮轴位置传感器及插头是否损坏。

⑥使用故障诊断仪，检查飞轮信号盘与油泵凸轮信号盘是否同步。

⑦检查共轨压力是否正常，若不正常，有可能是由喷油器、共轨管、高压油泵、ECU等故障引起的。

2. 玉柴电控柴油机电控系统几种常见故障分析

玉柴电控柴油机电控单体泵系统采用了德尔福电控单体泵系统。

1）故障现象：发动机不能启动、启动困难、或启动后易熄火

①检查燃油箱燃油量是否充足。

②检查燃油路是否堵塞或漏油。

③检查燃油滤清器是否堵塞。

④线束老化导致ECU供电不足。

⑤检查ECU数据标定是否合理。

⑥进气温度传感器是否损坏。

⑦ECU是否损坏。例如：外围线路没问题但诊断仪还是无法连接ECU，或提示ECU有某一缸接地端短路。

⑧ECU版本是否正确。

2）故障现象：发动机不能启动，点火钥匙插上电后，仪表上的发动机故障灯不亮

①线束短路、断路、磨损。检查蓄电池→ECU总保险→ECU继电器→ECU之间的连线、点火信号ON→ECU之间的连线与ECU搭铁线。

②ECU线束接插头不牢靠，供电脚松动或折弯。

③检查ECU总保险是否烧断。

④检查ECU继电器是否失效。

3）故障现象：发动机不能启动，点火钥匙插上电后，仪表上的发动机故障灯常亮

①线束短路、断路、磨损。检查蓄电池→ECU总保险→ECU继电器→ECU之间的连线、点火信号ON→ECU之间的连线与ECU搭铁线。

②ECU线束接插头不牢靠，供电脚松动或折弯。

③曲轴位置传感器失效、接插件不紧或间隙过大或过小。调整曲轴位置传感器间隙、紧

固接插件或更换传感器。

④ 凸轮轴位置传感器失效、接插件不紧或间隙过大或过小。调整凸轮轴位置传感器间隙、紧固接插件或更换传感器。

⑤ 曲轴或凸轮轴传感器线束短路、断路、磨损。检查 ECU→曲轴传感器或 ECU→凸轮轴传感器连线，改制线束。

⑥ 故障诊断仪读出大量故障或一系列闪码，则 ECU 可能失效。

4）故障现象：发动机无力、冒烟、转速不稳等

① 单体泵电磁阀失效，通过诊断仪或闪码表，测量线圈电阻，确定电磁阀故障。

② 单体泵的泵体失效，通过判断电磁阀正常，采用断缸法确认单体泵故障。

5）故障现象：经常性烧毁 ECU

① 自行增加外接线路，反向电流进入 ECU。

② 线束磨损漏电、短路。

6）故障现象：发动机功率不足

① 检查空气滤清器是否堵塞。

② 检查进气管路是否漏气或堵塞。

③ 检查是否增压故障。

④ 油路堵塞或漏油。

⑤ 燃油滤清器堵塞或水杯满。

⑥ 回油阀量超大，回油阀没有起到阻流作用。

⑦ 检查电磁阀是否正常、泵端是否有高压油喷出以及电气接线是否正常，若故障，更换电磁阀、泵体单元或喷油器、恢复线束。

⑧ 检查电子油门拓本接线，或更换电子油门踏板。

⑨ 检查凸轮轴或曲轴传感器是否失效，检查接线，调整间隙，更换传感器。

⑩ 检查转速传感器是否吸附铁屑。

7）故障现象：怠速不能调整

① 检查发动机不处于怠速的原因，一般情况下主要检查油门和水温传感器的显示值是否在正常范围。

② 对照线路图检查线路。

③ 检查 ECU 数据问题，如更新对应新版本 ECU 的数据。

第5章 内燃机的检查调整

内燃机的检查调整是指把内燃机各总成或零件的安装位置以及零件间的配合恢复到最佳的工作状态。它是内燃机维修的主要内容，是延长内燃机有效寿命的重要措施。

1．调整范围

内燃机的调整范围对于不同的工种有不同的要求。具体的调整工作包括检查、试验、调整和修正。调整后的内燃机性能要恢复到最佳状态，即达到规定的技术要求。

2．调整程序

程序调整时需按内燃机制造厂规定的各种调整和操作规范进行，调整程序一般步骤如下。

① 首先通过直观或测试设备进行检查，以了解内燃机当前的技术状态。

② 调整零件的安装位置及配合间隙，或更换某些零件，恢复它们的原始标准。

③ 进一步检测这些总成或系统的技术状态是否达到技术标准所规定的性能要求。

内燃机检查调整的内容非常广泛，本章将重点阐述内燃机零部件主要间隙的检查调整方法，各机构和总成的检查调整与恢复放在修理章节中一并阐述。

5.1 配合间隙的检查调整

5.1.1 活塞与气缸的配合间隙检查调整

为了保证内燃机的正常工作及活塞在气缸中的高速往复运动，活塞裙部不仅要光洁并有足够的承压面积，还要在活塞与气缸壁间加以润滑。尤其重要的是，活塞与气缸壁间需留有一定间隙（配合间隙），用来补偿由于内燃机工作时活塞比气缸壁温度高及散热困难所造成的膨胀变形，防止活塞在气缸内卡死，减少气缸壁的摩擦和磨损。

活塞与气缸的配合间隙无论过大还是过小，都会对内燃机造成不良的影响。为了保证内燃机良好的压缩性能，在正常工作的情况下，活塞与气缸的配合间隙越小越好。在使用过程中，配合间隙将随磨损逐渐增大，当磨损达到一定程度后，内燃机性能便急剧恶化，此时应修理或更换零件，以恢复活塞与气缸的配合间隙。

测量气缸的磨损程度是确定内燃机技术状况的重要手段。通过测量，主要是确定气缸磨损后的圆度、圆柱度；根据气缸的磨损程度，确定内燃机气缸尺寸的恢复方法及确定修理尺寸。

测量气缸磨损通常使用量缸表。测量方法如下。

① 根据气缸直径的尺寸，选择合适的接杆，装入量缸表的下端；接杆装好后，活动伸缩

杆的总长度应与被测气缸尺寸相适应。

②校正量缸表的尺寸。将外径千分尺校准到被测气缸的标准尺寸，再将量缸表校准到外径千分尺的尺寸，并使伸缩杆有 1~2 mm 的压缩行程，旋转表盘使表针对准零位。

③将量缸表的测杆伸入气缸的上部，根据气缸磨损规律测量第一道活塞环在上止点位置时所对应的气缸壁 S_1，如图 5-1 所示。

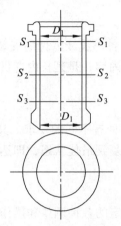

图 5-1 气缸磨损的测量部位

④量缸表下移，测量气缸中部和下部的磨损。气缸中部为上、下止点中间的位置 S_2，气缸下部为距离气缸下边缘 10~20 mm 处 S_3。

当用量缸表进行测量时，应注意使测杆与气缸轴线保持垂直位置，以达到测量的准确性。当摆动量缸表，其指针指示到最小读数时，即表示测杆已垂直于气缸轴线，这时才能记录读数，否则，测量不准确，如图 5-2 所示。

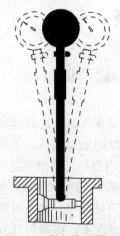

图 5-2 量缸表测量法

圆度误差是指同一横截面上磨损的不均匀性。用同一横截面上不同方向测得的最大与最小直径差值的 $\frac{1}{2}$ 作为圆度误差。

圆柱度误差是指沿气缸轴线的轴向截面上磨损的不均匀性。其数值是被测气缸表面任意方向所测得的最大与最小直径差值的 $\frac{1}{2}$。

对车用内燃机而言，气缸圆度公差：汽油机为 0.05 mm、柴油机为 0.065 mm；气缸圆柱度公差：汽油机为 0.20 mm、柴油机为 0.25 mm。若超出此范围，则应进行镗缸修理。

5.1.2 活塞销配合间隙的检查调整

对于全浮式活塞销的配合，在常温下活塞销与活塞销孔之间具有一定的过盈。当内燃机达到工作温度时，活塞销座与活塞销的配合间隙会因受热膨胀而增大，造成内燃机工作中产生冲击和响声，甚至会因活塞销窜动跑出，发生事故。因此，在常温装配下的预紧度应达到内燃机正常工作温度时两者具有的正常配合间隙。装配时为避免损伤活塞销孔，应将活塞放入温度为 70~80 ℃ 的水中或加热了的机油中，在活塞销孔涨大后能用手轻轻推入活塞销即说明配合适当。

活塞销与连杆小头铜套的配合应有间隙，使活塞销可以在铜套中转动。当活塞销向连杆小头内装配时，能用拇指的力量将其推入连杆衬套内，又不过滑，则为适当。

活塞销的配合情况检查。

1. 活塞销与活塞销孔的配合检查

① 先测量活塞椭圆，记下长短轴数值。

② 将活塞放入 70~80 ℃ 热水中，取出后将涂有机油的活塞销用手指力量推入活塞销孔，并趁热转动活塞销数圈，待活塞冷却后，再测量活塞椭圆，若椭圆变化小于 0.04 mm，则表示配合正常；若变化大于 0.04 mm，则配合过紧。

2. 活塞销与连杆铜套的配合检查

常温时，在活塞销与连杆铜套孔接触面积不少于 75% 的情况下，将活塞销表面涂上机油，用拇指推活塞销。若用力不大，活塞销即能平滑的进入连杆铜套内，且没有明显晃动则为合格；若有明显晃动，则间隙过大，则需更换铜套。

5.1.3 连杆轴承和主轴承的检查调整

轴瓦与曲轴轴颈之间的径向间隙称为轴瓦间隙，这个间隙是必要的，以便当曲轴转动时机油能在摩擦表面间形成"油楔"，从而保证轴颈与轴瓦润滑良好。轴瓦间隙既不能过大也不能过小。

当轴瓦间隙过小时，润滑油流动阻力增加，润滑油不能进入轴瓦间隙中，油膜形成困难，容易形成干摩擦，导致烧蚀损坏；当轴瓦间隙过大时，易产生冲击，加速相关机件的磨损。

轴承间隙的检查方法。

（1）用外径千分尺量出轴颈直径，用内径千分表在垂直轴瓦剖分面的方向上量出轴瓦孔径，两者之间最大差值即为轴瓦间隙。应当指出，当测量轴瓦孔径时必须按规定扭矩拧紧连杆螺母或主轴承螺钉。

（2）若无合适量具，也可用一条保险丝或黄铜片，沿轴向放在轴瓦与轴颈之间，装上主轴承盖或连杆轴承盖，并按规定扭矩拧紧螺母或螺钉。然后拆下轴承盖，取下压扁了的保险丝或黄铜片并测量其厚度，即为轴瓦与轴颈的配合间隙。

（3）在一般使用中可摇转曲轴凭感觉判断。当摇转内燃机时，感觉转动自如，间隙过大；反之，间隙过小。

在内燃机使用中必须特别注意对轴瓦间隙的检查、调整和润滑工作。当轴瓦有响声时应立即停转内燃机，并及时检查磨损情况及配合间隙。若轴颈磨损过大，应进行磨修；若轴瓦磨损过大或烧损，应换用新轴瓦。

现在有许多车用内燃机配有检验连杆和曲轴径向间隙的专用塑料线规。检验时，把线规纵向放入轴承中（见图 5-3），按原厂规定的拧紧力矩紧固轴承盖（见图 5-4），在拧紧过程中应注意防止曲轴转动。然后拆下轴承盖，取出已压展的塑料线规，与附带的不同宽度色标的量规或第一道主轴承侧面上不同宽度的刻线相对比，与塑料规压展宽度相等的刻线所标示的值，即为轴承的间隙值（见图 5-5）。例如：上海桑塔纳轿车的测量线规用颜色来标识间隙值，绿色表示间隙为 0.025 ~ 0.076 mm，红色表示间隙为 0.05 ~ 0.15 mm，蓝色表示间隙为 0.10 ~ 0.23 mm。

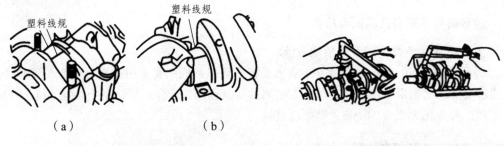

图 5-3　专用塑料线规的放置　　　　图 5-4　拧紧连杆和曲轴轴承的螺栓

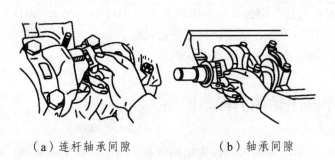

（a）连杆轴承间隙　　　　（b）轴承间隙

图 5-5　用专用量规检查轴承的间隙

技术熟练的工人，多用手感法来检验轴承的径向间隙。当单个主轴承的配合间隙符合标准时，曲轴的转动力矩不大于 10 N·m。当连杆轴承的配合间隙符合标准时，应将连杆按规定装在轴颈上，然后用手甩动连杆小端，连杆应能够转动 1.25 ~ 1.75 转。

5.1.4　活塞环安装间隙的检查调整

为了防止内燃机工作时活塞在气缸内卡死，活塞与气缸间的配合间隙是必要的。但由于间隙的存在，气缸内的气体可能通过间隙毫无阻碍地窜入曲轴箱，造成气缸内压缩压力降低，使功率下降。同时活塞与气缸壁间的润滑油也会窜入燃烧室烧掉，形成积炭，增加润滑油的消耗，这些都是不符合使用要求的。在气缸与活塞之间安装具有密封功能的活塞环可以有效地解决上述矛盾。

活塞环是具有弹性的开口环，在自由状态下活塞环的外径大于气缸直径。将活塞环装入气缸后，它依靠本身的弹力作用使外圆表面紧贴在气缸壁上。活塞环分气环和油环两种。

1. 活塞环安装间隙

1）端间隙

端间隙即活塞环放在气缸内两端面的距离。端间隙可以使活塞环受热膨胀时在其长度范围内有伸张余地不致在气缸内卡死。间隙过小时导致拉缸，过大时导致内燃机功率及经济性下降，且启动困难。

2）边　隙

边隙即活塞环在环槽内上下的间隙，用以保证活塞环在活塞环槽中自由活动。此间隙过大时，混合气易窜入曲轴箱稀释机油，使其变质而恶化润滑；过小时，活塞环受高温而烧蚀，失去密封作用。

3）背　隙

背隙即活塞环装入气缸时，活塞环背面与活塞环槽底之间的间隙。活塞环一般应低于活塞环槽，以免在气缸内卡死。若背隙小，易使活塞环与槽底干涉，尤其油环对泄油不利。背隙一般为 0 ~ 0.35 mm。

一般来说，活塞环的三隙是上环大于下环、柴油机环大于汽油机环、气缸直径大的环大于直径小的环、发动机压缩比大的环大于压缩比小的环。几种常用汽车发动机活塞环的三隙如表 5-1 所示。

表 5-1　活塞环各部间隙

发动机型号	活塞环开口间隙/mm			活塞环侧隙/mm		
	第一道气环	第二道气环	油环	第一道气环	第二道气环	油环
解放 CA6102	0.50 ~ 0.70	0.40 ~ 0.60	0.30 ~ 0.50	0.055 ~ 0.087	0.055 ~ 0.087	0.04 ~ 0.08
东风 EQ6100	0.35 ~ 0.55	0.35 ~ 0.55	0.50 ~ 1.00	0.055 ~ 0.087	0.04 ~ 0.072	0.09 ~ 0.24
桑坦纳	0.30 ~ 0.45	0.25 ~ 0.40	0.25 ~ 0.50	0.02 ~ 0.05	0.02 ~ 0.05	0.03 ~ 0.08
捷达	0.30 ~ 0.45	0.25 ~ 0.40	0.25 ~ 0.50	0.03 ~ 0.07	0.02 ~ 0.06	0.02 ~ 0.06
富康	0.30 ~ 0.50	0.30 ~ 0.50	0.30 ~ 0.50	0.03 ~ 0.07	0.02 ~ 0.06	0.02 ~ 0.05
奥迪	0.30 ~ 0.45	0.25 ~ 0.40	0.25 ~ 0.50	0.02 ~ 0.05	0.02 ~ 0.05	0.02 ~ 0.05
切诺基 2131	0.15 ~ 0.35	0.15 ~ 0.35	0.15 ~ 0.35	0.043 ~ 0.081	0.043 ~ 0.081	0.03 ~ 0.20

2. 活塞环间隙的检查方法

1）端隙的检查方法

将活塞环置入气缸内，并用倒置的活塞顶部将环推平（对未加工的气缸应推至下止点，即磨损最小处），然后用厚薄规测量（见图 5-6（a））。若端隙大于规定值，则应重新选配活塞环；若端隙小于规定值，应用细平锉刀对环的端口进行锉修。锉修时，只能锉削一端环口且应平整（见图 5-6（b））；锉修后，应去除毛刺，以免在工作中刮伤气缸壁。

2）侧隙的检查方法

测量时应将活塞环槽内的积炭清除干净，否则将影响测量的准确性。将活塞环放在槽内，围绕环槽滚动一周，既不能松动，又不能有阻滞现象。用厚薄规检测是否符合要求（见图 5-6（c）），若侧隙超过允许极限值，应更换活塞环。当发现活塞环槽磨损过大时，则应更换活塞。换用新活塞环时，若侧隙过小，可在板上铺上 0 号或 00 号金刚砂纸修磨活塞环端面。

（a）检验活塞环的端隙　　（b）用锉刀锉修活塞环端头　　（c）活塞环侧隙的检查

图 5-6　检验活塞环的问题

3）背隙的检查方法

为了测量方便，通常用活塞环槽深与活塞环厚度之差来表示。测量时，先将活塞环落入环槽底，再用深度游标卡尺测出环外圆柱面沉入环岸的数值。

在实际操作中，通常是以经验法来判断活塞环的侧隙和背隙。将环置入环槽内，环应低于环岸，且能在槽中滑动自如，无明显松旷感觉即可。

3. 活塞环的弹力检验

活塞环的弹力是指活塞环端隙为零时作用在活塞环上的径向力。活塞环的弹力是建立背压的首要条件，也是保证气缸密封性的必要条件。弹力过大，会使环的磨损加剧；弹力过小，会使气缸密封性变差，润滑油消耗增加，燃烧室积炭严重。

活塞环弹力检验仪如图 5-7 所示。将活塞环置于滚轮和底座之间，沿秤杆方向移动活动量块，使环的端隙达到规定的间隙值。此时，可由量块在秤杆上的位置读出作用于活塞环上的力，即为活塞环的弹力。

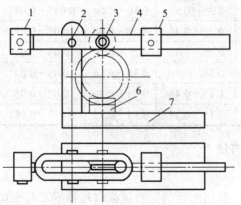

图 5-7　活塞环弹力检验仪

1—重锤；2—支撑销；3—滚轮；4—秤杆；5—活动量块；6—底座；7—底板

4. 活塞环的漏光度检验

活塞环的漏光度检验旨在检测环的外圆表面与缸壁的接触和密封程度，其目的是避免漏光度过大，使活塞环与气缸的接触面积减小，产生漏气和窜机油的隐患。

常用的活塞环漏光度的简易检查方法是：将活塞环置于气缸内，用倒置的活塞将其推平，用一直径略小于活塞环外经的圆形板盖在环的上侧，在气缸下部放置灯光，从气缸上部观察活塞与气缸壁的缝隙，确定其漏光情况。

对活塞环漏光度的技术要求是：在活塞环端口 30°范围内，不应有漏光点；在同一根活塞环上的漏光度不得多于两处，每次漏光弧长所对应的圆心角不得超过 25°；同一环上漏光弧长所对应的圆心角之和不得超过 45°；漏光处的缝隙，不应大于 0.03 mm。

5. 活塞环的安装要求

（1）活塞环的外圆表面要与气缸壁接触严密，以保证良好的密封作用。
（2）为保证活塞环密封良好，活塞环的开口间隙要互相错开 90°～120°，以免漏气。
（3）当安装锥形环时，由于锥角很小，一般不易分辨，故应特别注意活塞环上的标志。
（4）选配的活塞环应与气缸具有同一级别的修理尺寸。

5.1.5 气门杆与气门导管的检查调整

气门杆与气门导管内孔一般应有最小的工作间隙，用以保证气门杆能在导管中自由的往复运动，这个间隙多为 0.02～0.12 mm。此间隙过大将使气门在运动中产生摆动和冲击，导致气门座磨损不均匀，引起漏油、漏气，甚至使气门烧损或产生响声；间隙过小，气门杆受热膨胀，导致气门卡死。

5.1.6 摇臂与摇臂轴配合间隙的检查调整

摇臂与摇臂轴的配合间隙若超过规定则应更换衬套，并按轴的尺寸进行铰削或镗削修理。镶套时，要使衬套油孔和摇臂上的油孔重合，以免影响润滑。配合间隙检测方法如图 5-8 所示。

当摇臂轴轴颈的磨损大于 0.02 mm 或摇臂轴与摇臂承孔的配合间隙超过规定时，应刷镀修复或更换。摇臂轴弯曲变形应冷压校直使其直线度误差在 100 mm 长度上不大于 0.03 mm。

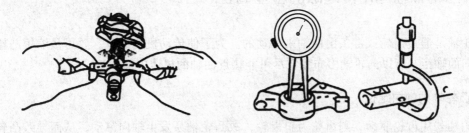

图 5-8 测量摇臂与摇臂轴的配合间隙

另外，还有一些轴类零件与轴承的配合间隙也必须定期进行检查调整。如当凸轮轴轴承的配合间隙超过使用极限（载货车为 0.20 mm，轿车为 0.15 mm）时，应换用新轴承。更换轴承时应注意：轴承与承孔的过盈量，剖分式轴承为 0.07 ~ 0.19 mm；整体式轴承为 0.05 ~ 0.13 mm；铝合金气缸体为 0.03 ~ 0.07 mm。轴承内径与其轴承孔的位置顺序相适应。安装时，应使用专用的压装工具压入。轴承内孔的修理有拉削、铰削和镗削等 3 种方法。轴颈和轴承的配合间隙一般为 0.05 ~ 0.10 mm。

5.2 定位间隙的检查调整

5.2.1 曲轴轴向定位间隙的检查调整

一般车用内燃机曲轴前部多通过斜齿轮来驱动配气机构，加之离合器分离时会引起轴向力的作用，这些都会使曲轴轴向移动。为了防止其轴向移动，需有轴向定位装置，常用止推轴瓦定位。

曲轴的轴向间隙是指止推轴瓦止推端面与曲轴轴颈定位轴肩之间的轴向间隙，该间隙既能保证曲轴转动灵活，又能适应曲轴膨胀。一般内燃机曲轴轴向间隙为 0.05 ~ 0.25 mm，过大或过小均会影响内燃机正常工作。轴向间隙过小时曲轴转动困难，甚至会因机件膨胀而卡死，同时主轴承端面易烧损；轴向间隙过大时曲轴将产生轴向窜动，不仅加速气缸和轴承的磨损，并产生冲击，同时也会影响内燃机配气相位和离合器的正常工作。

曲轴轴向间隙的检查和调整可用下述两种方法进行。

（1）来回撬动曲轴，用百分表测量其轴向移动量。

（2）用撬棒将曲轴沿轴向往一头撬到底，然后用厚薄规在止推片与曲轴曲柄之间测量其轴向间隙。

当采用上述方法检测时，其轴向间隙应符合标准。若间隙过小，可磨薄止推片；若止推片因磨损而使轴向间隙增大，则应换用较厚的止推片。

曲轴在使用中，轴颈表面会发生磨损。磨损后会使轴颈径向产生圆度误差，而在轴向产生圆柱度误差，它们的磨损部位都有一定的规律。当曲轴轴颈的圆度和圆柱度误差超过允许极限值时，则应修磨轴颈，并换用相应修理尺寸的轴瓦。

5.2.2 凸轮轴轴向定位间隙的检查调整

凸轮轴是通过齿轮或链条由曲轴来驱动的。为了使传动机构简单，要尽量缩短凸轮轴与曲轴之间的轴距，所以凸轮轴多布置在尽可能接近曲轴的机体中部。

1. 凸轮轴的轴向定位

凸轮轴若用齿轮驱动，则齿轮为斜齿轮，故凸轮轴易发生轴向窜动，从而导致凸轮轴相对于曲轴旋转了某一个角度，这就破坏了配气相位及点火正时的准确性。为了防止凸轮轴轴向窜动，在凸轮轴一端设有轴向定位装置。

2. 凸轮轴轴向间隙检查

以 CA10B 型内燃机为例介绍凸轮轴轴向间隙的检查方法，检查时应选用合适的厚薄规插入止推凸缘与凸轮轴第一道轴颈之间，当抽出厚薄规时约感阻力为宜。此时，厚薄规的厚度即为凸轮轴的轴向间隙。对于不同的内燃机，改变凸轮轴轴向间隙的方法有所不同，应根据相应的构造特点来进行调整。

凸轮轴轴向间隙的调整有 2 种方式。

（1）用增减固定在气缸体前端面上位于凸轮轴第一道轴颈端面与正时齿轮（或链轮）之间的止推凸缘的厚度方法来调整。检查时，将厚薄规塞入止推凸缘与正时齿轮端面之间，测得的间隙应为 0.10 mm 左右，如图 5-9 所示。轴向间隙的使用极限一般为 0.25 mm。轴向间隙过大，易引起凸轮与挺杆底部的异常磨损，应更换加厚的止推凸缘。安装时，止推凸缘有止推凸台的一侧应面向正时齿轮（链轮）。

图 5-9　用止推凸缘定位的凸轮轴轴向间隙的检测方法

（2）轴承定位，如上海桑塔纳轿车发动机的凸轮轴轴向限位是由第一轴和第五道轴承台肩完成的，其检测方法如图 5-10 所示。当轴向间隙大于使用限度 0.15 mm 时，则更换台肩的凸轮轴轴承。

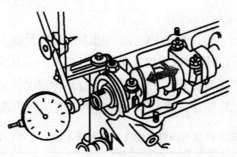

图 5-10　轴承定位的凸轮轴轴向间隙的检测方法

5.3　工作间隙的检查调整

5.3.1　气门间隙的检查调整

合适的气门间隙可以保证内燃机工作时，气门零件受热膨胀时有余地，使气门关闭严密和开启时有足够的开度。但气门间隙不可过大或过小，气门间隙的大小由内燃机制造厂根据试验确定，一般冷态时进气门的间隙为 0.20 ~ 0.30 mm，排气门的间隙为 0.30 ~ 0.40 mm（大型柴油机还可以更大）。

1. 检查气门间隙的方法

气门间隙通常在冷态下进行检查，检查前应清除内燃机气缸盖罩壳上面或气门室边盖上面的尘土。将气缸盖罩壳（顶置式）或气门室边盖（侧置式）打开，对于顶置式配气机构还要检查摇臂支座和气缸盖螺母扭紧的力矩是否符合要求，否则气门间隙测量不准。

摇转曲轴使活塞位于压缩行程上止点位置，柴油机气缸内压缩力大，摇转时应该打开减压机构，使摇转轻便。当摇转曲轴使某缸的进、排气门均处于完全关闭的状态时，在气门杆端与气门间隙调整螺钉之间插入与规定气门间隙值厚度相等的厚薄规，并来回推动以进行测量。若有轻微阻力，又能顺利滑过，即为间隙合适，若不符合规定应进行调整。

2. 调整气门间隙的方法

调整时应先松开调整螺钉、锁紧螺母，再根据构造不同用改锥或扳手将调整螺钉拧紧或拧出。调整气门间隙时应边拧动调整螺钉边用厚薄规检查间隙。调整合适后，先将调整螺钉、锁紧螺母固紧，然后重新检查间隙有无变化，不合适应重新调整。

调整气门间隙通常有以下两种方法。

1）逐缸调整法

确定某气缸活塞在压缩行程的上止点位置后，分别调整此缸的进、排气门间隙。该缸调整好后，转动曲轴半转（直列四缸）或转动曲轴 120°（直列六缸）按内燃机工作顺序，依次调整其他各缸的气门间隙。

2）两次调整法

先确定第一缸的压缩上止点，然后根据内燃机工作顺序绘制一张内燃机工作循环表（见表 5-2、5-3）；还可根据气门的排列顺序以及进、排气门早开迟闭角绘制更为详细的内燃机工作循环表。从表中可以看出循环中任何时间各气门的开闭情况，这就可以选择关闭的气门进行调整；也可按内燃机的工作顺序，按"双—排—不—进"的调整方法分两次调完。

表 5-2　直列四冲程直列四缸内燃机工作循环（发火次序：1—3—4—2）

曲轴转角/（°）	第一缸	第二缸	第三缸	第四缸
0 ~ 180	做功	排气	压缩	进气
180 ~ 360	排气	进气	做功	压缩
360 ~ 540	进气	压缩	排气	做功
540 ~ 720	压缩	做功	进气	排气

表 5-3 直列四冲程 6 缸内燃机工作循环表（发火次序：1—5—3—6—2—4）

曲轴转角/(°)		第一缸	第二缸	第三缸	第四缸	第五缸	第六缸
0～180	0～60	做功	排气	进气	做功	压缩	进气
	60～120	做功	排气	压缩	排气	压缩	进气
	120～180	做功	进气	压缩	排气	做功	进气
180～360	180～240	排气	进气	压缩	排气	做功	压缩
	240～300	排气	进气	做功	进气	做功	压缩
	300～360	排气	压缩	做功	进气	排气	压缩
360～540	360～420	进气	压缩	做功	进气	排气	做功
	420～480	进气	压缩	排气	压缩	排气	做功
	480～540	进气	做功	排气	压缩	进气	做功
540～720	540～600	压缩	做功	排气	压缩	进气	排气
	600～660	压缩	做功	进气	做功	进气	排气
	660～720	压缩	排气	进气	做功	压缩	排气

所谓的"双—排—不—进"法，其中的"双"指该缸的两个气门间隙均可调，"排"指该缸仅排气门间隙可调，"不"指两个气门间隙均不可调，"进"指该缸的进气门间隙可调。其操作程序为（以直列六缸机为例，见表 5-4）：

① 从飞轮壳上的检视孔中顺时针拨动飞轮齿环，直至飞轮上的"3—6 缸"标记与固定在飞轮壳内的指针对准，此时说明 1、6 缸均处在上止点位置。

② 检查第一缸两气门摇臂能否绕轴颈微摆，若第一缸进、排气门摇臂均能摆动，则第一缸处于压缩行程上止点。

③ 按"双—排—不—进"原则检查，调整气门间隙。

④ 用同样方法将曲轴再转一圈，确认第六缸处于压缩行程上止点后，以"不、进、双、排"原则检查，调整剩余的气门。

如表 5-5、5-6 所示，分别为直列五、四缸内燃机的气门调整方法。对于"V"型机，"双、排、不、进"原则仍然适用。

表 5-4 直列六缸机可调气门排列

工作顺序	1	5	3	6	2	4
第一遍（一缸压缩上止点）	双	排		不	进	
第二遍（六缸压缩上止点）	不	进		双	排	

表 5-5 直列五缸机可调气门排列

工作顺序	1	2	4	5	3
第一遍（一缸压缩上止点）	双	排		不	进
第二遍（一缸进排上止点）	不	进		双	排

表 5-6 直列四缸机可调气门排列

工作顺序	1	3	4	2
第一遍（一缸压缩上止点）	双	排	不	进
第二遍（四缸压缩上止点）	不	进	双	排

5.3.2 火花塞电极间隙的检查调整

火花塞是汽油机点火系的重要元件，它可将高压电引入燃烧室，并使其跳过电极间隙而产生火花，从而点燃气缸中的可燃混合气。

火花塞电极间隙是指火花塞中心电极与旁电极之间的间隙，该间隙通常为 0.5～1.0 mm。火花塞电极间隙大小对汽油机工作影响很大，其数值一般随汽油机压缩比增大而减小。

1. 火花塞电极间隙的影响

当电极间隙过小时，火花塞在电压还不太高的情况下就会产生火花，火花强度和温度均较低，不能很好地点燃混合气；同时电极处附着的燃油不易全部烧尽，因而造成积炭污染火花塞电极，甚至将电极间隙处堵塞。

当电极间隙过大时，跳火所需的穿透电压大，造成点火线圈装置处于超负荷状态工作，使绝缘负荷过大，降低了工作可靠性；另外，过大的电极间隙由于火花塞跳火困难，故很易在汽油机高速转动时产生缺火现象从而形成积炭。

2. 调整火花塞间隙的方法

检查火花塞间隙应该使用圆棒形厚薄规测量，而不应该使用片形厚薄规。这是由于火花塞经使用后，其旁电极有凹陷处，故用片形厚薄规测量的间隙不准。在校对火花塞间隙时应扳动旁电极，不允许扳中心电极，否则可能会损坏其绝缘体。

对不同的汽油机，火花塞电极间隙都有具体规定，应按规定调整。

第6章 内燃机的合理匹配

内燃机与工作机械的合理匹配，是一项非常重要的工作，匹配得好，工作机械才能发挥良好的效能。内燃机匹配工作内容非常广泛，这是因为工作机械种类繁多，匹配的重点又各不相同。本章将重点阐述内燃机与各种工作机械在总体匹配设计中的特点、原则、方法与步骤。

6.1 内燃机与汽车的合理匹配

6.1.1 匹配的基本要求与特点

1. 匹配设计的基本要求与步骤

车用内燃机只有与车辆配套，才能成为最终产品。当匹配设计时，应先了解、掌握汽车的级别、种类、使用环境、用途、用户的使用习惯以及相应的排放、噪声、安全性等方面的法规要求，然后进行动力性、燃料经济性、配套适应性等方面的匹配设计。

匹配设计的基本步骤如下。

（1）由汽车制造企业（需方）或汽车用户提出汽车产品的用途、功能、种类、使用环境及工况，要求匹配内燃机的基本性能参数和安装要求，并提供配套意向书。

（2）内燃机制造企业（供方）根据汽车配套意向书，对性能、结构、可靠性、经济性和排放法规等进行综合分析，选取能满足其要求的内燃机机型，并确定所匹配内燃机的技术规格和结构形式的初步方案。

（3）需方和供方充分协商，并签订内燃机试制技术协议书或配套合同，作为双方供货和验收的依据。

（4）内燃机制造企业根据试制技术协议书，进行内燃机总体方案设计。若有重大性能开发或结构的重大改变，则需通过性能匹配开发试验或可靠性试验。对于成熟机型仅需进行各附属系统的配套设计，经评审确定总体方案，取得需方认可，并提供方案图。

（5）由总体方案展开进行各零部件图样技术设计，经工艺、标准等部门会审后进行样机试制。

（6）对试制样机进行性能试验、可靠性考核、出厂检验等，其结果应达到技术协议书的要求，并应符合汽车内燃机的有关标准的规定。

（7）提供内燃机试制样机给需方进行配试，并按有关汽车标准进行定型试验和典型用户使用试验。

（8）由需方把配套、定型试验和典型用户使用试验的结果反馈给供方，供方对需方反馈的问题进行改进，并载入图样、技术文件中。

（9）改进后的内燃机经小批量生产验证后，投入批量生产并供货。

2. 汽车内燃机使用技术特点

1）汽车内燃机的工作环境复杂多变

同一辆汽车在不同地区将面临不同的道路、气候等条件。我国国土辽阔、地形复杂，不同的气候地理条件对汽车内燃机提出了特殊的要求，如高原地区要求内燃机有高原补偿能力、寒冷地区要考虑冷启动能力、热带地区希望内燃机要有足够的冷却能力。

2）汽车内燃机的使用工况多变

汽车在动力配备时，要考虑足够的最大车速、加速性、爬坡性能和行驶特点。因道路交通情况不同，汽车运行在不同的工作区段，例如：汽车在城市中行驶时频繁起步、加速、超车，基本上在低速区段运行；而在高速公路上行驶时，基本上在高速区段运行，希望具有较大的转矩储备。因此，根据不同的使用用途和条件，应对内燃机的性能作出合理的调整。

3）汽车内燃机对外形尺寸要求严格

由于内燃机要在有限的空间中安装，同时又随车辆行走，因此，在保证可靠性的前提下，应尽量紧凑和轻量化，并具有较先进的升功率和重功率指标。

4）汽车内燃机大批量生产

汽车内燃机主要为大批量生产，因此，当进行汽车内燃机新型设计或变型匹配设计时，必须考虑产品系列化、通用化、标准化；还要满足汽车配套的使用适应性；同时要方便用户的维护保养；并且充分利用批量生产的制造加工新技术，降低制造和材料成本。

5）汽车燃料费用占汽车整个运输成本相当高的比例

在发达国家，重型汽车燃料费用约占整个运输成本的 77%。因此，汽车的燃油经济性十分重要。

6）汽车与社会和人民生活关系密切

目前，人们对环境保护意识与可持续发展战略的认识日益加强，对汽车排放和噪声提出日益严格的限制法规，因此，降低汽车内燃机的排放和噪声，已成为我国柴油机制造企业的主要目标之一。

6.1.2 匹配的方法与程序

6.1.2.1 性能匹配与参数控制

1. 动力性能匹配

1）汽车内燃机功率匹配

① 汽车行驶的驱动力 F_{kp} 按下式计算：

$$F_{kp} = \frac{T_{tq} i_k i_o \eta_m}{r_k} \tag{6-1}$$

式中，T_{tq} 为发动机净转矩；i_k、i_o 为变速器、减速器的传动比；η_m 为传动系效率，机械变速

器的 $\eta_m = 0.85 \sim 0.90$，液力变矩器的 $\eta_m = 0.70 \sim 0.85$；r_k 为车轮滚动半径。

② 驱动力和阻力相平衡按下式计算：

$$F_{kp} = F_f + F_w + F_i + F_\alpha \tag{6-2}$$

式中，F_f 为滚动阻力；F_w 为风阻力；F_i 为爬坡阻力；F_α 为加速阻力。

滚动阻力 F_f 按下式计算

$$F_f = mgf \tag{6-3}$$

式中，m 为汽车总质量；g 为重力加速度；f 为滚动阻力系数，货车取 0.02，矿用自卸车取 0.03，轿车为 $f = 0.016\,5 + 0.01(v - 50)$，$v$ 为汽车行驶速度，m/s。

F_w 为风阻力，即

$$F_w = \frac{C\rho_k Sv^2}{2} \tag{6-4}$$

式中，C 为空气阻力系数，轿车取 0.4 ~ 0.6，货车取 0.8 ~ 1.0，客车取 0.6 ~ 0.7；ρ_k 为空气密度，标准状态下取 1.167 kg/m³；S 为汽车正面投影面积，货车为前轮距离×总高，轿车为 0.78×总宽×总高；v 为汽车行驶速度。

F_i 为爬坡阻力，当坡度小于 15°时，$F_i \approx mg\alpha_i$，其中 α_i 为坡度角，rad。

F_α 为加速阻力，即

$$F_\alpha = \delta m\alpha \tag{6-5}$$

式中，δ 为旋转质量转换系数，$\delta = 1 + \delta_1 i_k^2 + \delta_2$，$\delta_1 = 0.4 \sim 0.06$，$\delta_2 = 0.03 \sim 0.05$；$m$ 为汽车总质量；α 为加速度。

③ 在机械传动中，车速 v（km/h）与内燃机转速 n（r/min）的关系为

$$v = \frac{0.377 n r_k}{i_k i_o} \tag{6-6}$$

式中，r_k 为车轮滚动半径；i_k、i_o 为变速器、减速器的转动比。

④汽车动力性评价指标，动力因数 D_k 为

$$D_k = \frac{f + i_c + \delta\alpha}{g} \tag{6-7}$$

式中，i_c 为传动系统总传动比；其他参数含意和单位同前面的公式。

D_k 也表示最大理论爬坡（$\alpha_{max} = D_{Imax} - f$）的能力，汽车动力性能参数范围如表 6-1 所示，汽车动力特性曲线如图 6-1 所示。

表 6-1　汽车动力性能参数范围

汽车类别				直接挡最大动力因数 D_{0max}	I挡最大动力因数 D_{Imax}	最高车速 V_{max} /（km/h）	比功率 P_e/m /（kW/t）	比转矩 T_{tq}/m /（N·m/t）
货车	微型	总质量 m/t	>2	0.1 ~ 0.14	0.30 ~ 0.40	80 ~ 120	13.7 ~ 33.0	56 ~ 90
	轻型		2 ~ 4	0.06 ~ 0.10	0.30 ~ 0.40	85 ~ 120	15.0 ~ 21.0	38 ~ 64
	中型		6 ~ 14	0.04 ~ 0.06	0.30 ~ 0.35	75 ~ 110	8.5 ~ 14	33 ~ 60
	重型		>14	0.04 ~ 0.06	0.30 ~ 0.35	70 ~ 110	7.35 ~ 13.0	29 ~ 70

汽车类别				直接挡最大动力因数 D_{0max}	I挡最大动力因数 D_{1max}	最高车速 V_{max} /（km/h）	比功率 P_e/m /（kW/t）	比转矩 T_{tq}/m /（N·m/t）
客车	小型	总质量 m/t	<4	0.05 ~ 0.08	0.20 ~ 0.35	80 ~ 120	15.0 ~ 23.0	49 ~ 73
	中、大型		4 ~ 18	0.04 ~ 0.06	0.20 ~ 0.35	70 ~ 100	7.3 ~ 15.0	20 ~ 60
	较接式		>18	0.03 ~ 0.04	0.12 ~ 0.15	55 ~ 85	7.2 ~ 10	18 ~ 40
轿车	微型级	内燃机排量 V_s/L	>1	0.07 ~ 0.10	0.30 ~ 0.40	90 ~ 120	18 ~ 50	40 ~ 60
	普通级		1 ~ 2	0.08 ~ 0.12	0.30 ~ 0.45	120 ~ 170	36 ~ 64	80 ~ 99
	中级		2 ~ 4	0.10 ~ 0.15	0.30 ~ 0.50	130 ~ 220	43 ~ 72	90 ~ 125
	高级		>4	0.14 ~ 0.20	0.30 ~ 0.50	140 ~ 190	50 ~ 108	100 ~ 160
矿用自卸车				0.03 ~ 0.05	0.30 ~ 0.50	45 ~ 70	4.5 ~ 6.0	25 ~ 50

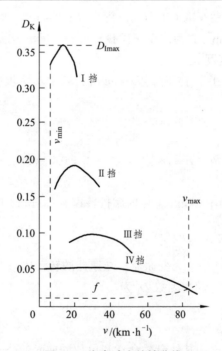

图 6-1　汽车动力特性曲线

直接挡和 I 挡最大动力因数 D_{0max} 和 D_{1max} 的选择，主要考虑对汽车加速度和燃料经济性的要求，并随汽车类型和道路条件的不同而有所不同。

一般货车的 D_{0max} 随汽车总质量增加而降低，但降低到一定数值后就不再降低。微型货车由于要求有较高的加速度，因此，D_{0max} 值高；轻型货车平均车速和加速性要求也较高，故 D_{0max} 为 0.06 ~ 0.1；中、重型货车要求带挂车后能在公路（阻力系数均为 0.03）上以直接挡行驶，而合理拖挂时，汽车列车总质量与单个汽车总质量的比值均为 1.7，故中、重型货车的 D_{0max} 为 0.04 ~ 0.06；大客车的 D_{0max} 也随总质量的增加而下降，D_{0max} 为 0.03 ~ 0.08；而轿车的 D_{0max} 随发动机排量的增大而增大，中、高级轿车对加速性要求高，D_{0max} 为 0.1 ~ 0.2，为节省燃料，微型和普通轿车 D_{0max} 较小；矿用自卸车的行驶阻力大，D_{0max} 一般大于 0.04。

I 挡最大动力因数 D_{Imax}，标志汽车的最大爬坡能力和起步连续换挡时的加速能力。D_{Imax} 主要取决于汽车所要求的爬坡度和附着条件，与汽车总质量关系不明显。对公路用车，D_{Imax} 一般为 0.30~0.35；中、高级轿车的 D_{Imax} 较高，可达 0.5；带液力机械式传动系的矿用自卸车由于起步时动力因数下降快，为保证满载爬坡时有足够的车速，D_{Imax} 一般较大。

⑤ 根据汽车设计要求的最大车速来确定所配套内燃机的最大功率 P_{emax}（kW）。按下式计算：

$$P_{emax} = \frac{1}{\eta_m}\left(\frac{mgf}{3\,600}v_{max} + \frac{CS}{76\,140}v_{max}^3\right) \tag{6-8}$$

式中，各参数含义同前面的公式。

除按上式计算内燃机最大功率外，还可参考同级汽车的比功率统计值，如图 6-2 所示。直接选择合理的比功率值，其与汽车总质量的乘积，即为所需的内燃机最大功率值。

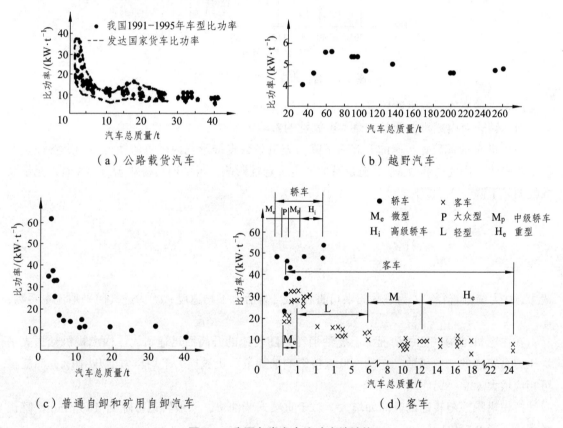

图 6-2　我国各类汽车比功率统计值

2）汽车内燃机转速匹配

内燃机转速匹配是一个很重要的问题，应根据最高车速、最大功率、所选内燃机类型、活塞平均速度及内燃机制造条件等因素来确定最大功率转速。目前，各类车用内燃机转速与气缸直径关系的统计，如图 6-3 所示。

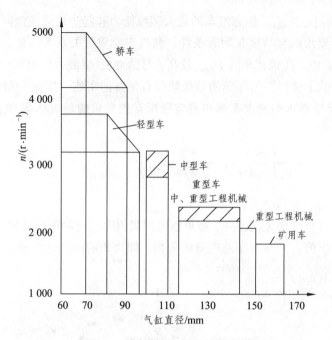

图 6-3　各类汽车内燃机转速范围

内燃机转速的影响因素较多，在此只作如下简述。

（1）转速对内燃机性能及寿命、可靠性的影响。

内燃机充量系数随转速的升高而下降，充量系数直接影响内燃机的动力性和经济性。大量试验表明，进气马赫数 M_α 对充量系数产生决定性影响。当平均马赫数 $M_\alpha > 0.5$ 时，充量系数便明显下降，M_α 按下式计算：

$$M_\alpha = \frac{\left[\left(\dfrac{D}{d_1}\right)^2 C_{\mathrm{m}}\right]}{C_{\mathrm{v}} v_{\mathrm{r}}} \tag{6-9}$$

式中，D 为气缸直径；d_1 为进气门喉口直径；C_{m} 为活塞平均速度；C_{v} 为进气门平均流量系数；v_{r} 为声速。

在内燃机结构一定的情况下，燃油消耗量随转速的升高而迅速增大。内燃机机械损失平均压力是转速的二次函数，它的高低直接影响油耗量，机械损失平均压力上升 10%，油耗量可相应增大 5%～8%。

内燃机噪声随转速的升高而增大。对于直喷式柴油机，一般转速每降低 100 r/min，整机噪声可下降 0.5 dB。

内燃机运动件惯性力随转速的升高而迅速增大。最大往复惯性力与转速的平方成正比，它将直接影响柴油机的使用寿命、可靠性和制造成本。

（2）车用内燃机转速发展趋势。

现代车用内燃机增压及增压中冷技术在迅速发展和普及的同时，提高内燃机升功率的手段已不再依赖于提高内燃机转速；特别是柴油机，为提高其经济性、可靠性、寿命和日益严格的排放噪声法规，柴油机标定转速反而有下降的趋势。

（3）内燃机转速与变速器的匹配。

为满足整车设计要求，要考虑内燃机转速与变速器的匹配。变速器挡数及其传动比，由汽车设计人员根据汽车性能及总布置要求确定。挡数多可提高内燃机的功率利用率、汽车的燃油经济性和平均车速，从而提高汽车效率、降低运输成本。但增加挡数会使变速器结构复杂、尺寸增大、重量增加、成本提高、使操纵复杂。

3）汽车内燃机的转矩匹配

内燃机输出的转矩是内燃机内在的动力性能与外部动力装置直接发生联系的一个重要参数。可以通过吨转矩统计值，大体衡量内燃机在车辆上的适应程度。吨转矩是内燃机的最大转矩值与车辆总质量的比值。现代各种汽车的整体吨转矩的分布情况如图6-4所示。

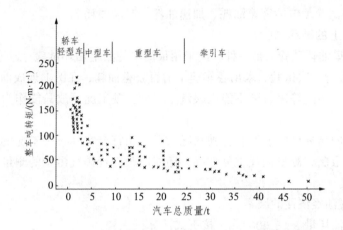

图6-4 现代汽车整车吨转矩的分布

对汽车而言，转矩特性是一个需要控制的因素，该特性一般常用转矩适应性系数 $\phi_p = \dfrac{T_{tq\,max}}{T_{tqh}}$ 和转速储备系数 $\phi_{nz} = \dfrac{n_{eh}}{n_{tqmax}}$ 表示。对于轿车，由于汽油机中的 ϕ_p 值一般为 1.20～1.30，为了使采用柴油机的轿车保持原有传动系统或同中心距系列变速器，与汽油机在车辆上实现整机互换，在行驶时与汽油机有相近的启动和加速性能，因此，轿车用柴油机的 ϕ_p 值达到 1.15～1.30。

中型货车要求有较高的 ϕ_p 值。但过去中型货车以自然吸气？柴油机为主，故不能获得较高的 ϕ_p 值，一般 ϕ_p 为 1.12～1.16，ϕ_{nz} 为 1.66～2.10；采用排气涡轮增压后，可使最大转矩点平均有效压力显著上升，获得较高的中 ϕ_p 值；但增压器与柴油机的匹配特性决定了增压柴油机标定工况和最大转矩工况的转速范围必然小于自然吸气，ϕ_{nz} 反而减小，通常 ϕ_p 为 1.10～1.30，ϕ_{nz} 为 1.50～1.80。

重型货车通常用作满载长途运输。在发达国家的公路条件下，常用工况为中等转速和高转速满负荷运行。随着我国公路条件的逐年改善，重型汽车运行特点也将逐渐与发达国家接轨。这种运行特点要求柴油机具有"拱背形"转矩特性，具有较高的 ϕ_p 值，从而大大提高爬坡能力、提高平均车速、缩短运输时间、提高劳动生产率、同时换挡次数可大大减少，不仅减轻了驾驶员的劳动强度，而且延长了变速器和离合器的寿命。目前，重型车柴油机的 ϕ_p 值一般在 1.30 以上，增压中冷柴油机的 ϕ_p 值达 1.40，ϕ_{nz} 集中在 1.60～1.80。

2. 经济性能匹配

汽车用内燃机使用经济性的好坏是决定其是否具有市场竞争能力的主要因素，不仅表现在燃油、机油经济性上，而且还表现在使用可靠性、耐久性和维修成本上。

1）燃油经济性评价

汽车燃油经济性的主要衡量指标是一定行驶里程的燃油消耗量或一定燃油消耗量能行驶的里程。我国采用行驶百公里所消耗燃油的升数，即百公里油耗来表征燃油经济性指标，可以根据对各种试验使用因素的控制程度，采用下列几种试验法来测定燃油经济性。

① 不控制的路上试验。

② 控制的路上试验。

③ 路上的循环试验（包括等速油耗、加速油耗、制动油耗）。

④ 转鼓试验台上的循环试验。

等速行驶百公里油耗试验，是一种广泛采用最简单的路上循环试验。通过每隔 10 km/h 或 20 km/h 速度间隔进行一次试验，求出各车速下的百公里油耗，在图上连成曲线，即可得到等速百公里油耗曲线。不过等速行驶不能反映汽车实际行驶工况，故只能作为一种相对的燃油经济性指标。

转鼓试验台上的循环试验能控制行驶状况，可采用符合实际行驶工况的复杂循环，并不受外界气候条件的限制，测量油耗重复性好，还能同时进行排气污染的测量，所以该方法日益受到重视和应用。

2）影响汽车燃油经济性的因素

汽车的百公里油耗量 B（L/l00 km）按下式计算：

$$B = \frac{F_z b_e}{3\,672 \eta_m} \tag{6-10}$$

式中，F_z 为汽车行驶阻力，N；b_e 为内燃机相应工况的有效油耗率，g/（kW·h）；η_m 为传动机械效率。

由此可知，汽车的燃油经济性主要受汽车结构和使用因素、内燃机有效油耗率 b_e 和机械效率 η_m 的影响。

（1）汽车使用因素。

① 行驶车速。汽车等速油耗在中速时最低，低速时稍高，高速时随车速增加而迅速增加。当高速行驶时，尽管内燃机的负荷率较高，但汽车的行驶阻力却增加很多，从而导致百公里油耗增加。当低速行驶时，尽管阻力减小，但由于内燃机负荷率低，有效油耗率上升，故百公里油耗反而有所增加。正常行驶经验表明，中速行驶能够节省燃油。

② 挡位选择。在一定道路上汽车行驶用不同排挡，油耗不同。在同一道路条件与车速下，虽然内燃机发出的功率相同，但挡位越低，后备功率越大，内燃机的负荷率越低，有效油耗率也越高。

③ 拖带挂车。拖带挂车可提高运输效率和降低成本，包括降低油耗。拖带挂车汽车行驶阻力增加，内燃机的负荷增加，有效油耗率下降；拖带挂车后，汽车列车的重量利用系数较大，所以拖带挂车后能降低货物的单位油耗。

④ 正确的调整与保养。汽车的调整与保养会影响内燃机的性能与汽车行驶阻力，所以对

百公里油耗有相当大的影响。

（2）汽车结构因素。

要大幅度的降低油耗，除正确的使用车辆外，还需要制造厂提供燃料经济性好的汽车，为此需要改进汽车的各个主要部件。有资料统计，各部件在提高燃油经济性方面的潜力为：内燃机的改进能省油 15%～25%；具有锁止装置的 4 挡自动变速器可省油 9%；通过减少车重、空气阻力、滚动阻力以及其他附件消耗功率，可省油 8%～12%；对大、中型轿车，减少内燃机尺寸还能省油 10%～15%。

内燃机油耗率的高低对汽车的燃油经济性关系重大，因此，世界各国都投入了大量的人力、物力、财力致力于降低油耗率。采取的措施主要有：内燃机电控化、内燃机增压或增压中冷化等。

3. 内燃机与汽车传动系统的匹配

汽车传动系统对油耗率的影响有以下 3 个方面：传动效率、挡数和转动比。传动系数越高，则汽车的燃油经济性越好。因此，汽车内燃机匹配技术需要注意和传动系统的匹配。

很多汽车，尤其是采用机械有级式传动系统的汽车，当内燃机与汽车牵引动力匹配时，应对传动系统的最小传动比、最大传动比以及传动系的挡数和中间各挡的传动比进行匹配。

1）最小传动比的匹配

总传动比 i_c 是传动系统中各部件传动比的乘积，即

$$i_c = i_k i_{kz} i_{kF} \tag{6-11}$$

式中，i_k 为变速器传动比；i_{kz} 为主减速器传动比；i_{kF} 为分动器和副变速器的传动比。

如图 6-5 所示是某汽车的功率平衡图。

当 i_{cmin}=4.62 时，阻力功率曲线正好与柴油机功率曲线 2 交在最大功率点上。若 v_P 表示柴油机最大功率时的车速，v_{max} 表示汽车最高车速，则有 $v_{max2}=v_{P2}$。选择另外两种最小传动比的该汽车柴油机功率曲线 1 和 3，与阻力功率曲线的交点均不在最大功率上，且 v_{max1}、v_{max3} 均小于 v_{max2}。因此，当选择 i_{cmin} 使汽车的最高车速等于柴油机最大功率时的车速时，最高车速是最大的。

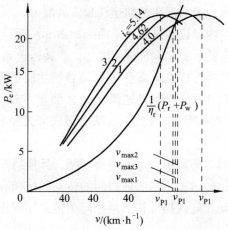

图 6-5　不同 i_{cmin} 时的汽车功率平衡图

当 $i_{cmin} < 4.62$ 时，柴油机功率曲线在曲线 2 的右方，这时 $v_P < v_{max}$，然而 v_P 却不可能实现，汽车的后备功率较小，因此，汽车的动力性比 $i_{cmin}=4.62$ 时要差。

当 $i_{cmin} > 4.62$ 时，柴油机功率曲线在曲线 1 的左方，这时 $v_P < v_{max}$，但汽车的后备功率较大，因此，汽车的动力性比 $i_{cmin}=4.62$ 时有所加强。

为了充分发挥柴油机的功率，最小传动比应该选择使 $v_P \leqslant v_{max}$，而不能使 $v_P > v_{max}$。当选择最小传动比 i_{cmin} 时，要考虑汽车在该挡位应具备的上坡、加速能力，即应具有足够的最高挡的最大动力因素 D_{0max}。表 6-1 给出了各种类型的汽车应有的值。若当选择的 i_{cmin} 难于同时满足最高车速与 D_{0max} 的要求时，可适当调整给定的动力性指标，如降低最高车速或改进选定的柴油机的性能曲线。

2）最大传动比的匹配

当确定最大传动比时，应该考虑最大爬坡度或 I 挡最大动力因素、附着力以及汽车最低稳定车速 3 个因素的影响。选择传动比 i_{cmax} 时应使汽车最大驱动力 F_{kpmax} 小于附着力 $Z_r\Phi$，按下式计算：

$$F_{kp\,max} = \left(\frac{T_{tq\,max}\,i_{c\,max}\,\eta_m}{r_k}\right) < Z_r\Phi \tag{6-12}$$

式中，Φ 取 $0.5 \sim 0.6$；Z_r 为驱动轮上的法向反作用力。

若不能满足附着条件，则应改变汽车总布置，增加附着力。

3）传动系挡数与各挡传动比的匹配

传动系的挡数同汽车的动力性、燃油经济性有密切的关系。就动力性而言，挡数多，增加了内燃机在最大功率附近高功率运转的机会，提高了汽车的加速与爬坡能力；就燃油经济性而言，挡数多，增加了内燃机在低有效油耗区工作的可能性，从而可降低油耗。挡数多少还影响到挡与挡间的传动比的比值，比值过大时会造成换挡困难，一般比值不宜大于 $1.7 \sim 1.8$。最大传动比与最小转动比之间的范围越大，挡数也应越多。一般汽车各挡的传动比是按等比级数分配的。按等比级数分配传动比，能使内燃机的特性更好地与汽车的动力性要求相匹配。若排挡选择恰当，具有按等比级数分配传动比的变速器能使内燃机经常在大的功率范围内运行，从而增加汽车的后备功率，提高汽车的加速性和上坡能力。

汽车上各个挡位的车速与内燃机转速的关系曲线如图 6-6 所示。当驾驶员用 I 挡起步时，随着内燃机转速的提高，汽车的行驶速度也跟着增加。当转速达到 n_2 时，驾驶员开始换挡。若换挡过程中车速不降低则 II 挡时转速应降至 n_1，离合器才能平顺无冲击的结合。同样，当在 II 挡时，内燃机转速到 n_2 换 III 档，则把转速降至 n_1 才能无冲击的结合离合器。若每次转速升高至 n_2 换挡，则内燃机均应降至同一转速 n_1，离合器就可无冲击的结合。这样，内燃机总在同一 $n_1 \sim n_2$ 工作。

实际换挡时，由于外部阻力的影响，车速有所下降，且换挡车速越高，换挡过程中的车速下降越多。因此，随着挡位的增加，相邻两挡间的传动比应稍有减少。由于较高挡位的使用机会总比低挡位多些，因此，较高挡位相邻两挡间的传动比安排得小一些，对改善汽车的动力性和经济性有益。

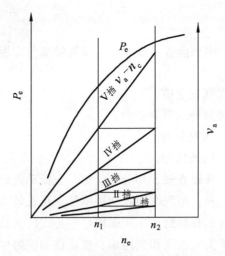

图 6-6　换挡过程中车速与内燃机转速的关系曲线

另外，内燃机转速 n_1 应大于最大转矩转速 n_{kqmax}，否则将影响汽车的动力性。尤其对于带有冒烟限制器的内燃机而言，n_1 更不应小于内燃机最大转矩转速。如图 6-7 所示，由于冒烟限制器的作用，在低速段内燃机的功率下降得很厉害，若传动比选择不当，则汽车行驶时有可能陷入低功率区段，从而使汽车的动力性下降。因此，为提高汽车的性能，应尽量使内燃机的最大转矩转速向低速移动。

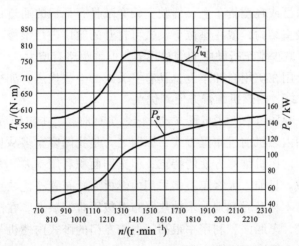

图 6-7　冒烟限制器起作用转速对汽车动力性影响示意图

4. 环境污染指标控制

随着人们生活水平的提高以及科学技术的不断发展，人们对环境的污染问题越来越重视。汽车已成为主要的生态环境污染源之一，为此，世界各国纷纷立法，对汽车的排放和噪声进行严格限制。

6.1.2.2　总体结构匹配设计

每种汽车的每一具体车型，均有自己最合适的一种或几种内燃机结构布置形式。

1. 内燃机在汽车上的布置

（1）载货汽车广泛采用内燃机前置布置方式。按驾驶室与内燃机相对位置的不同，货车可分为以下4种方式。

① 长头式：内燃机布置在驾驶室前。

② 短头式：内燃机的小部分伸入驾驶室内。

③ 平头式：内燃机布置在驾驶室内。

④ 偏置式：驾驶室偏置于内燃机旁。

对于长头式货车，内燃机维修方便，驾驶室受热、受振动较轻，操纵杆件容易布置，驾驶员安全感较高，前轮负荷较轻；但汽车面积利用率低，总长较大，最小转弯直径较大，视野差。它较多的被中、重型货车和越野汽车所采用。平头式的优缺点与长头式正好相反，而短头式介于两者之间。由于平头式在面积利用率、机动性和视野性等方面的优点，因此，在微、轻型货车上得到广泛应用。它还可用可翻式结构克服发动机维修不便的缺点，因此，在重型货车和汽车列车上的应用也日益增多。

平头式汽车内燃机布置有 3 种方式：内燃机位于前轴之上，且处于两侧座位之间；内燃机位于前轴之上，且位于座位之下；内燃机位于前轴之后，且位于座位之下。第一种布置方式较多应用于重型货车上，其内燃机位置较高，容易维修，不必采用可翻式结构；其座位较低，故可降低汽车总高，从而降低风阻；但驾驶室较为拥挤，有隔热和密封差的问题。第二种布置方式主要用于微型或轻型货车上，驾驶室较宽敞且有平坦的通道；但柴油机维修不方便，可采用可翻的驾驶室结构，或在座位下设置可打开的舱口进行维修。第三种布置形式使轴荷分配更趋合理，可减少空车行驶中的倒滑现象，但轴距略有增大。

偏置式驾驶室主要用在矿用自卸车上，具有平头式的一些优点，如视野宽广、轴距短，还具有驾驶室通风条件好、内燃机维修方便等优点。

（2）现代大客车一般采用平头式布置方式，内燃机有前置、中置和后置 3 种布置形式。在我国，以前较多采用内燃机前置布置方式，原因之一是我国客车多从货车底盘改装而成。它具有操纵机构简单、内燃机维修方便的特点；但车厢面积利用率差，车内噪声大，隔热、隔振困难，前轴易过载。目前，大客车上多采用内燃机后置布置，优缺点正好与前置形式相反，还存在内燃机故障不易及时判别、水散热器布置较困难等缺点。在国外，一些旅游大客车采用内燃机中置形式，车厢面积利用率很高，但需专门的卧式内燃机与之配套，存在冷却较困难、操纵机构复杂、维修不便等缺点。

（3）轿车一般采用内燃机前置布置方式。

2. 不同气缸数内燃机对汽车的适应程度

目前，轿车、货车常用内燃机的气缸数大多为 4 缸、6 缸和 V6、V8 缸，轿车也有用 3 缸的。轿车以汽油机居多，货车以柴油机居多，重、大型车辆用柴油机。

由于直列 4 缸内燃机具有较小的长度尺寸，尽管 4 缸内燃机二级往复惯性力不能自动平衡，但其量值仅为一级往复惯性力的 $1/\lambda$（λ 为曲柄连杆比），而往复质量与 D^3（D 为气缸直径）成正比，因此，小缸径 4 缸内燃机仍有较好的平稳性，被对长度尺寸要求较苛刻的轿车和轻型货车仍广泛采用。对于轿车用 4 缸柴油机，缸径一般为 73～93 mm；轻型车为 85～

102 mm。

直列 6 缸具有最佳的动力学平衡性和增压排气脉冲能量利用率，因而被中型以上各种客车、载货汽车广泛采用。随着增压和增压中冷技术的发展，中等功率内燃机目前几乎都采用直列 6 缸布置形式。"V" 型 6 缸内燃机，90°V 角二级往复惯性力矩不能自动平衡，而 120°V 角一级往复惯性力矩不能自动平衡。但由于 V6 内燃机长度很小，高度又低，在轿车中适合于布置前驱动或后驱动，能使轿车发动机舱缩短，从而使轿车紧凑和轻量化，因此，在中、高级轿车上有一定的应用。V6 在载货汽车上的应用很少。

90°V 型 8 缸柴油机动力学性能很好，增压排气脉冲利用率基本上与直列 4 缸相同，目前在重型汽车柴油机所采用的形式中仅次于直列 6 缸。

3. 直列式内燃机主要附件布置原则和要点

1）燃油系统布置

我国以及不少国家的道路交通实行"右行"，对于前置内燃机汽车，驾驶员位于内燃机左侧。从改善驾驶员驾驶条件出发，排气管应置于内燃机右侧（面对飞轮端视）；从有利于维护保养和防火出发，燃油泵调速器应布置于柴油机左侧；采用电子控制技术的内燃机电控部件与燃油泵成为一体，应在排气管一侧布置。为降低管路的复杂性，便于维护保养，应尽可能将整个燃油系统各部件布置于燃油泵一侧。燃油滤清器的位置应高于燃油泵，以确保低压油腔始终处于充满状态，使内燃机能顺利启动。

2）机油泵布置

常用机油泵的形式有摆线内啮合转子和渐开线齿轮式两种。转子泵结构简单，外转子外圆在圆形泵穴内旋转，这便于将机油泵布置在内燃机机体第一横隔板左右侧，而不必布置在油底壳内，并直接由定时齿轮传动，从而可使油底壳的轮廓能充分适应车辆各类前桥的需要。齿轮式机油泵的安装位置及传动方式如下。

① 吊挂式。由定时齿轮系传动，安装在机体底面。这是中型以上汽车多种车辆内燃机最普遍采用的方案。该方案对传动系布置在飞轮端的内燃机更为适合，因为在此位置机油泵不会超越飞轮壳，从而使油底壳能适合前驱动桥壳的空间要求。

② 外置式。机油泵布置在曲轴箱油底壳之外。此时，油底壳外形不受机油泵限制，但增加了若干外接机油管路。

③ 斜插式。在垂直于凸轮轴中心线的中间气缸体底面布置机油泵，由圆柱斜齿轮传动。该方案油底壳形状易满足汽车前桥的布置，但无变动余地、传动转速低。

3）机油冷却器布置

排量 3 L 以下的轿车和轻型车内燃机，由于负荷率低并且可以依靠行驶中的迎风吹拂油底壳完成对润滑油的散热，因此，不需设置机油冷却器；3 L 以上的柴油机则需设置机油冷却器。

目前，各种汽车柴油机主要采用板翅式机油冷却器，直接安装于柴油机机体的水腔内，油、水均能实现无外管路传输，并且可以使机油冷却器壳体同时成为滤清器座、调压阀壳体，从而减少了零部件数量，提高了柴油机的可靠性。

4）机油滤清器布置

机油滤清器的安装应适应汽车的维修条件和安装空间。轿车内燃机主要的维修面是顶面，安装空间在长度和高度方向比较紧张，而宽度空间比较宽裕，因此，纸质滤清器或旋转式滤清器垂直或略微倾斜于气缸中心面安装，便于双手施力旋装滤清器。中、重型汽车可以在车下或侧面维修，滤清器一般为下悬式安装，可以在车下悬拆。但对某些重型汽车，由于直车架内侧宽度较小，因此，可将机油滤清器安装于机油冷却器壳体外侧，使之位于车架上方空间。

5）风扇布置

风扇散热器的效率一定程度上受安装位置的影响，如风扇扫过散热器芯部表面积所占的百分比、风扇与散热器芯距离及离后部障碍物的距离等；而散热器的尺寸和安装位置又取决于车辆总布置。目前，从轻型到重型载货汽车，平头驾驶室已占优势，由于驾驶室舒适性和噪声控制等方面的原因，要求内燃机机室顶面处于座椅之下，散热器也随之向下布置。因此，现代内燃机为了适应不同车型的配套要求，风扇的安装位置应有多种方案供用户选择。

6）水泵的布置

对于轻型汽车，为了降低成本、简化结构，水泵安装于内燃机气缸体前端上部，并与风扇同轴，用发电机带轮充当张紧轮。但对于重型汽车柴油机，该布置妨碍了多种车辆或车型的配套适应性，而且重型汽车风扇的功率消耗较大，充电发电机的结构强度也不足以承受张紧载荷，因此，水泵与风扇分离布置。大多数现代轿车发动机水泵已与风扇彻底分离，电传动风扇直接固定在散热器框架上，而且轿车内燃机无机油冷却器，水泵可根据定时齿轮传动和冷却水流组织的要求布置在合理的位置。

7）启动电动机和发电机的布置

启动电动机可供选择的布置为发动机左右侧曲轴中心线附近（侧中部）、油底壳侧面（侧下方）、气缸体曲轴箱交界处（侧上方），可根据车辆的维修条件选择不同的启动电动机安装位置。对于可在车架下方维修的车辆，宜布置于侧下方，但可能对车辆的涉水能力有影响。

发电机一般布置在风扇端侧方或侧上方，通常采用带传动。

8）空压机的布置

制动用空气压缩机是汽车的必备附件。由于与汽车的制动有关，因此，空压机传动必须可靠，其传动方式如下：

①与采用支架式安装的燃油泵或法兰式安装的燃油泵同轴。该方案具有最好的空间利用和最简单的传动机构，但燃油泵与空压机同轴，可能引发较严重的分支轴系扭转振动。

②在齿轮系中设置辅助动力输出装置，用传动齿轮传动空压机，再由空压机驱动转向液力泵。这是比较好的方案，但将增加 1～2 个惰齿轮作为支承，使成本略有增加。

③在配气凸轮轴前端或后端安装一个曲柄，不带曲轴箱的空压机座装于传动齿轮壳顶部，用加长的连杆套装于曲柄上。

④在不得已的情况下，采用带传动。

9）其他附件的总体布置

①载货汽车内燃机的油尺最好布置在右侧（自飞轮端视），便于停车后检查机油面在人行道侧操作；而对于后置或大客车，油尺最好布置在内燃机前端，以便在打开汽车后盖后，即可抽出油尺检查。

②由于车外气温比内燃机罩下约低 30 ℃，车外吸入的空气密度提高约 10%，汽车油耗率约降低 3%，因此，现代载货汽车和客车逐步采用从车外吸气的方式。空滤器不再安装于内燃机上，而安装于车外某个空间，用橡胶波纹管与进气管连接。当设计进气管时，尽可能使安装螺栓孔对称分布，使总进口既可以指向飞轮端，又可以指向自由端。

③ 机油加油口应有多种选择，一般可布置在内燃机顶部（适用于载货汽车）、内燃机前端（适合于后置式大客车）或内燃机侧面。

④ 飞轮、飞轮壳的配套设计。当与特定的汽车配套时，需与特定的变速器匹配。为了减少飞轮，尤其是飞轮壳的种类，目前，国际上普遍采用统一的标准化的接口尺寸，常用的有 SAE 标准飞轮、飞轮壳。

6.2　内燃机与工程机械的合理匹配

6.2.1　匹配的特点与原则

1. 工程机械柴油机使用和技术特点

我国典型工程机械及配套柴油机系列，如表 6-2 所示。

表 6-2　我国典型工程机械及配套柴油机系列

工程机械				柴油机			
名　称	负荷率/%	主参数	主参数规格①	功率标定	冷却方式	配套功率范围/kW	主要配套中等功率柴油机系列
装载机	50~70	标定载质量/t	0.5, 0.75, 1.0, 1.5, 2.0, 3.0, 4.0, 5.0, 6.0, 7.0, 8.0, 10	间歇功率Ⅰ（1 h 净功率）	水冷	小型≤74 中型>74~160 大型>160	
推土机	75~90	标定功率/kW	36.8（50）, 44.1（60）, 55.1（75）, 58.8（80）, 73.5（100）, 88.2（120）, 102.9（140）, 110.3（150）, 117.6（160）, 132.4（180）, 147（200）, 161.8（220）, 235.3（320）, 308.8（420）, 441（600）	间歇功率Ⅱ（12 h 净功率）	水冷	小型≤74 中型>74~220 大型>220	国产： 135，130，125，115，114，112，110，108，105，102，100
挖掘机（单斗式）	40~60	斗容量/m³	0.05, 0.1, 0.15, 0.2, 0.25, 0.3, 0.35, 0.4, 0.5, 0.6, 0.8, 1, 1.2, 1.6, 2, 2.5, 3, 3.2, 3.4, 3.6, 3.8, 4	间歇功率Ⅰ（1 h 净功率）	水冷风冷	小型≤100 中型>100~240 大型>240	
压路机	30~60	工作质量/t	0.5, 1, 1.25, 1.6, 2, 2.5, 3.2, 4.5, 6.3, 8, 9, 10, 12, 14, 16, 18, 20, 25, 32,	间歇功率Ⅱ（12 h 净功率）	水冷风冷	小型≤45 中型>45~80 大型>80	

工 程 机 械				柴油机			
名　称	负荷率/%	主参数	主参数规格①	功率标定	冷却方式	配套功率范围/kW	主要配套中等功率柴油机系列
叉　车	20~25	标定起质量/t	0.5~0.8, 1~1.8, 1.5~2, 2~2.5, 2.5~3, 3.5~4, 5~7, 8~10, 14, 16, 20, 25, 32, 40	15 min 功率	水冷风冷	小型≤37 中型>37~100 大型>100	国外引进：K19, N14, M11, WD615, C121, C8.3, FL413, FL912, FL913
汽车轮式起重机	20~25	最大起质量/t	2, 3, 5, 8, 10, 12, 16, 30, 25, 32, 40, 50, 65, 80, 100, 125, 160, 200	15 min 功率	水冷	小型≤120 中型>120~205 大型>205	
铲运机	50~80	斗容量/m³	5.7~9, 11~16, 16~23, 25, 35	间歇功率 I（1 h 净功率）	水冷	小型≤100 中型>100~185 大型>185	

注：① 括号内参数单位为 PS。

1）柴油机的负荷率高、冲击性大

表 6-2 中列出了典型工程机械的负荷率，以推土机、铲运机为代表的大多数工程机械作业时负荷率最大达 90%；而与汽车相似的轮式起重机负荷率较低，仅为 20%～25%，它们在一个工作循环中，工作载荷（牵引力、转矩）变化大，机组承受急剧振动和冲击。如图 6-8 所示为一些代表性工程机械载荷图。由此看出，装载机、铲运机最大负荷与平均负荷之比为 1.6～2.0，每铲运 100 次以上，其一个工作循环时间为 20～80 s，振动加速度为 $5g$～$30g$（g 为重力加速度）；推土机、单斗挖掘机类最大负荷与平均负荷之比为 2～3，一个工作循环内最大负荷时间为 10～15 s。因此，当进行柴油机匹配设计时，标定工况参数和性能特性设计必须充分考虑工程机械冲击性的高负荷要求。通常，根据各类工程机械作业方式要求，按柴油机标定功率 I（15 min 功率）和 II（1 h 功率）规定进行选取，同时用柴油机飞轮输出功率作为净功率进行匹配计算。

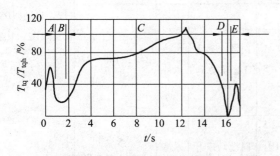

（a）装载机在软质地面上工作过程

（A—开动；B—行驶；C—装斗；D—开动；E—倒斗）

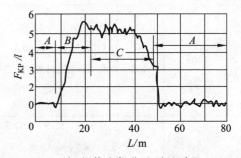

（b）推土机作业循环过程

（A—返回；B—切土和集土；C—运土）

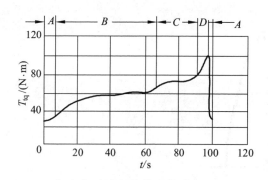

（c）振动式压路机工作过程

（A—行驶；B—普通压实；C—艰难压实；D—返回）

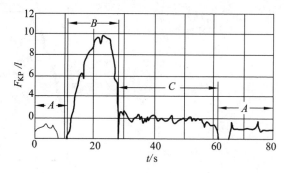

（d）铲运机工作过程

（A—卸土返回；B—铲土；C—运土）

图 6-8 代表性工程机械载荷图

2）柴油机性能特性要适应变负荷工况

工程机械作业过程不仅负荷高而且负荷变化大。如图 6-9 所示为工程机械阻力转矩 T_{tqc} 在柴油机外特性和调速特性上的匹配关系。从图 6-9 中看出当阻力转矩 T'_{tqc} 变化不大时，柴油机工作点配置在标定工况附近，这时柴油机功率、转速、燃油耗均处在稳定且较佳的状态，得到良好的动力性和经济性。反之，当阻力转矩 T''_{tqc} 大于柴油机标定转矩 T_{tqh} 时，柴油机进入速度特性区工作，使柴油机转速在大的范围内波动。如图 6-10 所示为推土机在牵引工况下，由阻力变化引起的柴油机载荷转矩 T_{tq} 随时间 t 的变化关系，其中高频的波动不影响柴油机转速，但是较低频率的较小周期波动将使柴油机转速处于不稳定的工作状态。这种波动将较大影响燃油供给系统正常工作，由于调速器的惯性滞后作用，将产生与载荷变化不适应的状况，如图 6-11 所示。在工程机械作业循环中，当减速时间比加速时间长时，就会出现载荷增加反而使供油量减少的现象，从而降低柴油机输出功率，也影响柴油机运行的经济性。当柴油机实际输出功率随着阻力转矩增大进一步下降时，一旦阻力转矩超过柴油机具有的最大转矩时，柴油机即发生熄火。另外，如图 6-11 所示柴油机外特性和相应工况下的调速特性是在油门处于满载全开位置下的状况。实际工作时，柴油机随外载荷变化，当油门处于部分载荷位置时，就在部分负荷的调速特性上工作，调速器起作用的转速相应降低。这样柴油机在一定范围内可自动适应外载荷的变化，并能控制柴油机怠速和最大转速，因此，工程机械柴油机几乎都采用全程式调速器。综上所述，为使柴油机满足工程机械变负荷的能力可用以下 3 个参数评价。

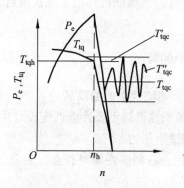

图 6-9 阻力矩变化相对柴油机性能特性的关系

117

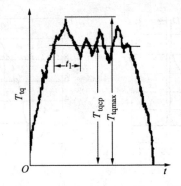

图 6-10　柴油机载荷转矩随时间变化

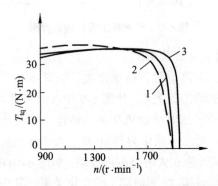

图 6-11　柴油机不同状态下调速特性

1—$\mathrm{d}\omega/\mathrm{d}t=0$；2—$\mathrm{d}\omega/\mathrm{d}t=-50\ \mathrm{s}^{-2}$；3—$\mathrm{d}\omega/\mathrm{d}t=50\ \mathrm{s}^{-2}$；$\omega$—角速度

①转矩适应性参数 Φ_{tq}：

$$\Phi_{\mathrm{tq}} = \frac{T_{\mathrm{tq\,max}}}{T_{\mathrm{tqh}}} \tag{6-13}$$

式中，$T_{\mathrm{tq\,max}}$ 为柴油机标定工况速度特性上的最大转矩；T_{tqh} 为柴油机标定工况下的转矩。

②转速适应性系数 Φ_{n}：

$$\Phi_{\mathrm{n}} = \frac{n_{\mathrm{eh}}}{n_{\mathrm{tq\,max}}} \tag{6-14}$$

式中，n_{eh} 为柴油机标定转速；$n_{\mathrm{tq\,max}}$ 为柴油机标定工况速度特性上最大转矩时的转速。

③稳态调速率 δ_{n}：

$$\delta_{\mathrm{n}} = \frac{n_{\mathrm{ez}} - n_{\mathrm{eh}}}{n_{\mathrm{eh}}} \times 100\% \tag{6-15}$$

式中，n_{ez} 为柴油机标定工况下调速特性上的最高转速。

以上 3 个参数是在工程机械柴油机选型及性能匹配设计中最重要的基本参数。

3）柴油机要有良好的使用适应能力

由于工程机械使用范围广泛，一般多在野外作业，因此，柴油机总体设计时必须考虑以下因素。

① 当在热带、寒带、沙漠和高原地区使用时，柴油机应能在±40 ℃ 环境温度下正常工作，要求低温下容易启动；高温下保证足够的冷却水和机油散热能力；在海拔 2 000 m 以上地区工作时，非增压柴油机应能有足够匹配功率储备，增压柴油机的增压器工作能力要充裕，不至于产生压气机喘振或由于排温过高造成涡轮损坏。

② 处于野外多尘环境下，必须安装高效率、大容量、低阻力的空气滤清器，防止柴油机产生过度磨损和拉缸。

③ 以铲土运输机械为代表的工程机械常常遇到地面凹凸不平，上下坡度大等工况。为减少车架变形对柴油机的承载影响，可采用三点支撑安装方式。润滑系统设计应保证柴油机在相对水平面纵倾 30°、横倾 25°条件下可靠运行。

④ 对液力传动的工程机械，除柴油机与液力变矩器良好的匹配外，变矩器传动油必须通过柴油机冷却系冷却散热；它与柴油机飞轮端之间应有良好的密封性，不至于产生相互窜机油问题；对于部分工程机械，柴油机应设置分动箱带动多个工作液压泵；对于液压传动，如单斗挖掘机等一类工程机械，要求柴油机前端能够输出部分或 50%以上的输出功率。

⑤ 为适应日益提高的环境保护标准和安全法规，以及改善操作人员的舒适性，当匹配设计时应尽可能降低柴油机的噪声，控制排气时有害成分的排放以达到有关标准的规定。为此，可采用低速大直径风扇，选用高效低阻力排气消声器，柴油机与底盘车架处加装隔振或减振器等降低噪声的设计措施。当用于地下、井内或隧道工地作业时，对排气排放、防火防爆等更有严格的要求。另外，随着在驾驶室安装空调器、取暖器、安全报警装置等日益普遍，应增加附属安装、传动、接头等结构的配置措施。

4）柴油机应有高的可靠性和耐久性

由前述可知，为适应工程机械的使用条件，柴油机的可靠性和耐久性已成为用户最迫切的要求之一，在某种程度上已成为产品市场竞争的首要因素。我国柴油机与国际品牌柴油机相比，可靠性和耐久性还存在一定差距。由于该指标涉及设计、制造、管理和使用等方面，作为柴油机设计者应采用可靠性设计技术，减少先天性缺陷，以及对产品进行严格考核试验是保证该指标的基础。

关于可靠性和耐久性评价，按相关标准规定，可选用以下 2 个参数表示。

① 平均无故障时间（h）=总试验小时数/柴油机故障次数。

② 机能率=[总运转时间/（运转时间+维护保养时间+故障修理时间）]×100%。

为此，在柴油机合理的性能匹配和总体设计时，应同时考虑柴油机可靠性和使用寿命（第一次大修期）的问题。除柴油机本身设计保证外，在配套设计时主要考虑以下环节。

① 根据工程机械要求，合理地进行柴油机选型匹配设计。例如：当选择主要性能参数时，要注意非常规工况（超载或超速），必要时加装控制和报警系统，在说明书中加以重点补充说明等。

② 严格要求柴油机配附件的选型及质量控制。由于目前配附件的故障率比例较高，因此，匹配设计时应选择技术成熟、质量可靠的零部件；可运用已引进技术的关键基础件，如活塞、活塞环、喷油泵、喷油嘴、轴瓦、传动带、密封件和电气件等；尽量减少不必要的零件，并应通过配套可靠性和用户使用考核。

③ 为用户提供良好的技术服务和提高使用保养水平。在走向市场经济之后，工程机械用户及作业工况有了很大的变化，其作业的突击性和长时间运转可能性大大增加；并要求尽量

减少使用成本。因此，及时和正确的做好售前配套技术，加强售后用户使用保养技术培训，也是提高产品可靠性和耐久性的一项重要工作。

我国工程机械柴油机大修期普遍≤10 000 h，国际品牌机可达15 000 h以上；我国工程机械柴油机平均无故障间隔期普遍≤2 000 h，国际品牌机可达5 000 h。

2. 匹配设计的基本步骤

工程机械柴油机匹配设计主要包括柴油机与整机的总体匹配设计，以及柴油机本体各附属系统的合理配置设计。除了新开发的柴油机系列外，大部分匹配设计是在某系列柴油机的基本型号的基础上，适合于某种工程机械的变型配套设计。其设计在工程上常用 4 种方法，并往往针对具体机型综合使用。

① 比拟法：亦称类比法，即以同类配套基本机型作为参照机型，其各种参数与主参数（如配套比功率）有一定关系，且结构、工作条件相近，应用相似理论进行参数换算，确定所配套设计机型基本参数。

② 查表法：在大量统计国内外同类型柴油机的匹配参数的基础上，选取合适的所需参数和结构基本尺寸，再进行必要的匹配计算后确定。

③ 按标准选定法：从现有国家标准、企业有关柴油机系列标准规定范围内的成熟机型中进行选用。

④ 分析计算法：按拟定结构匹配方案，从理论或试验数据基础上分析计算确定配套机型的参数值。

在确定基本参数后，再进行技术设计，匹配设计的基本步骤如下。

（1）由工程机械用户或生产企业提出其用途、功能、作业方式、作业负载工况、工作环境；要求匹配柴油机的基本参数，如功率、转速、转矩及适应性系数、调速率；提出柴油机总体长宽高尺寸、安装要求等，并提供配套意向书。

（2）柴油机生产企业根据工程机械匹配要求，逐项分析，并从性能、结构、可靠性和经济性等方面综合分析，收集国内外有关技术资料，选取能满足其基本要求的柴油机系列或机型；同时，确定所需配套柴油机技术规格和结构形式的初步方案。

（3）在工程机械主机方（需方）和柴油机总成（供方）充分协商后，双方签订柴油机试制技术协议书或配套合同，作为供方的设计、供货依据。

（4）柴油机配套设计师，在全面理解技术协议的技术要求基础上，进行总体方案设计，涉及性能的应进行性能匹配台架先行试验；对成熟机型仅需进行各附属系统配置设计，然后进行工艺、生产、经济等因素综合分析后，经方案评审，最后确定设计方案并取得需方认可。

（5）由总体方案展开进行各零部件图样技术设计和制订验收技术条件或质量标准，技术设计时尽可能采用新结构、新材料等成熟先进技术，经工艺、标准等部门会审后进行样机试制。

（6）对提供的试制样机进行装配性检查，然后进行性能试验、可靠性考核，其结果应达到技术协议的要求，并应符合《工程机械用柴油机技术条件》有关项目的规定。

（7）试制合格的柴油机样机提供主机试配套，并按有关工程机械标准进行定型试验，包括双方共同派人员进行安装适应性与传动装置匹配试验，整机作业性能试验，冷却润滑能力试验，环境适应性试验及整机实际作业可靠性运行试验等项目。

（8）由需方将配套、试用考核结果反馈给供方，设计师应对柴油机匹配设计问题和质量缺陷及时改设计，并纳入图样、技术文件中。柴油机通过技术评定或鉴定后，才可以投入批量生产、供货。

6.2.2 匹配的方法与程序

6.2.2.1 性能匹配与参数控制

合理的性能匹配是为了充分利用柴油机的有效功率，发挥工程机械的最大生产率以及获得较低的燃油消耗率。由于各类工程机械作业状况、传动方式的差异，柴油机性能特性与某种工程机械的匹配要求有所不同。因此，仅对部分具有代表性的工程机械柴油机性能匹配关系和性能参数的控制，结合工程上常用的方法加以说明。

1. 典型工程机械与柴油机的性能匹配

1）履带式推土机的性能匹配

履带式推土机配套的柴油机可通过机械传动、液力传动、机械液力传动 3 种方式输出功率。前两种传动方式的比较如图 6-12 所示，从图 6-12 中可以看出在同样的行驶速度下，机械传动比液力传动输出功率大，传动效率较高，但其范围较窄，需设置多排挡控制来适应外载荷的变化；液力传动在整个速度范围内，能自动、无级变速的吸收功率，最大地利用柴油机功率，很好地适应外载荷变化，但传动效率较低，与这两种方式相应的柴油机的速度调速特性匹配关系分别如图 6-13 和图 6-14 所示，而机械液力传动匹配介于上述两者之间。目前，一般小型推土机多用机械传动，大型推土机多用液力或机械液力传动。

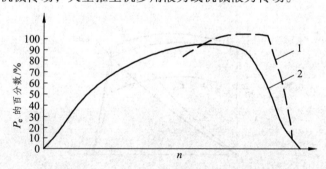

图 6-12 机械和液力传动输出功率曲线比较

1— 机械传动；2— 液力传动

由于推土机工作负荷大，工作条件恶劣，在满足合理性能匹配的基本条件下，其标定有效功率、转矩适应性和转速适应性系数选取偏向上限，并应有较大性能匹配储备，因此，要求柴油机几乎用全功率匹配，并保证运行工况点处于调速特性状态工作。由图 6-13 可知变速箱 I 挡最大牵引力 F_{kp} 处于柴油机特性上的最大转矩点，并与推土机总质量（12 t）接近，匹配比较合理；同时其 I 挡最大的功率 P_e 点处于打滑极限之下，充分利用了柴油机的功率；随着车速 v 降低，牵引力明显提高；最低油耗率 b_e 也处于最大转矩点附近。图 6-14 为柴油机与变矩器的匹配，因为变矩器有一个传动比 $i=0 \sim 1$ 的匹配范围，因此，工程上选择变矩器 i=0

时的失速负荷抛物线与柴油机速度特性交点应比最大转矩时转速高 100 r/min 左右，并注意其失速转速不能过低，否则会造成变矩器泵轮启动空载转矩过大，而影响柴油机启动性能，一般使变矩器达到最高效率（$\eta_{Tmax}=0.75$）时的负荷抛物线，通过柴油机净功率速度特性上的标定功率点，以充分利用柴油机的功率。

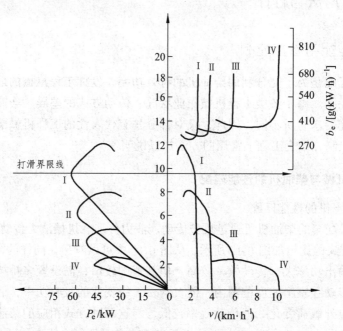

图 6-13　推土机机械传动时与柴油机的匹配特性

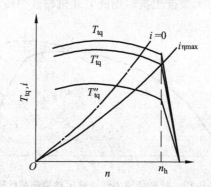

图 6-14　推土机液力传动时柴油机与变矩器匹配的输入特性

T_{tq}—柴油机总功率时转矩特性；　T'_{tq}—柴油机净功率时转矩特性；

T''_{tq}—减去液压泵消耗功率后柴油机转矩特性

2）轮式装载机的性能匹配

轮式装载机常通过液力变矩器输出功率，此时柴油机与变矩器共同的匹配曲线如图 6-15 所示。相应功率匹配有两种情况：一种是"全功率匹配"，即使变矩器最大效率时的负荷抛物线通过柴油机标定转矩点 A，它充分利用了柴油机的最大功率，但是在铲掘工况下，工作泵全负荷工作，柴油机转速相应下降，使输出功率减小过多而降低了生产率；另一种是"部分功率匹配"，即在扣除工作泵最大工作压力消耗的转矩之后，再与变矩器相匹配，使变矩器最大效率时的负荷抛物线通过 B 点，此时就保证了铲掘工况时最大功率的利用，但使行驶工况时的牵引功率有所下降，经济性随着降低。因此，当工程上实际匹配时，一般使变矩器最大效率（η_{Tmax}）时的负荷抛物线相交于调速特性上的 C 点，较柴油机标定转速高 50 r/min 左右。

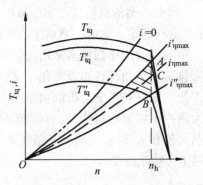

图 6-15　装载机用柴油机与变矩器匹配的输入特性

3）压路机的性能匹配

作为压实机械代表的压路机有多种形式，与柴油机直接相配使用得最广泛的传动方式有通过主离合器、变速器等组成的机械传动，以及由液压泵、液压马达、液压阀等组成的液压传动。由于压路机的主要作业工况为慢速行驶和中等负荷的压实过程，因此，要求柴油机的性能匹配与铲土运输机械有较大差别。表 6-3 和表 6-4 列出了瑞典戴纳帕克公司 CA（轮胎驱动）和 CC（双轮串联）系列典型的载荷过程。

表 6-3　CA 系列振动压路机载荷比例

工　况	转矩百分数/%	速度百分数/%	时间百分数/%
运　输	30	100	14
一般压实	50	65	60
艰难压实	65	65	20
爬　坡	80	30	5
瞬时最大载荷	100	5	1

表 6-4　CC 系列振动压路机载荷比例

工　况	转矩百分数/%	速度百分数/%	时间百分数/%
运　输	33	100	10
一般压实	40	60	53
艰难压实	46	42	30
爬　坡	60	48	5
瞬时最大载荷	100	18	2

明显看出，振动压路机大部分作业时间里，柴油机转矩利用率不大于 65%，瞬时最大负荷时间仅占 1%～2%。为此，当在柴油机选型或确定其最合理的功率匹配时，应将可能同时发生的消耗功率因素组合，取其最大的组合功率，并考虑瞬态过载等因素，一般仍以柴油机调速特性为基础，选取柴油机的间歇功率Ⅱ（1 小时功率）和转矩作为标定工况，且不过于苛

刻要求转矩适应性系数。

4）单斗液压挖掘机的性能匹配

一般小型液压挖掘机多用定量液压泵、定量马达调速系统，此时液压泵流量与柴油机转速有关，不随外载荷变化而改变。因此，柴油机标定功率以液压泵最高压力来确定驱动功率，通常以间歇功率 I（15 分钟功率）进行标定。此时，整机平均负荷仅为最大负荷的 60% 左右，柴油机功率不能得到充分利用。中大型液压挖掘机多采用变量泵、定量马达或变量泵、变量马达调速系统，其液压泵流量随排量和柴油机转速而变化，这样挖掘机作业时可自动调节负荷和速度，并经常在满负荷下工作，充分利用柴油机的功率，因此，柴油机常以标定净功率作为工况点。如果液压泵在最大压力下作恒转矩输出，则液压泵消耗功率与柴油机功率匹配关系如图 6-16 所示，此时柴油机只能在 n_1 和 n_h 之间的各挡转速下运行。同时，柴油机均采用全程调速器，对速度特性和调速率无特殊的要求。

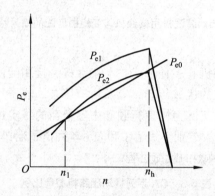

图 6-16　变量泵调速系统液压挖掘机与柴油机性能特性匹配关系

P_{e1}—柴油机标定功率特性；P_{e2}—柴油机标定净功率特性；P_{e0}—液压泵工作特性

2. 主要性能参数的选择和确定

1）标定功率 P_{eh}

（1）P_{eh} 的一般计算法。

在已知工程机械所需牵引力和各种工作泵的基本参数后，根据功率平衡原理进行估算和换算，可分别以下 2 种情形估算柴油机的标定功率。

① 最大功率法：当工程机械载荷变化大，所需功率变化很大时，可按消耗的最大功率确定柴油机的标定功率 P_{ehmax}（kW），即

$$P_{eh\,max} = \frac{F_{kp\,max}\,v_1}{3\,600\eta_1} + \sum_{i=1}^{n} \frac{p_i Q_i}{60\eta_{pi}} \tag{6-16}$$

式中，$F_{kp\,max}$ 为最大有效牵引力，N；v_1 为第一挡时行驶速度，km/h；η_1 为第一挡时传动效率；p_i 为各工作泵标定工作压力，MPa；Q_i 为各工作泵理论流量，L/min；η_{pi} 为各工作泵效率。

② 平均功率法：当工程机械负荷无规则变化时，可按平均功率确定柴油机的标定功率 P_{ehm}（kW），即

$$P_{ehm} = \frac{F_{kpm}}{3\,600\eta_1} + \sum_{i=1}^{n} \frac{p_i Q_i}{60\eta_{pi}} \tag{6-17}$$

式中，F_{kpm} 为平均有效牵引力，N；其余同上。

上述公式表明：工程机械柴油机的标定功率，由整机克服各种阻力和损失所需的有效牵引力转换的功率，以及与各工作液压油泵消耗的功率两部分之和组成。当针对某种工程机械时，可按其作业工况和条件转换成具体公式进行计算。例如：液力传动的轮式装载机，一般可以分别计算牵引工况和行驶工况下所需的功率，然后取其较大值作为柴油机标定净功率。

按牵引工况计算功率 P_{eh}（kW），即

$$P_{eh} = \frac{F_{kph} + Wf}{3\,600\eta_m\eta_t} + \sum_{i=1}^{n}\frac{\Delta p_i Q_i}{60\eta_{pi}} \tag{6-18}$$

式中，F_{kph} 为标定牵引力，N；W 为装载机总重量（转换为重力），N；f 为滚动阻力系数，查阅有关资料数据选取，粗略计算时取 $f=0$；η_m 为机械传动效率，取 0.90～0.92；η_t 为液力变矩器效率，取 0.75；Δp_i 为工作泵进出口压力差，MPa；Q_i，p_i 同上。

按运输工况计算功率 P_{eh}（kW），即

$$P_{eh} = \frac{[Wf + KSv_{max}^2/(3.6)^2]v_{max}}{3\,600\eta_m\eta_t} + \sum_{i=1}^{n}\frac{\Delta p_i Q_i}{60\eta_{pi}} \tag{6-19}$$

式中，S 为机械迎风面积，m²；K 为流线型系数，取 0.6～0.7 N·s²/m⁴；v_{max} 为最大行驶速度，km/h；其余同上。

（2）P_{eh} 的类比统计法。

根据有关工程机械和柴油机标准，特别当对现有产品进行变型设计时，可采用类比已有国内外同类机型的统计或经验公式进行初算，这是一种工程上较简便、可靠、实用的方法。表 6-5 列出了部分工程机械柴油机标定功率估算资料数据。

表 6-5　部分工程机械柴油机标定功率统计资料

工程机械	比功率计算公式	经验统计资料
推土机	$P_{eh}/m=5.6\sim 9.0$ kW/t 式中，P_{eh} 为柴油机标定功率 Ⅱ，kW；m 为整机质量，t 履带式取较小值，轮式取较大值	某公司推荐履带式推土机标定净功率（kW）： $P_{eh} = \Phi_{PK}mv_{min}/\left[(1-\delta)\eta_m \times 0.37\right]$ 式中，Φ_{PK} 为牵引系数，取 0.9；m 为整机质量，t；v_{min} 为最低行驶速度 km/h；δ 为履带打滑率，取 10%；η_m 为机械总传动率，取 0.9
装载机	履带式 $P_{eh}/m=5.6\sim 6.8$ kW/t $P_{eh}/Q=50\sim 75$ kW/m³ 轮胎式 $P_{eh}/m=7.5\sim 9.8$ kW/t $P_{eh}/Q=45\sim 65$ kW/m³ 式中，P_{eh} 为柴油机标定功率 Ⅰ，kW；Q 为铲运标定容量，m³；m 为整机质量，t	根据国内外 30 余种轮式装卸机统计公式： $P_{eh} = (28.614m_W + 63.62)/1.36$ (kW) 式中，m_W 为铲斗载质量，t
压路机	静碾机 $P_{eh}/m=3\sim 4$ kW/t 振动式 $P_{eh}/m=6.5\sim 8$ kW/t 式中，P_{eh} 为柴油机标定功率 Ⅱ，kW；m 为整机质量，t	

工程机械	比功率计算公式	经验统计资料
单斗式挖掘机	$P_{eh}/Q = 50 \sim 110 \text{ kW/m}^3$ 式中，P_{eh} 为柴油机标定功率 I，kW；Q 为铲斗容量，m^3	标准推荐数据（中、大型）：（斗容量/m^3）/（标定功率/kW） 0.56/60 ~ 70，0.6/70 ~ 80，0.8/80 ~ 100，1.0/90 ~ 120，1.25/110 ~ 130，1.6/130 ~ 160，2.0/170 ~ 210，3.0/210 ~ 240，4.0/250 ~ 330，5.0/350 ~ 420，6.3/430 ~ 525，8.0/550 ~ 670
铲运机	单轴驱动式 $P_{eh}/m = 15 \sim 20 \text{ kW/t}$ 式中，P_{eh} 为柴油机标定功率 I，kW；m 为整机质量，t	单轴驱动数据：（整机质量/t）/（标定功率/kW） 5.0/73.5，7.5/118，11.0/184，15.0/294

2）标定转速 n_{eh}

n_{eh} 是表征柴油机升功率的一个重要参数，现代工程机械柴油机升功率有较大差别。目前，在工程机械柴油机中，汽车轮式起重机主柴油机、叉车用柴油机的转速与载重汽车用柴油机转速相接近，而其他类型工程机械比同等功率车用柴油机的转速要低一些。同时，标定转速与柴油机性能特性、整机上传动机构传动比、离合器、变矩器选型以及柴油机使用可靠性、寿命等均密切相关。按目前国内外工程机械柴油机统计情况，常用标定转速如表 6-6 所示。

表 6-6　中大型工程机械柴油机常用标定转速范围

工程机械名称	推土机	装载机	铲运机	压路机	挖掘机	汽车轮式起重机（下车）
柴油机常用标定转速/（$\text{r} \cdot \text{min}^{-1}$）	1 800 ~ 2 100	2 000 ~ 2 400	1 900 ~ 2 100	1 500 ~ 2 400	1 500 ~ 2 000	1 800 ~ 2 200

3）最大转矩 T_{kpmax} 和转矩适应性系数 ϕ_{tq}、转速适应性系数 ϕ_n 的关系

在柴油机标定工况下，保持燃油泵油门位置不变，改变外载荷，可得到柴油机功率 $P_e = f(n)$，转矩 $T_{tq} = f(n)$ 及燃油消耗率 $b_e = f(n)$ 的关系曲线，如图 6-17 所示。图 6-17 中表示工程机械动力性能的曲线 $T_{tq} = f(n)$，曲线上的最大转矩 T_{tqmax} 和相应转速 n_{tqmax} 分别与标定工况下的转矩 T_{tqh} 和转速 n_{eh} 的比值，表征柴油机过载能力的转矩适应系数 $\phi_{tq} = T_{tqmax}/T_{tqh}$ 以及表征柴油机承载时转速下降程度的转速适应系数 $\phi_n = n_{eh}/n_{tqmax}$。

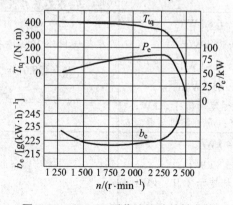

图 6-17　6105G 型柴油机外特性曲线

按现有工程机械柴油机统计：ϕ_{tq}=1.10 ~ 1.40，ϕ_n = 1.3 ~ 2.0。一般当工程机械采用机械传动时，选取较大的 ϕ_{tq} 值，有时为了得到大的 ϕ_{tq} 值，可在燃油泵上采用油量校正装置。当 ϕ_n 值较大时，可改善柴油机对负荷变化的适应范围，同时当外载荷变化较大，转速下降又不足以克服时，操作人员可有足够的换挡时间；反之 ϕ_n 值不能过小，否则将影响装载机类工程机械的作业速度。

4）标定稳态调速率 δ_n

柴油机在标定工况下运行时转速为 n_{eh}，当卸去全部外载荷时，调速器将起作用，柴油机以稳态最高转速 n_{ez} 运行，即得到标定稳态调速率 δ_n= $\left[\left(n_{ez} - n_{eh} \right) / n_{eh}\right]$ ×100%。

δ_n 值表征柴油机空载运行时，最高转速相对标定工况转速的变动程度，δ_n 值过大表示稳定性较差；δ_n 值过小则是灵敏度过大。因此，工程机械柴油机宜取 δ_n=8% ~ 12%。同时调速器可控制柴油机最大空载转速，以防止意外引起的"飞车"事故；还可控制柴油机最低稳定转速（怠速）一般为 500 ~ 700 r/min。

6.2.2.2 总体结构匹配设计

在柴油机性能合理匹配的基础上，初步确定了柴油机的选型，然后根据工程机械总体设计要求或配套技术协议的规定，进入柴油机总体结构构思及技术设计。这里重点介绍量大面广的直列型柴油机总体匹配设计的基本原则。

1. 配置方式的适用性

柴油机在工程机械上配置，相对于驾驶室主要有后置式和前置式，它直接与传动、冷却、进排气和支承安装系统合理布置有关。无论何种布置都要考虑以下 3 个因素。

① 整机工作的稳定性。柴油机部位涉及整机的质心位置，并常用来平衡工作装置的部分质量。

② 整机工作的通过性。柴油机安装在机架上应保证整机的最小离地间隙，不同类型工程机械设计有不同要求，参考值如表 6-7 所示。

表 6-7　部分中型工程机械最小离地间隙

工程机械名称	装载机	推土机	压路机	铲运机	单斗挖掘机
最小离地间隙/mm	≥350	≥300	≥300	≥400	≥400

③ 驾驶人员的良好视野。柴油机进、排气系统的空滤器或消声器等附件，当布置在机罩上方时，需保证驾驶人员在作业时有较开阔的视野。

2. 总体外形紧凑性

随着工程机械的发展，不但要求柴油机单位体积功率增加，而且要求柴油机在机罩下的有限空间内能较宽敞的布置各种附件，例如：柴油机曲轴中心线以下外形宽度尺寸受车架大梁间的安装尺寸限制，需由工程机械和柴油机设计师共同商定。同时，对于容易局部突出的增压器、冷却器、滤清器、启动电机、散热器及管路零件要在总体结构方案设计中进行周密的安排，力求布置合理、外观简洁整齐。

3. 附件布置合理性

在工程机械柴油机总体布置中，各个系统附件布置是配套设计的重点内容，并且是产品具有市场竞争力的条件之一。一般应注意以下几个问题。

①涉及气、油、水的附件和管路要有顺畅的进出空间，不能有过大的阻力，冷热气流不能相互干扰。散热器与风扇布置应与整车行驶方向相配合。

②必需留有燃油泵、"三滤"器、消声器、散热器、传动带张紧装置、放油或加油口、放水阀、油尺和报警器等附件的维护保养和检查观察的空间，以及保证气门间隙、喷油提前角、曲轴转角等调整的活动空间。

③应保证柴油机某些特殊性能和使用要求。例如：对冷却、润滑系统要专门进行热平衡工作能力计算和试验；增压器不应承受排气管的载荷；应有低温启动附件的安装位置；同时，还应有防止水、机油渗入电气元件等机构。

4. 连接、支承结构牢靠性

柴油机与整机机架和传动系的安装连接十分重要。除了互相连接的尺寸要相配外，还应保证柴油机不受整机机架变形或振动冲击而受损坏，还应采取合理的支承结构和减振措施。对于柴油机支承、飞轮壳、强力连接螺栓应核算被驱动件的最大反转矩作用下的零件或连接的牢靠性。同时，应考虑柴油机及其附件在各个方向上受热后的膨胀量，以及配套后整个轴系的振动和热膨胀对轴向间隙的影响。

5. 良好的安全性和舒适性

总体布置时应注意转向、离合、制动、空调和取暖等附属装置的布局及传动方式涉及噪声、振动的问题。因此，除了性能上的措施外，结构上也应考虑以下措施。

①旋转零件，如风扇、传动带、传动轴等不直接外露，应加防护罩等措施。

②燃油、机油不应该接近或易溅向排气管、增压器等高热零件表面，并应有隔离措施。

③仪表、电线和接头应具有良好的绝缘性能，并隔离高热零件。

④柴油机整机安装和附件布置应同时采取隔振、减振措施，防止附加振动和噪声。

6. 保证整机的可靠性和耐用性

据统计，国内工程机械柴油机故障率占整机故障率的 30% 以上；按柴油机各系统分，其燃油系统、润滑系统、冷却系统、电气仪表系统中"泵"件及橡胶管件、油封等零件又占 80% 以上，其中柴油机的油、气、水"三漏"成为常见故障表现形式。因此，当总体匹配设计时，减少设计的先天性缺陷，严格控制制造过程，实施产品可靠性系统工程管理，是提高产品可靠性的重要手段。

6.3 内燃机与船舶的合理匹配

6.3.1 匹配的特点与基本要求

1. 船舶柴油机使用和技术特点

1）柴油机特性应适应多变工况

柴油机作为推进主机，按螺旋桨特性将其功率通过轴系传给螺旋桨，螺旋桨在水中旋转产生的推力克服船舶航行阻力使船舶保持一定航速。由于船舶航行在多变的环境中，螺旋桨转速变化范围很大，因此，要求柴油机在宽广的负荷变化范围内稳定工作。柴油机不但要在正常航行条件下应具有最好的动力性、经济性，而且还要在部分负荷下必须具有良好的配合特性。

如图6-18所示为某440 kW拖网渔船航行特性，表示螺旋桨吸收功率P_e与航速v_H的关系。A为设计航速和功率交点，OGA为克服船体阻力所需要的自由航行时的推进特性曲线。OC为系泊工况时的推进特性曲线，于是$ACDG$阴影部分为渔船在拖网工况时的工作范围。渔船在往返渔场和转移渔场下，要求有尽可能大的航速，柴油机应发出尽可能大的功率，其螺旋桨工况类似一艘运输船。而在拖网作业下，则要求有尽可能大的拖力，柴油机应能在低速下发出大的转矩，这时螺旋桨的工况与拖轮相仿，这两种工况有完全不同的性能要求。

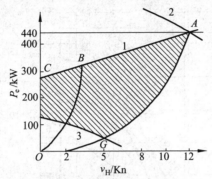

图 6-18　拖网渔船航行特性

1—等标定转矩线；2—等标定转速线；3—等标最低转速线

2）柴油机应有良好的使用适应性

为了保证船舶安全可靠航行，柴油机还必须满足以下要求。

（1）启动方便迅速。

无论热态还是冷态，柴油机在机舱温度高于5 ℃下要迅速启动，并要求消耗的能量（电能及压缩空气）尽可能省。

（2）变速换向可靠、快捷。

船舶航行时，要求柴油机能在最高至最低转速范围内任意变速，且能持久的保持所需转速。当较低船速作业时，柴油机应具有良好的低速工作能力和向高速转换的加速性能。船舶在离靠码头、避免搁浅和系缆时，需快速倒车，即换向时间要迅速而连续。

（3）能适应纵、横摇摆。

当船舶航行遇到大风浪时，将产生周期性摇摆，螺旋桨可能周期地露出水面，柴油机的负荷、转速随之波动，润滑系统应保证在允许的纵横倾斜度内有可靠的工作能力。

（4）具有应急能力。

船舶在航行途中，一旦柴油机发生故障，无法修复时，柴油机应能在停缸或停增压器等情况下仍连续运转，维持船舶继续航行。

（5）适应遥控和自动控制。

为改善轮机人员的环境条件，对柴油机采用操纵室或驾驶台遥控或自动控制形式，因此，柴油机应配置各种报警信号、安全报警、连锁保险和自动调整等装置。

2. 船舶柴油机匹配设计基本要求

1）柴油机具有宽广的功率和转速允许范围

根据船舶航行特点，要求柴油机的功率、转矩及转速在很大的范围内变化，但为了使柴油机安全可靠工作，并达到一定寿命，应限制在一个允许的运转工作范围内。如图 6-19 所示为一台高速强化柴油机允许工作范围曲线，主要有气缸允许的最高燃烧压力，废气涡轮增压器的极限转速、极限排气温度、排气烟度以及涡轮增压器的喘振等。图 6-19 中最高转速的限制是保证柴油机在相应寿命内安全可靠运转的转速界限，此极限约为标定转速的 120%；最低转速的限制是保证柴油机不至于在过低转速下运转不稳定，同时对最低负荷也作出限制，通常为标定负荷的 10%~25%。

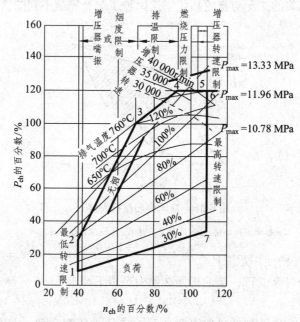

图 6-19 柴油机功率极限与允许工作范围

通常柴油机制造者，一般在使用说明书或有关技术文件中都规定柴油机允许工作范围或给出若干限制技术参数，这个范围越大，则柴油机使用工况变化也越大，扩大了运行范围。

2）常用工况下具有良好的使用经济性能

作为船舶主机的柴油机当驱动螺旋桨时，应使其推进特性线正好通过万有特性线中的低油消耗率区域，这样在各种负荷下工作时都将获得较好的经济性。因此，柴油机在整个工作范围内，最小燃油消耗率闭合曲线所包围的区域越大，与推进特性线形状越相符，就越适用于船舶主机，如图 6-20 所示。再从如图 6-21 所示的 $Z6170Z_LC_z$ 型柴油机推进特性曲线来看，在 70%~110% 标定功率的常用负荷范围内，燃油消耗率处于低油耗区（见图 6-21 中 $K—K$），柴油机的工作特性比较经济合理。

3）各工况下具有一定的功率储备

由于柴油机工作环境不同，考虑船舶航行中由于船体阻力急增引起超负荷的各种因素，以及柴油机经长期使用后性能降低的影响，所以船用柴油机以持续功率或陆用基本型柴油机标定功率的 90% 作为匹配的标定功率，使功率留有一定的储备。

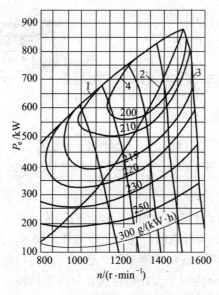

图 6-20　Z12V190BC1 型柴油机万有特性

1—外特性；2—推进特性；3—调速特性；4—等油耗曲线

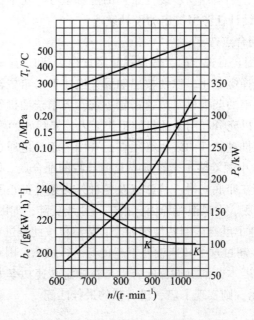

图 6-21　Z6170Z$_L$C$_Z$柴油机推进特性

3. 匹配设计方案的主要内容

根据船舶产品技术任务书进行机桨匹配，实际上是系统工程设计，它包括主机选型、传动形式、螺旋桨配置、轴系设计、机舱布置等，如图 6-22 所示；并进行不同方案的论证、比较与选择。柴油机与螺旋桨合理匹配设计的原则是：既要充分利用柴油机功率，又要在运转工况内，使柴油机的功率不超出允许的范围，能实现较完美的"机配船"的船机桨匹配，同时得到高的经济性、可靠性和较长的使用寿命。主要考虑如下几个方面。

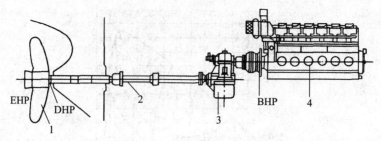

图 6-22　某船推进装置简图

1—螺旋桨；2—传动轴；3—齿轮箱；4—柴油机

1）主机选型与机桨匹配设计

主机选型与螺旋桨的匹配设计密切相关，机桨的匹配设计是通过船、机、桨的匹配计算和分析，选定主机型号和螺旋桨参数的。在满足设计技术要求（如航速、桨径、转速、功率）并考虑油耗、造价、吊缸高度、振动等因素下，选择一套包括螺旋桨和主机在内的最佳推进系统。机桨匹配设计过程可分为初步设计和终极设计两个阶段，初步匹配设计根据船体主尺度、航速、有效功率曲线进行分析、论证和计算，得出所需的主机功率和螺旋桨最佳转速或直径，从而初步选择主机型号；这时选择的主机型号，其功率与转速往往不完全与初步设计的计算结果相一致，因此，必须以初步设计选择的主机型号、功率、转速为基础，匹配一只效率最高的螺旋桨以达到设计任务书提出的设计航速。

2）船、机、桨设计配合点选定

当机、传动、桨、船配合点选定时，假定螺旋桨直径 D_L 和进速 v_L（或航速 v_H）等参数已确定，则设计者主要是选择螺矩比，以便按船舶设计航速得出希望转速；然后结合船体阻力和航速要求去寻找所需功率的柴油机及减速齿轮系统。要求柴油机发出的标定功率和标定转速均在设计工况点 A 上，以充分利用柴油机的工作能力，如图 6-23 所示，这样柴油机全负荷速度特性线就确定了。而推进特性曲线也必须在配合图上正确地通过柴油机的标定功率与标定转速的交点，如图 6-23 中螺旋桨 1 交点 A 点是所寻找的配合点。但是，柴油机与螺旋桨的这种理想配合情况，只有在船底光滑、清洁以及各种外界条件都正常，以及柴油机是新机器时才能实现。由于船体污底、大风浪等原因，推进特性线变陡，如图 6-23 中曲线 2 所示。该曲线在低于 n_{eh} 的某个转速下就与限制特性线相交，柴油机按此推进特性线工作时，在较低的转速 n 下就达到全负荷，超过这个转速就处于超负荷运行状态。因此，当选配螺旋桨配合点时，必须考虑功率储备。若本柴油机推荐配合点是在标定转速功率为 85% ~ 90% 下的标定功率，如图 6-23 中 C 点所示，则实现了船、机、桨的最佳匹配。

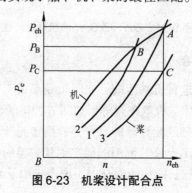

图 6-23　机桨设计配合点

6.3.2 匹配的方法与程序

6.3.2.1 船舶柴油机工况标定

1. 柴油机推进特性工况

当柴油机作为船舶主机、在船舶的某一工况下工作时，就决定了柴油机、螺旋桨的运转点。由于螺旋桨所需功率 P_e 与转速 n 的三次方成正比，若不计传动损失，则螺旋桨的吸收功率等于主机功率，即 $P_e=Cn^3$，如表 6-8 所示。按柴油机推进特性工作，可以同时表示柴油机各性能指标随转速（或负荷）变化的情况。

表 6-8 推进特性工作的工况

序　号	相对标定转速/%	相对标定持续功率/%
1	63	25
2	79.5	50
3	91	75
4	96.5	90
5	100	100
6	103	110

2. 柴油机功率的标定

功率是衡量柴油机工作能力的重要参数。柴油机各零部件结构强度有一定限制，为了保证柴油机能够持久可靠运行，对于柴油机所能发出的有效功率与实际使用所限定的使用范围是有所区别的。我国通常以持续功率或 12 h 功率作为船舶的功率标定。

规定可直接倒转的船用主机，其倒车功率不得小于正车标定功率的 85%。

作为特例，由于柴油机的功率标定条件不同，当将陆用柴油机装船使用时，由陆用的 90% 标定功率作为船用的标定功率；又由于船用环境湿度增高，还应扣除 6% 的功率。例如：当将 6135 型陆用柴油机装入船上时，标定功率就由原来的 88.2 kW 变成船用的标定功率 73.5 kW。

对于船用柴油机的功率来说，应考虑不同航区的环境条件。因此，有关船舶的规范中都规定了标准环境和无限制航区环境条件下的功率。

柴油机在实际使用时，为确保正常运行，柴油机输出功率应按 GB/T 3254.1 的规定进行修正；也可参阅如图 6-24 所示的柴油机功率修正图。从图 6-24 中可查出：标准环境条件下的功率修正系数 $\alpha=1$，而无线航区环境条件下功率修正系数 $\alpha=0.896$，也就是用在无限航区船舶上的主、辅机输出功率将要降低 10% 左右。

一般 12 h 标定或持续标定的柴油机在部分负荷运行下经济性变差，为了充分利用船舶主机在低速运转时的储备功率，提供机桨联合运行更好的经济性，可采用可调节距型螺旋桨（调距桨）。调距桨是一种桨叶螺旋面可相对桨叶轴线转动的螺旋桨，借助一套转叶机构改变桨叶螺距。这样一来可使船机在航行中沿外特性工作，而不再沿螺旋桨特性工作。节距从正值调到负值，即可实现船舶的倒航。

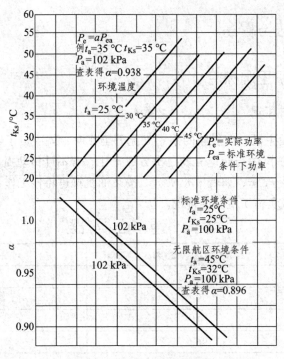

图 6-24　柴油机功率修正图

3. 柴油机转速的标定

当与船舶匹配时，柴油机的转速也是一个重要参数，如表 6-9 所示，为一般船舶的螺旋桨转速。主机转速要适应所匹配的螺旋桨转速，以提高船舶的推进效率。对于低速柴油机，在大多数情况下采用直接传动，主机的转速即为螺旋桨的转速；对于中、高速柴油机，必须带减速齿轮箱传动，以使螺旋桨获得理想的转速。因此，根据前面机桨匹配计算，确定螺旋桨最佳转速后，以及考虑船舱内总体布置要求后，进行柴油机选型；反之，若柴油机已定型，则通过传动装置或齿轮箱选型达到最佳匹配转速。

表 6-9　一般船舶的螺旋桨转速

船种	船速/（km·h^{-1}）	桨转速/（r·min^{-1}）
客轮	18～24	120～200
货轮	14～16	90～120
渔轮	10～13	250～300

6.3.2.2　船舶柴油机总体结构匹配设计

船舶柴油机设计和制造部门要实现理想的"机配船"，在柴油机性能合理匹配的基础上，还需进行满足船用条件的总体配置设计。

1. 柴油机总体结构布置

1）总体布置应紧凑合理

随着内河和海洋运输事业发展，不但要求柴油机单位体积功率增加，而且还力求柴油机总体布置紧凑，外形尺寸小，外观整齐，以求提高船舶的装载容积，降低船舶营运成本。例如：柴油机的长度决定了机舱的长度；柴油机的高度需保证主机维护保养时有足够起吊活塞连杆等零部件的空间，同时也决定了机舱的高度；决定船宽的机舱宽度对柴油机的宽度尺寸有较严格的要求，在柴油机两侧需留必要的通道，便于就近操作和保养维修；当选用"V"型柴油机时，两列夹角一般不大于60°。

2）适应船舶的特殊结构配置

①采用双循环水冷却系统和保证在风浪航行下可靠供给机油的润滑系统。

②中、小型渔船用柴油机前端设计要求能输出65%以上功率，以便拖动渔网等捕捞作业的装置；后端输出结构应符合有关SAE标准或齿轮箱的安装尺寸。

③对于双机双桨布置的船舶，柴油机应有左、右机的机型。为了便于使用、保养，其主要附件的安装位置呈左、右对称布置，同时设计时要考虑有尽可能多的零件在左、右机上通用。

④为减小机舱振动，应选用平衡性良好的柴油机，气缸数多大于6；并应有减小整个匹配轴系扭转振动的措施。

⑤柴油机上必需配置保证轮机人员操作安全的措施，如高温零件增压器、排气管等均需采取隔热措施，以降低机舱温度。

⑥柴油机上有关零部件，如电器、仪表外露件应有良好的抗盐雾、防腐蚀性能。

3）附件布置应便于装拆

由于船舶往往独立地在河流或海洋上航行作业，因此，柴油机安全又可靠的运行是至关重要的，要求一旦发生故障能及时而方便地修复。所以总体布置应保证"三滤"器、散热器、进排气管、冷却水泵等附件易于装拆，以及常用的手动充油泵、机油加油口、机油油尺等便于操作检测，气门间隙、喷油提前角等便于调整检查。

4）连接、支承结构应牢靠

柴油机与船体机座、轴系的安装对柴油机的可靠使用和寿命有很大的影响。机座必须有足够的刚性，通过计算确定能承受的柴油机重量和输出转矩；机座顶平面应平直并与轴系中心线平行；柴油机与机座支承面之间通常置有钢垫块，柴油机安装倾角与船型、用途有关，一般不大于5°；柴油机轴系与螺旋桨传动轴系校对中，可通过曲轴输出法兰与联轴器安装面径向跳动量和轴向端面跳动量测量，其值应符合船舶轴系安装技术要求，一般不得超过0.15 mm。

2. 造价与维修

柴油机价格和营运经济性是用户非常关注的问题。主机选定后，其他动力装置的机电设备也随之确定，由于船舶动力装置占船舶总造价的20%～40%，因此，希望选取的柴油机质优价廉。为了保证船舶随时出航，因此，使柴油机经常保持备用状态，这就要求柴油机具有维修方便和检修间隔期长的特点。为此柴油机总体配置设计时应采取以下措施。

（1）减小气缸盖的装拆工作量和时间。

（2）便于连杆轴承盖、轴承的拆装。

（3）简化油、水管路，并便于拆装。

（4）储备足够的备件和专用工具。

3. 可靠性与寿命

可靠性与寿命是目前用户和产品制造企业非常关注和追求的一个重要指标。

可靠性是指在设计规定的使用条件下，柴油机持续正常运转的能力。其指标按《船用柴油机台架试验方法》（GB/T 3254.2）进行耐久可靠性试验，结果应符合规定，主要有：标定工况燃油消耗率、机油消耗率升高值分别不得超过标定值的 3% 和 20%；主要零部件无损坏，故障停机不得超过 5 次；首次故障前平均工作时间不低于 500 h，平均无故障间隔期不低于 1 000 h。

使用寿命是指柴油机的大修期，作为考核耐久性等指标，按国内中、小型船用柴油机使用寿命统计，如表 6-10 所示。此指标与国外同类柴油机的先进水平有较大差距。

表 6-10　船用柴油机大修期

柴油机型式	标定转速范围/ (r · min⁻¹)	首次大修期/h
低速柴油机	≤300	40 000 ~ 80 000
中速柴油机	750 ~ 1 000	8 000 ~ 16 000
	300 ~ 750	12 000 ~ 25 000
高速柴油机	≥1 000	6 000 ~ 15 000

4. 环境保护性能

1）振　动

柴油机装船后，由其产生过大的横向和纵向机械振动，以及产生的扭转振动将具有危险性和破坏性，可能造成断轴、断桨、仪表设备损坏甚至造成船身损裂事故。因此，当进行柴油机匹配设计或试制时，应对振动加以严格控制，并符合相关的规定要求。

2）噪　声

作为船舶主要噪声源的柴油机噪声对船舱环境和操作人员健康有很大影响。各国船级社对船舶各舱作了规定，一般要求机舱控制室内噪声声压级 L_p 不大于 75 dB，机舱无控制室的噪声不大于 90 dB，机舱工作室噪声不大于 85 dB。为此，应采取措施对船用柴油机的噪声加以严格限制。

3）排　放

船舶柴油机有害排放物主要有氮氧化合物、一氧化碳、碳氢化合物、氧化硫和颗粒等，对大气环境污染有很大影响。进行匹配设计时必须重点关注柴油机排放问题，严格按照环保规章执行；并尽力降低污染对环境的影响。

6.4　内燃机与农业机械的合理匹配

6.4.1　农用柴油机的使用和技术要求

农用柴油机是农业机械的一个组成部分。它用途广泛，配套种类繁多，其性能、结构及使用情况差异很大。农用柴油机的工作环境恶劣、负荷不均、超负荷使用时有发生，有时要连续工作数 10 h 以上，因此，设计时应满足以下要求。

① 应有高效且过滤面积大的空气滤清、燃油滤清及机油滤清装置。空滤器应置于较高的位置，以尽量减小尘土的吸入。

② 功率储备大，应具有克服阻力突变和超负荷的能力。

农用柴油机要特别注意可靠性及寿命。因此，一般选用较低的活塞平均速度和平均有效压力。大多数为四冲程柴油机。

国内农用柴油机大多数是自然吸气式的柴油机，要求功率大的采用增压柴油机。

农用柴油机结构简单，加工、操作及维护保养方便，适合我国农村使用；造价比较低廉，更适合农村的购买能力。

为改善农机操作人员环境，不能因为是农用就可以忽视对柴油噪声、排放及振动等环境保护指标的要求。

在总体设计时，按不同用途，柴油机还有下列具体要求。

1. 拖拉机用柴油机

（1）现代拖拉机一般都采用四冲程 2~6 缸柴油机。在综合考虑平衡性、重量、制造成本后，一般以 4 缸机为基本型，在此基础上发展不同缸数的系列产品。大型拖拉机有采用"V"型 8 缸机的，手扶拖拉机多用单缸机。

（2）由于土壤组织不均匀，牵引阻力有很大的波动，为了减少柴油机转速的波动，一般要求柴油机的飞轮有较大的转动惯量，并要求有一定的转矩储备。

（3）高热地区使用的柴油机应能在 40~45 ℃ 气温条件下正常工作，即在满负荷下，柴油机的冷却温度、机油温度均应不超过允许的温度值。同时，寒冷地区使用的柴油机应能在 -35~ -40 ℃ 条件下正常工作。

（4）柴油机应能在 -5 ℃ 气温条件下不加任何措施顺利启动。采用预热辅助措施后，应在 -15 ℃ 条件下能顺利启动。

（5）柴油机经常在各种转速下工作，一般均装用全程式调速器，标定工况的稳态调速率 ≤10%。

（6）柴油机应在如表 6-11 所列纵、横倾角的地形下正常工作。

表 6-11　拖拉机用柴油机正常工作的纵横倾角

用　　途		纵向倾角	横向倾角
轮式拖拉机		20°	20°
履带式拖拉机	牵引力 ≤30 kN 时	20°	20°
	牵引力 >30 kN 时	30°	20°

（7）由于轮式拖拉机常采用无架式或小半架式的机架，因此，要求柴油机的机体、油底壳、离合器壳、变速器及托架组成的轮式拖拉机的机架应有足够的刚度和强度。一般采用高强度铸铁油底壳，履带式拖拉机的油底壳一般也用铸铁油底壳以便拖拉机上省去底护板。

（8）由于拖拉机的柴油机与车架是刚性连接，柴油机的振动直接传到拖拉机各部分，不仅使驾驶员易于疲劳，而且恶化了拖拉机零部件的工作条件，易造成损坏，因此，要在柴油机结构方面考虑不平衡惯性力和力矩的处理。

（9）在拖拉机柴油机上一般应有独立输出的装置 1~2 个，以安装、驱动液压泵，用作液压转向、液压操作、液压提升、悬挂系统等。

有些拖拉机的独立动力输出功率可占到柴油机功率的 25%~40%。独立输出设置在柴油机上使拖拉机的离合器在分离状态下，液压系统仍可以照常工作，小型拖拉机上应有一个液压泵，中型拖拉机上应有两个液压泵。

（10）兼作运输用的轮式拖拉机上应安装一个制动用的空气压缩机。

（11）多用途的拖拉机要求柴油机曲轴自由端具有全功率输出或部分功率输出的能力。履带式拖拉机一般应不少于标定功率 50%的前端输出能力。

（12）为了有利于采用最经济的方式实现驾驶室采暖，柴油机冷却系进、出水管上应能并联采暖的进、出水口。现代的拖拉机柴油机还应考虑可以安装和传动空气压缩机的位置。

（13）拖拉机对通过噪声和驾驶员耳旁噪声有一定的要求，因此，对拖拉机柴油机噪声要有一定的限制。

2. 农用运输车（农业汽车）用柴油机

（1）农用运输车是在我国特定条件下，在拖拉机基础上发展起来的一种农村运输工具，它的性能和结构介于汽车和拖拉机之间，经济运行速度在 25~35 km/h。农用运输车一般都配置四冲程柴油机，三轮农用运输车以单缸机为主；四轮农用运输车以 4 缸机为基本型，在此基础上发展 2~3 缸机的系列产品。

（2）由于我国农村道路条件较差，滚动阻力有很大的波动，为了减少柴油机转速的波动，一般要求柴油机的飞轮大而厚，而且大多数的农用运输车经常在超负荷下运行，因此，要求柴油机的功率和转矩的适应性系数要大。

（3）柴油机经常在各种转速下工作，一般均装有全程式调速器。但近几年，部分农用运输车的性能和结构向汽车靠拢，也要求用二级调速器，一般稳态调速率≤8%。

（4）柴油机应能在纵倾角 25°、横倾角 20°的地形下正常工作。

（5）柴油机应能在-5 ℃气温条件下不加任何措施顺利启动。

（6）考虑到对农用运输车（农用汽车）的要求日益提高，柴油机的外形尺寸应尽可能紧凑，长、宽、高均受到限制。

（7）农用运输车对通过噪声和驾驶员耳旁噪声有一定的要求，特别是现代农用汽车对噪声的限制越来越严格，因此，对降低柴油机的噪声要采用相应的结构措施。

（8）农用运输车经常进入城市，因此，降低柴油机有害排放和提高性能就与汽车发动机的要求一样了。

（9）为了以最经济的方式实现驾驶室采暖，柴油机冷却系进、出水管上应能并联采暖的进、出水口。现代的农用汽车柴油机还应考虑传动空气压缩机的位置。

3. 自走式联合收割机用柴油机

（1）现代自走式联合收割机一般都采用四冲程柴油机。拖拉机发动机作为基础，其中小型的配以 4 缸柴油机为主，也有用 3 缸机的；中型一般配 6 缸柴油机；大型的采用"V"型 8 缸柴油机。

（2）在收获季节作业时，要连续数天不间断的工作，不能停机，因此，要求柴油机工作可靠、耐用。

（3）由于土壤组织不均匀，谷物干湿不一，牵引阻力和作业阻力有很大的波动，为了减少柴油机转速的波动，一般要求柴油机的飞轮有较大的转动惯量和较大的转矩储备。

（4）在高热地区使用时，柴油机应能在 $40 \sim 45$ ℃气温下正常工作，即在满负荷下，柴油机的冷却液温度、机油温度均应不超过允许的温度值。同时，在寒冷地区使用的柴油机也应在 $-35 \sim -40$ ℃的气温条件下正常工作。

（5）柴油机应能在-5 ℃气温条件下不加任何措施顺利启动。采用预热辅助措施后，应在-15 ℃条件下能顺利启动。

（6）自走式联合收割机行走速度一般较慢，多数柴油机又是横置，而且谷物杂草多，易堵塞散热器。因此，要求柴油机的冷却系统要有较大的散热面积，应设置防散热器堵塞的装置。

（7）柴油机在工作时，往往固定在一个油门下工作。当外界的阻力矩变化时，要求柴油机的转速波动要小。在标定转速下，其转速的变化不超过 $5\% \sim 10\%$。因此，一般要求装用全程式调速器，稳态调速率 $\leqslant 5\%$。最大转矩转速应在标定转速的 $70\% \sim 85\%$。

（8）柴油机应能在纵倾角20°、横倾角20°的地形下正常工作。

（9）在柴油机上一般应有独立输出装置 $1 \sim 2$ 个，以安装、驱动液压泵。

（10）由于收获季节的气候较干燥，谷物杂草易燃烧，柴油机的排气要注意防止火星排出。一般要有排气消声器，排气管要尽量高置。

（11）多用途的联合收割机要求柴油机曲轴自由端有全功率输出或部分功率输出的能力，一般应不少于标定功率的30%的输出能力。

（12）为了以最经济的方式实现驾驶室采暖，柴油机冷却系进、出水管上应能并联采暖的进、出水口。现代自走式联合收割机还应考虑安装空调用的压缩机。

（13）自走式联合收割机对通过噪声和驾驶员耳旁噪声有一定的要求，因此，对柴油机的噪声有相应的限制。

4. 排灌水泵用柴油机

（1）排灌水泵所用柴油机根据水泵不同的流量，有各种不同的选择，小型水泵一般用单缸机，中、大型水泵用 $3 \sim 6$ 缸柴油机。

（2）柴油机应能在标定工况下连续工作，可靠性好、寿命长。

（3）柴油机用电启动时应能在 0 ℃下顺利启动。

（4）柴油机为固定式安装，冷却水的散热面积要大、散热能力要好。当用水槽储存水作循环水时，储水量应能满足柴油机散热的要求。

（5）在粉尘条件下工作的柴油机，空气滤清器必须有较好的滤清能力，且应将滤清器置于较高位置。散热器外侧必须有能防杂物进入的网罩。

（6）因为是连续工作，常常是无人看守，应设有故障报警装置或自动停车机构。

（7）柴油机的调速器一般为全程式调速器，稳态调速率应 $\leqslant 10\%$。

（8）直接与水泵联结的柴油机，应带离合器，便于启动和停机。

（9）排灌水泵机组的外露转动零件应有可靠的防护装置。

6.4.2 农用柴油机的总体匹配设计

1. 负荷率及功率的标定

当标定农用柴油机功率时，必须考虑不同用途的柴油机负荷率 F_r（%），它表明柴油机工作时其负荷的使用情况。一般用一定转速下柴油机工作时的实际平均功率与标定功率的比值来表示，即

$$F_r = \frac{P_{em}}{P_{eh}} \qquad (6\text{-}20)$$

式中，P_{eh} 为柴油机的标定功率；P_{em} 为农业机械实际运行时的柴油机功率平均值，即

$$P_{em} = \frac{\sum P_{ei} T_i}{\sum T_i} \qquad (6\text{-}21)$$

式中，P_{ei} 为农业机械实际运行时的柴油机功率；T_i 为在 P_{ei} 功率下的运行时间。

试验统计不同用途的农用柴油机负荷率大致如下。

① 拖拉机和自走式联合收割机：85%～90%。

② 农用运输车：65%～70%。

③ 排灌水泵：90%～95%。

农用柴油机的功率标定根据其负荷率情况，按国家标准《内燃机台架试验方法标准环境状况及功率、燃油消耗和机油消耗的规定》（GB 1105.1）中规定的功率标定如下。

① 大型拖拉机和自走式联合收割机：用 12 h 功率作为标定功率。

② 中、小型拖拉机：一般用 12 h 功率作为标定功率，根据需要也可以用 1 h 功率作为标定功率。

③ 农用运输车：用 1 h 功率作为标定功率。

④ 排灌水泵：用持续功率作为标定功率。

2. 功率和转速的计算及选择

农用柴油机的总体参数可以根据不同的用途，参考已有的国内、外同类机型柴油机参数大致确定一个范围，然后按各类用途的负荷情况、使用要求以及柴油机生产企业水平，结合设计者的工作经验，经过某些参数的计算确定下来。通过几轮的试制，再在实践中考验和修正，最后获得一个较合适的最优化的参数。下面介绍几种不同用途的农用柴油机功率计算和选择方法。

1）拖拉机用柴油机

拖拉机配套的柴油机功率一般由它的主要用途及生产要求来确定。牵引作业是拖拉机的最主要作业内容之一，可以用农田作业的基本工作挡标定牵引力与所要求的牵引速度来计算配套的柴油机应有的功率 P_{eh}（kW），即

$$P_{eh} = \frac{F_{kph} v_1}{3\,600 \eta_m} \qquad (6\text{-}22)$$

式中，F_{kph} 为拖拉机的标定牵引力，N；v_1 为拖拉机的基本工作挡的标定速度，km/h；η_m 为拖

拉机传动系的机械效率。

目前，国内拖拉机大多采用齿轮减速机构，因此，拖拉机传动系统的总机械效率一般是：轮式拖拉机 $\eta_m = 0.9$；履带式拖拉机 $\eta_m = 0.85$。

当拖拉机带旋耕机具进行作业时，所需要的柴油机功率也可按犁耕时相似的公式计算出来。旋耕作业时，旋耕机具所消耗的功率除以旋耕传动系统的传动效率，即得到所需柴油机的功率。若此拖拉机是以犁耕为主，则先按犁耕作业计算所需柴油机功率，然后以此功率反求适宜的旋耕耕深。

作为运输作业的拖拉机功率的计算可按前面汽车拖挂时所需功率的计算方法计算。

按上述方法用最大牵引力与牵引速度所计算出柴油机的功率后，在确定柴油机标定功率时，还应考虑全部附件所消耗的功率、柴油机功率的下降、拖拉机作业时阻力的变化以及留有后备功率等因素，一般应再增加 10% ~ 15% 的功率余量。

现代拖拉机柴油机的转速范围为 1 900 ~ 3 200 r/min，由于噪声及可靠性等方面的考虑以及增压机型的应用，柴油机转速的增长趋于缓慢。如表 6-12 所示为各种功率等级拖拉机柴油机的主要性能指标范围。

表 6-12　拖拉机柴油机主要参数、性能

活塞平均速度 C_m/(m·s^{-1})	升功率 P_l/(kW·L^{-1})	燃油消耗率 b_{eh}/[g(kW·h)$^{-1}$]	比质量 g_m/kg·kW^{-1}	功率/kW	进气方式	缸径 d/mm	转速 n /r·min^{-1}	平均有效压力 P_m/kPa
9 ~ 10	18.8 ~ 20.0	208 ~ 225	4.3 ~ 5.1	>300	增压中冷	130 ~ 160	1 900 ~ 2 100	1 170 ~ 1 260
8.9 ~ 10	13.8 ~ 19.8	210 ~ 230	5.1 ~ 7.1	150 ~ 300	增压	130 ~ 160	1 900 ~ 2 100	790 ~ 1 130
8.9 ~ 10	17.6 ~ 21.3	208 ~ 225	4.1 ~ 5.2		增压中冷	115 ~ 140	1 900 ~ 2 100	1 010 ~ 1 220
8.5 ~ 10	12.0 ~ 15.2	217 ~ 235	4.9 ~ 8.2	75 ~ 150	自然吸气	115 ~ 130	2 300 ~ 2 500	640 ~ 720
8.5 ~ 10	14.0 ~ 20.1	217 ~ 230	4.6 ~ 6.8		增压	115 ~ 120	2 300 ~ 2 500	740 ~ 960
8.5 ~ 10	18.6 ~ 22.0	215 ~ 228	4.1 ~ 5.0		增压中冷	106 ~ 115	2 300 ~ 2 500	890 ~ 1 140
8.0 ~ 10	11.8 ~ 15.4	220 ~ 230	5.9 ~ 8.2	25 ~ 75	自然吸气	86 ~ 106	2 300 ~ 2 600	620 ~ 710
8.5 ~ 10	13.8 ~ 19.8	215 ~ 224	4.6 ~ 7.2		增压	91.4 ~ 106	2 300 ~ 2 500	720 ~ 950
5.4 ~ 8.6	13.0 ~ 15.5	245 ~ 272	6.1 ~ 10.2	<25	自然吸气	64 ~ 87	1600 ~ 2 200	600 ~ 680
6.2 ~ 9.0	12.9 ~ 15.4	252 ~ 282	7.5 ~ 13.6	单缸水冷	自然吸气	64 ~ 95	2 200 ~ 3 000	580 ~ 720
6.8 ~ 9.0	13.0 ~ 14.7	260 ~ 292	6.5 ~ 12.6	单缸风冷	自然吸气	70 ~ 102	2 200 ~ 3 000	550 ~ 650

2）自走式联合收割机用柴油机

联合收割机的切割装置、拨禾器、脱粒装置、分离装置、清洗和输送装置等工作部件所需功率占总功率的 50% ~ 60%。可按联合收割机有关公式分别计算，或按已有的试验数据来选择，这里不作详细介绍。实践证明，脱粒装置所需功率占工作装置总功率的 30% ~ 40%，

而脱粒装置所需功率与机器的喂入量成正比，其瞬时最大值相当于平均功率的两倍。

一般可以按下式计算

$$P_e = 1.33 P_{em}$$ （6-23）

式中，P_e 为柴油机所需总功率，kW；P_{em} 为柴油机所需的平均功率，kW，即

$$P_{em} = P_{ex} + P_{ew}$$ （6-24）

式中，P_{ex} 为行走部分所需功率；P_{ew} 为工作装置（切割装置、拔禾器、脱粒装置、分离装置、清洗和输送装置等）所需的功率。

行走部分所需功率与联合收割机的前进速度、联合收割机的重量以及土壤状况有关，可按有关公式计算。行走部分消耗的功率与行走速度成正比，因此，在计算时，行走速度按工作中最高前进的速度来计算。低速时，行走功率占总功率的 15%～20%；高速时，行走功率占功率的 30%～40%；在湿软的田地上甚至达到 50%。

为保证在各种条件下顺利工作，当选择柴油机功率时，不仅要考虑平均值，而且还要考虑当负荷达到最高时所需功率的最大值。

另一种简单的估算方式是经验，自走式全喂入联合收割机：每 1 kg/s 的喂入量约需 15～20 kW；自走式半喂入联合收割机：每 1 kg/s 的喂入量约需 7.5～11 kW。

自走式联合收割机柴油机的转速范围与拖拉机柴油机的转速范围接近，一般为 1 700～3 200 r/min，如表 6-13 所示为我国部分自走式联合收割机柴油机的主要参数范围。

表 6-13 自走式联合收割机柴油机的主要参数范围

割幅/m	生产率 /（kg·s⁻¹）	缸径/mm	功率/kW	转速 /r·min⁻¹	燃油消耗率 /[g（kW·h）⁻¹]
1.4～2.0	1.5～3.0	85～95	32～48	2 500～2 800	258～265
2.0～3.0	2.5～3.5	95～105	48～60	2 200～2 500	242～258
3.0～4.0	3.0～4.0	105～115	48～75	2 000～2 400	242～258
4.0～5.0	4.0～6.0	110～120	60～90	1 800～2 400	242～258
5.0～6.0	5.0～6.0	115～125	100～130	1 800～2 400	238～252

3）农用运输车（农用汽车）用柴油机

由于我国农村道路条件差，又为了降低成本，因此，车辆结构尽量简化，对农用运输车柴油机的转速及功率已有了限制。规定三轮农用运输车的柴油机功率不大于 7.4 kW，载质量不大于 500 kg，最高车速不高于 40 km/h。四轮农用运输车的柴油机功率不大于 28 kW，载质量不大于 1 500 kg，最高车速不高于 50 km/h。随着我国农村道路的改善，城乡交流的扩大，农用运输车向微型及轻型汽车发展，对所用的柴油机也逐渐按汽车的发动机标准要求和验收，柴油机所需功率可根据同类产品的功率类推，也可以根据最高车速来计算，目前，农用运输车的车速已经突破了 50 km/h 的限制，可达 70～90 km/h。

在确定车速后，可以计算出在装有全部附件情况下所需柴油机的功率 P_e，即

$$P_e = \frac{1}{\eta_m}\left(P_{ef} + P_{ew} + P_{ea}\right) \qquad (6\text{-}25)$$

式中，P_{ef} 为由于滚动阻力所消耗的功率；P_{ew} 为由于空气阻力所消耗的功率；P_{ea} 为由于上坡阻力所消耗的功率；η_m 为农用运输车传动系统的总效率。

滚动阻力所消耗的功率、空气阻力所消耗的功率及上坡阻力所消耗的功率可按汽车有关公式计算出来。

农用运输车一般均采用齿轮式变速器，三轮农用运输车采用 3 挡位变速器；四轮农用运输车采用 4 挡位变速器，个别的用到了 5 挡位变速器。在传动系统上的功率损失主要为机械损失和液力损失两部分。农用运输车传动系统的总机械效率为 0.9 ~ 0.92。

按上述公式求出的柴油机功率是净功率，当决定柴油机的标定功率时，应考虑全部附件所消耗的功率以及柴油机功率下降和车辆超载等，并留有后备功率，一般再增加 10% ~ 15% 的功率余量。

另外，车辆的单位质量发动机功率，即比功率，亦影响车辆的动力性，比功率大的车辆，其动力性好，所以有些国家规定了车辆的比功率值，我国国家标准《机动车运行安全技术条件》（GB 7258—1997）规定：农用运输车及运输拖拉机的比功率应不小于 4.0 kW/t。

农用运输车柴油机的转速是一个直接影响柴油机升功率的重要指标。农用运输车普遍采用自然吸气式柴油机，为了提高升功率，将提高转速作为一个重要手段。目前，柴油机转速仍然停留在 2 200 ~ 3 200 r/min，由于农用运输车正向农用汽车转化，要求提高功率和转速，因此，柴油机转速将提高至 3 600 ~ 4 000 r/min。如表 6-14 所示为我国农用运输车柴油机的主要参数范围。

表 6-14　国内农用运输车柴油机的主要参数范围

参　数	载质量/t			
	0.5	0.75	1.0	1.5
行走装置	3×2	4×2	4×2	4×2
最大车速/（km·h^{-1}）	45	45 ~ 50	45 ~ 50	45 ~ 55
空车质量/kg	380 ~ 450	400 ~ 500	770 ~ 1 200	1 150 ~ 1 600
柴油机功率/kW	5.5 ~ 11.5	16.0 ~ 22.0	18.0 ~ 25.0	22.0 ~ 35.0
柴油机转速/（r·min^{-1}）	2 000 ~ 2 200	2 400 ~ 2 800	2 400 ~ 3 200	2 400 ~ 3 600
油耗量/[L（t·100 km）$^{-1}$]	5.0 ~ 6.0	4.5 ~ 5.5	4.5 ~ 6.0	4.3 ~ 5.6

4）排灌水泵用柴油机

农用排灌机械中最主要的是水泵，它把动力机械的机械能转换为水的水力能，将水排至高处或远处。农田排灌用的水泵机组包括水泵、动力机和连接机构。在电力不足或不便时以柴油机为主。其所需柴油机功率 P_e（kW）可用下式计算：

$$P_e = \frac{AP_{ej}}{\eta_m} \qquad (6\text{-}26)$$

式中，A 为安全备用系数；η_m 为传动机构效率；P_{ej} 为计算的柴油机功率，即

$$P_{ej} = \frac{QH}{102\eta_p} \tag{6-27}$$

式中，Q 为水泵流量，L/s；H 为水泵扬程，m；η_p 为水泵效率，一般水泵效率为 0.6～0.8。

安全备用系数 A 是考虑意外过载而加大的功率及柴油机功率下降等因素而需要的一个备用系数。一般当 $P_{ej} \leqslant 40$ kW 时，$A=1.1～1.2$；当 $P_{ej} > 40$ kW 时，$A=1.05～1.1$。传动机构效率一般在直接传动下取 $\eta_m = 0.99$，若中间有减速装置，则按减速装置中齿轮副对数计算求得。

3. 匹配设计的注意事项

农用柴油机与传动装置的匹配，需要农用柴油机与传动装置两方面的设计、研究人员共同努力。柴油机的研究工作重点是柴油机的工作过程，改进转矩曲线形态、降低机械损失、降低油耗等，而底盘装置的研究工作着重提高传动效率、降低各种阻力、选择合理的传动比等，二者密切配合，才能提高整机的动力性能和经济性能。

1）转矩和转矩特性

转矩特性是指柴油机的转矩与转速关系曲线的形态，一般将全负荷速度特性上的最大转矩 T_{tqmax} 与标定工况下的转矩 T_{tqh} 的比值称为转矩的适应性系数，它的大小标志着车辆或农机具行走时在不换挡的情况下，克服突增阻力的适应能力。

转矩适应性系数 $\phi_{tq} = \dfrac{T_{tqmax}}{T_{tqh}}$ ，式中，T_{tqmax} 为柴油机最大转矩；T_{tqh} 为柴油机标定工况下的转矩。此外，出现最大转矩的转速越低，越有利于克服突增阻力，通常用转速适应性系数来表示。

转速适应性系数 $\phi_n = n_{eh} / n_{kmax}$ ，式中，n_{kmax} 为柴油机最大转矩时的转速；n_{eh} 为柴油机标定工况下的转速。

农用柴油机随用途不同，其转矩和转矩特性也不同，通常，拖拉机柴油机的转矩适应性系数为 1.1～1.3，转速适应性系数为 1.43；联合收割机柴油机的转矩适应性系数也为 1.1～1.3，转速适应性系数为 1.1～1.43；农用运输车柴油机的转矩适应性系数介于拖拉机与汽车之间，一般为 1.1～1.2，转速适应性系数为 1.43～1.9。对于联合收割机柴油机的转速适应性系数比拖拉机柴油机的转速适应性系数值高的原因是联合收割机在工作时希望柴油机的转速波动不要太大，以免影响收割和脱粒质量，联合收割机在稳定运行时，各工作部件的转速变化最好不大于 5%。

2）稳态调速率和工作稳定性

稳态调速率 δ_n 用来衡量突变负荷时的转速变化情况，它表示为：$\delta_n=[(n_{ez} - n_{eh})/n_{eh}] \times 100\%$，式中，$n_{ez}$ 为突变负荷后的最大稳定转速；n_{eh} 为柴油机标定转速。

稳态调速率的值与柴油机的用途有关，对于农用拖拉机一般要求用全程式调速器，其稳定态速率要求为 8%～10%；农用运输车一般也用全程式调速器，按车用柴油机可允许其稳速率至 10%，但农用运输车在法规上有一个最高车速的限制，因此，在选择柴油机的调速率时必须考虑到这一要求，根据目前国内农用运输车的现状，在高挡直线行驶时柴油机工作在柴油机的调速特性区段，为保证在不平路面的车速相对稳定，最好控制在 8% 以内，目前，大多数为 8%～10%；联合收割机柴油机稳定调速率的要求一般与拖拉机相似，但由于柴油机转速的波动对联合收割机所带的其他工作部件性能影响较大，因此，其对转速的波动要求也相当严格，通常控制在 8% 以内，按照《农用柴油机推广鉴定方法——质量指标》的要求应在 5%

以内；排灌水泵机组的柴油机稳态调速率一般在 10% 左右。

3）动力性能的匹配

同车辆的动力性能优化匹配一样，应选择适当的传动比和挡数，使柴油机尽量在最大功率附近和低油耗区工作。

拖拉机和自走式联合收割机传动系统的挡数取决于使用条件及对动力装置的性能要求。对于动力性而言，挡数多，可增加柴油机在最大功率附近工作的机会，提高机组的加速和克服突增阻力的能力。就经济性而言，挡数多，增加了柴油机在低油耗区工作的可能性。各挡传动比之间的比值成几何级数最为合理，可以充分利用柴油机的高功率区段，提高动力性能。但实际上，由于齿轮的齿数必须是整数以及高挡使用的机会多，因此，常常是高挡的传动比之间的比值小一些，实际上各挡传动比并不恰好成几何级数。

带有液力变矩器的拖拉机或自走式联合收割机的动力性能在很大程度上取决于柴油机与变矩器的共同工作性能。为了获得最佳动力性能，选择合适变矩器的有效直径很重要。由泵轮转矩曲线与柴油机转矩曲线的交点所决定的柴油机与变矩器的共同工作点，必须处于较高的转速与较低的转矩位置。换言之，机组在高速时获得较大驱动力，而在低速时驱动力较小。

4）经济性能的匹配

经济性不仅表现在燃油消耗率和机油消耗率方面，还包括维修方面的费用以及使用的可靠性及耐久性。动力装置的经济性能优化匹配是改善使用经济性的重要措施之一。燃油消耗率是经济性能中最主要的指标，车辆是以每百公里（或每吨百公里）所消耗燃油量来表示的，而拖拉机或自走式联合收割机是按每小时或每班耗油量（或每亩耗油量）来评价。

柴油机通常以标定工况燃油消耗率及柴油机外特性曲线上最低燃油消耗率来表示经济性的。农用运输车（农用汽车）柴油机一般希望最低燃油消耗率区在标定工况与最大转矩工况之间；大型拖拉机或自走式联合收割机柴油机则希望最低燃油消耗率区在标定工况附近；中小型拖拉机以及兼作运输用的拖拉机柴油机最低燃油消耗区域偏向于最大转矩区域；而排灌水泵机组柴油机希望最低燃油消耗率区在标定工况附近。

对任何有级传动的农用车辆或拖拉机或自走式联合收割机来说，无论选择怎样的挡位和机具编组，必定会有许多工作工况不在柴油机标定工况上，而是在柴油机特性的一个区域内工作，因此，不仅要求柴油机在标定工况附近区域有最低的燃油消耗率，而且在柴油机万有特性曲线上要有宽大的低油耗区。现代农用柴油机的最低燃油消耗率范围为 195 ~ 224 g/（kW·h）。

农用柴油机的机油消耗率同样也是使用经济性的一个指标。一般较先进的柴油机机油消耗率为 0.6 ~ 0.9 g/（kW·h），或燃油消耗率的 0.3% ~ 0.5%。

传动系参数的合理匹配是不同使用条件下有效利用比功率的重要条件，传动比的范围、传动效率、挡数和传动比都直接影响燃油经济性。在任何条件下，使柴油机在最经济工况下工作，采用无级变速是行之有效的方法。在给定传动范围后，挡数少，导致低挡的负荷率高，燃油消耗增加；挡位多，增加了选用合适挡位使柴油机处于经济工作状态的工作机会，有利于提高燃油经济性。

5）可靠性与寿命

农用柴油机的可靠性和寿命直接影响农机的使用。据有关农用运输车的统计，柴油机的故障占整车故障率的 23% ~ 27%，拖拉机中柴油机的故障占整机故障率的 33%。任何柴油机的故障而导致整机无法工作，都会在经济上带来重大损失，特别是农忙季节。因此，对用户来说，可靠性的重要性高于其他性能指标，在一定程度上，它是柴油机产品在市场竞争中的首要因素。

可靠性评定指标可用首次无故障工作时间（$MTTFF$）、平均故障间隔时间（$MTBF$）和无故障综合评价值 Q 等来评定。

我国农用柴油机的 $MTTFF$、$MTBF$、Q 值，如表 6-15 所示。

表 6-15　我国农用柴油机可靠性的主要指标值

指标	$MTTFF$/h	$MTBF$/h	Q/min
合格	500	1 000	60
一等	750	1 000	75
优等	1 000	1 000	90

国内农用柴油机的寿命为 6 000～8 000 h，国外先进农用柴油机的寿命长达 16 000～20 000 h。

6）环境保护性能

农业机械的噪声大部分来自柴油机，为了降低整机噪声，首先应从降低柴油机噪声着手，再对传动系统噪声和驾驶室的隔振、隔音采取措施，则可以达到各类农机和噪声的要求。

农业机械的振动也是农业机械危害的组成部分，而柴油机是最主要的振动源，也必须各方面共同努力才能有所成效，达到国家所规定的要求。

农用柴油机排放污染的来源主要是柴油机的排气、曲轴箱的窜气和燃油、机油密封不严造成的蒸发。国家对柴油机的排放污染有严格的限制，我们必须认真执行。

6.5　内燃机与发电机的合理匹配

6.5.1　匹配的特点与原则

当内燃机用于发电时，内燃机一般与发电机直接相连，不需中间传动装置。

内燃机类型的选择要根据发电设备的动力要求而定。

① 10 kW 以下的应急发电机组多为便携式，要求结构轻巧，主要以小型汽油机（四冲程或二冲程）为动力。

② 20～1 500 kW 移动式发电站多以四冲程中、高速柴油机为动力，作为备用、应急或基本电源。固定式基本电源或船用常备电源以四冲程中速柴油机或二冲程中、低速柴油机为动力，最大功率可达数万千瓦。

发电用内燃机一般在稳定工况下运转，负荷率较高。因此，应急和备用电源一般标定为12 h 功率，基本电源应标定为持续功率。为了克服发电机的励磁损失以及适应短期超负荷的需要，内燃机功率要大于发电机功率，两者之比就是电站的匹配比。对于小型移动式柴油发电机组，功率匹配比为 1.18～1.32；对于大型固定式电站则为 1.03～1.18。发电柴油机应尽量在最经济点附近运转，以节省能源。

为了保持发电机电流频率的稳定性，内燃机要有高性能的调速装置，电控调速系统已被广泛采用。

6.5.2　匹配的方法与程序

① 要保证内燃机转速与发电机输出频率之间的关系

$$n = \frac{60f}{P}$$
（6-28）

式中，f 为电网频率 50 Hz；P 为发电机磁极对数，$P = 1$、2、3、4、6 等；n 只能为 3 000、1 500、1 000、750、500 等几种。

② 10 kW 以下的应急发电机组多为便携式，以小型汽油机为主，其他为高速柴油机。

③ 标定功率为持续功率，内燃机功率要大于发电机功率。

第7章 内燃机在特殊条件下的使用

7.1 内燃机走合期的使用

走合期是指内燃机运行初期，改善零件摩擦表面几何形状和表面物理机械性能的过程。新内燃机或大修好的内燃机，虽经磨合，但零件的加工表面比较粗糙，润滑不良，此时内燃机若以高转速、全负荷运行，零件表面的单位压力很大，润滑油膜被破坏，零件将迅速磨损或破坏。因此，新内燃机或大修好的内燃机，必须有一段初始的走合阶段。新内燃机或大修好的内燃机最初的使用阶段称为走合期。

内燃机走合期的实质是为了使内燃机向正常使用阶段过度，是在使用中使配合件的摩擦表面进行走合加工的过程。在这段时间里，零件的摩擦表面不平的部分被磨去，逐渐形成了比较光滑、耐磨而可靠的工作表面，以承受正常的工作负荷。根据总成或部件在这个阶段的工作特点，内燃机走合期必须对其使用做出专门规定。

走合期在内燃机整个使用期中虽然很短，但其间的正确使用和维护质量对延长内燃机使用寿命、提高可靠性和经济性有极大影响。

7.1.1 走合期的特点

1. 走合期磨损的速度快

由配合件的磨损特性曲线可知，第一阶段走合期曲线较陡，即零件磨损量增加较快。其主要原因是新配合件表面粗糙，摩擦表面的单位压力很大，润滑油膜被破坏而形成干摩擦；同时新装配零件间隙较小，表面凹凸部分嵌合紧密，相对运动中，在摩擦力的作用下有较多的金属屑被磨落进入相配合零件之间又构成磨料磨损，使磨损加剧，摩擦表面热量增大，进而使润滑油黏度降低，润滑条件变坏。由于上述原因，故使这一阶段零件磨损速度增快。

由于零件或总成加工装配质量不佳，以及紧固件松动，或者这个阶段使用措施不当，未能正确制定和执行走合期规范，所以故障较多。如大修的内燃机，由于装配质量不好，各部件间隙过小，走合时如果转速过高，内燃机润滑条件又差，内燃机很容易产生过热，常出现拉缸、烧瓦等故障。柴油机喷油器针阀、高压油泵柱塞容易拉毛被卡住。

2. 润滑油变质快

新内燃机或大修后内燃机零件表面比较粗糙，加工后的形状和装配位置都存在一定偏差，配合间隙较小，因此，走合时零件表面和润滑油的温度较高，同时有较多的金属屑被磨落进入配合零件间隙中，被机油带入曲轴箱中，使润滑油被污染氧化变质。因此，走合期对润滑油的更换有特殊规定，若发现润滑油杂质过多或变质严重，应缩短更换润滑油的运行时间。

3. 燃油耗量较高

内燃机因限速、限载和零件磨损较快等因素的影响，使内燃机处于小负荷范围内工作，经济性能较差，油耗量增高。

7.1.2　走合期的使用

1. 走合期时间规定

内燃机走合期长短，取决于零件表面的加工精度和运行条件等多种因素。通常车用内燃机走合期里程为 1 000 ~ 2 500 km，有的进口车规定走合期为 3 000 km。大功率柴油机走合期通常为 100 h。

走合期大致可分为三个阶段。

第一阶段走合（3 ~ 5 h 或 80 ~ 100 km）。零件加工表面比较粗糙，配合间隙较小，因此，零件磨损很大，零件表面和润滑油的温度也很高。这一阶段最好为空载运行。

第二阶段走合（8 ~ 10 h 或 200 ~ 300 km）。在这个阶段零件开始形成了较为光滑的工作表面，机械摩擦损失和产生的热量逐渐减少。

第三阶段走合（60 ~ 90 h 或 1 000 ~ 2 500 km）。在这个阶段，零件工作表面磨合过程逐渐结束，并形成一层防止配合表面金属直接接触的氧化膜，进入氧化磨耗过程。内燃机的动力性、经济性逐渐达到正常，走合期结束。

2. 走合期的使用

内燃机在走合期应采取如下措施。

1）走合期减载

走合期负荷一般不得超过额定载荷的 80%，不允许超载。因为负荷越大，内燃机各部分受力也越大，引起润滑条件变坏，影响磨合质量。所以在走合期内必须适当的减载。

2）走合期限速

负荷一定，转速越高，内燃机机件的负荷也愈大，由于新内燃机或大修内燃机零件加工表面比较粗糙润滑条件差，若转速过高容易发生拉缸、烧瓦等事故。因此，在走合期内不允许内燃机转速过高，一般不得超过额定转速的 75%。在此期间，不准拆除安装的限速装置。

3）选择优质燃料和润滑油

为防止汽油机在走合期产生爆燃，加速机件磨损，所以应采取优质燃料。另外由于各部配合间隙小，应选择低黏度的优质润滑油使摩擦工作表面得到良好润滑。应按走合期规定及时更换润滑油。内燃机运行中应注意润滑油压力和温度，有异常情况及时排除。

4）正确操作

内燃机启动时不要猛拉油门，严格控制油门行程，以免内燃机高速运转。内燃机启动后应怠速运行，待水温升到 50 ~ 60 ℃ 在带动负荷。运行中冷却系统水温不应低于 80 ℃；挂负荷加速时要平稳，减少传动机件的冲击。

在走合期中对内燃机各部分技术状况要及时检查和排除故障，以减少故障磨损。

7.1.3　走合期的维护保养

1. 走合前的检查

为了保证走合期的顺利进行，走合前必须按内燃机的有关规定，检查下列主要项目。

（1）各连接部位的螺栓、螺母紧固情况。

（2）润滑油、燃油、冷却液、制动液以及各润滑点的注脂情况。

（3）各系统的管路、接头和结合面有无损伤、松动导致的漏水、漏油、漏气现象。

（4）蓄电池的液面高度、电解液比重及其放电情况。

（5）内燃机运转情况，有无不正常现象。

（6）电气设备的工作情况，连线和接头应完好牢固。

2. 走合中的技术维护

（1）走合一段时间后（10 h 或 200 km 以内），在内燃机热状态下，按规定力矩和顺序，检查紧固气缸盖和进、排气歧管螺栓，并检查调整气门间隙。

（2）当走合期过半时（50 h 或 500 km，或按制造厂规定），在内燃机热状态下更换润滑油，清洗粗滤器。给各润滑点（如水泵轴承等）进行润滑。

3. 走合结束时的技术维护

在走合期满后，应进行一次走合维护，结合内燃机二级技术保养内容进行，对内燃机进行全面的检查、紧固、调整和润滑作业（更换润滑油），拆除限速装置。其作业项目和深度参照制造厂的要求进行。

7.2　内燃机在低温条件下的使用

7.2.1　内燃机在低温条件下的使用特点

在寒冷季节，我国大部分地区的最低气温在 0 ℃ 以下，北方地区的最低气温一般可达 -25 ～ -15 ℃。而西北、东北及边疆严寒地区最低气温可降至 -40 ～ -35 ℃。内燃机在低温条件下使用的主要问题是：内燃机启动困难、总成磨损严重、耗油量大、零件材料的性能变差、机件易损坏等。

1. 启动困难

不同内燃机其启动性能有所差别，这主要与内燃机类型、燃烧室形状和设计、制造水平有关。当气温在-15～-10 ℃时，内燃机冷车启动就会有一定的困难；而当外界气温在-30 ℃以下时，没有冷启动装置的内燃机，不经预热则无法启动。内燃机低温启动困难的主要原因有：曲轴旋转阻力矩大、燃料蒸发性差、蓄电池工作能力降低。

内燃机启动的基本前提是曲轴必须达到一定的启动转速，曲轴旋转阻力矩增大使内燃机的启动转速下降。对汽油机而言，进气管温度下降，影响了汽油的雾化；对柴油机而言，压缩终了的压力和温度下降。

曲轴在启动时的旋转阻力矩包括：缸内压缩气体的反作用力矩、运动部件的惯性力矩、各摩擦副的摩擦阻力矩。当气温变化时，前两种阻力矩的变化不大，而摩擦阻力矩却因低温时润滑油黏度增大而大大增加（见图7-1、图7-2）。曲轴旋转阻力矩的增大使内燃机的启动转速降低，从而造成启动困难。

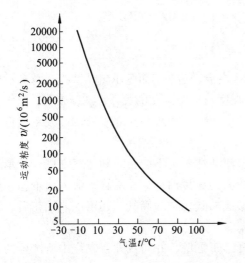

图 7-1　润滑油（10 号汽油机油）的黏温曲线

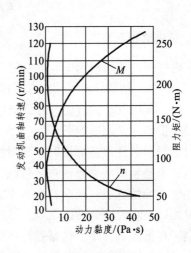

图 7-2　曲轴旋转阻力矩及转速
与润滑油黏度的关系

温度的降低也会使燃油的黏度和密度增大、流动性变差、表面张力增大，从而难以雾化；同时，低温时燃油难以吸热蒸发，大部分燃油以液态进入气缸，实际混合气体过稀而不易启动。据试验，汽油机在温度 0～-12 ℃时启动，只有 4%～10%的汽油蒸发而形成可燃混合气。

2. 冷却系统和蓄电池性能降低

水冷式内燃机在低温环境中有冻裂散热器和水套的危险。因此，冷却系的保温防冻是十分重要的工作。

随着温度降低，蓄电池电解液黏度增大，向极板的渗透能力下降，内阻增加；同时，启动时启动电流大，因内阻增大而引起的电压降增大，从而使蓄电池的端电压明显下降。它在以下两个方面影响内燃机的低温启动过程。首先，低温启动时需要的启动功率大，而蓄电池输出功率反而下降，如图7-3所示，易产生启动机无力拖动内燃机曲轴旋转或不能达到最低启动转速的情况；而且，蓄电池端电压的降低使火花塞的跳火能量减小，内燃机启动困难。另外，在低温条件下，蓄电池电解液易冰冻而不能正常工作。

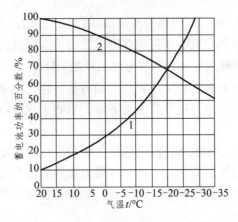

图 7-3　气温对蓄电池启动能力的影响

1—必需的启动功率（蓄电池功率的百分数）；2—蓄电池供给的最大功率

3. 总成磨损严重

在内燃机的使用周期中，50%的气缸磨损发生在启动过程，而冬季启动磨损占总启动磨损的 60%～70%。如图 7-4 所示为内燃机缸壁磨损强度与缸壁温度的关系。试验表明：当气温为 -18 ℃ 时，车用发动机启动时的磨损量相当于汽车正常行驶 210 km 的磨损量。发动机低温启动磨损严重的主要原因如下。

（1）润滑条件差。低温时，润滑油黏度大、流动性差、不能及时到达气缸壁、轴承等摩擦表面；未蒸发的液态燃油进入气缸，冲刷缸壁上的润滑油膜，并沿缸壁流入曲轴箱，稀释润滑油使其油性减退；同时，燃料不完全燃烧形成的碳化物随废气一起窜入曲轴箱后，还会使润滑油进一步污染变质。

（2）在低温条件下，燃烧过程中的水蒸气凝结于缸壁，并与汽油在燃烧中所产生的氧化硫化合成酸，腐蚀缸壁而引起腐蚀磨损。

（3）由于曲轴主轴承及连杆轴承与轴颈的膨胀系数不同，低温时使其配合间隙变小，从而加剧了轴承和轴颈磨损。

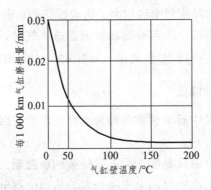

图 7-4　气缸壁磨损强度与缸壁温度的关系

4. 油耗量增大

内燃机在低温条件下使用时，油耗量增大的主要原因如下。

（1）内燃机暖车时间长。

（2）内燃机工作温度低，燃料气化不良，燃烧不完全。

（3）润滑油黏度大，摩擦损失大，发动机输出功率下降。

据试验，当发动机（汽油机）冷却液温度由 80 ℃ 降至 60 ℃ 时，油耗增加 3%；降至 40 ℃ 时，油耗增加 12%。

5. 机件易损坏

低温条件下，材料的物理机械性能将变差。在 -30 ℃ 以下，碳钢的冲击韧性急剧下降，铸件变脆，塑料、橡胶变硬、变脆，从而使由这些材料制成的零部件在载荷作用下易发生损坏。

7.2.2　内燃机在低温条件的使用

根据内燃机在低温条件下的使用特点，可采取以下措施提高内燃机的低温使用性能。

1. 预　热

内燃机启动前预热的目的是提高燃油的雾化性和蒸发性，改善混合气的形成条件，降低内燃机的启动阻力，以利于内燃机在低温条件下顺利启动。常用的预热方法有热水预热和蒸汽预热。

热水预热是应用最为广泛的预热方法。预热时，将热水加热至 90 ~ 95 ℃。从散热器加水口注入冷却系统，注满后把放水阀打开，使之边注边流待流出的水温达到 30 ~ 40 ℃ 时，关闭放水阀；把热水直接注入气缸体水套，使其完全充满后再流入散热器，可充分利用热水的热能，迅速提高内燃机温度。

蒸汽预热是预热内燃机的有效方法。预热时，蒸汽通过蒸汽管导入散热器的下水管而进入内燃机冷却系统，或直接引入内燃机的冷却水套。蒸汽直接引入冷却水套时加热迅速，蒸汽浪费小，但需在缸体或缸盖上加装蒸汽阀。预热开始时，因内燃机温度低，蒸汽进入冷却系统后会被冷凝，需打开放水开关排出积水；当缸体温度升高到一定程度时，放水阀处便排出蒸汽；当预热温度升高到 50 ~ 60 ℃ 时，可启动内燃机并往内燃机冷却系统中加入热水。若在曲轴箱内加装蒸汽管或散热容器，可预热润滑油，降低润滑油的黏度，使发动机更易于启动。

2. 改善混合气形成条件

低温启动时，燃料的雾化和蒸发不良，可采用预热进气系统的方法加以改善。

当汽油机低温启动时，可在启动前预热进气管；而柴油机可在进气管装设电热装置或用火焰加热器加热空气滤清器、进气管道和进气气流。

3. 启动液的使用

为保证内燃机在低温条件下不经预热直接启动，可采用专门的启动燃料——启动液。

启动液的加注方法应根据内燃机进气系统的结构，尽可能将其呈雾状均匀地分配到各气缸中。一般不采用将启动液渗入基本燃料通过供油系统进入气缸的方法。而是另设一套启动装置，将其呈雾状喷入进气管，与从空气滤清器进来的空气（柴油机）或可燃混合气（汽油机）混合后进入各个气缸。对于没有启动装置的内燃机，可使用启动液压力喷射罐。直接把启动液喷入进气管，但应注意控制喷入量。喷入量过大时，会引起内燃机启动粗暴。启动液喷射装量如图 7-5 所示。

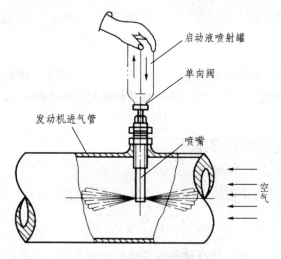

图 7-5　启动液喷射装置

4. 合理使用燃料和润滑油

为便于内燃机启动并减轻磨损，低温条件下使用的燃油应具有良好的挥发性、流动性和低含硫量。

内燃机应换用冬季润滑油，因其具有良好的黏温特性，黏度随温度下降而提高不显著，可使零件的润滑条件得以改善，并降低启动阻力。

5. 保　温

当内燃机在严寒地区使用时，应采取保温措施，保温的主要部位是内燃机和蓄电池。

汽车发动机罩采用保温套是保持发动机温度状况的重要措施。在 -30 ℃ 气温下，汽车行驶时，发动机罩内温度可保持在 20 ~ 30 ℃；停车后，发动机主要部位的冷却速度比无保温套时降低近 6 倍。发动机油底壳除采用双层油底壳外，还可以在外表面上封上一层玻璃纤维进行保温。

当蓄电池在低温下工作时，电解液温度每降低 1 ℃，蓄电池容量便减少 1% ~ 1.5%。温度过低时，电解液有冻结以致冻坏蓄电池的危险。

可将蓄电池装入木制保温箱对其进行保温。将保温箱做成夹层，夹层内可垫有毛毯。若使用聚苯乙烯等保温材料，则保温效果更好。

6. 正确使用防冻液

在寒冷季节，内燃机冷却系统使用防冻液，可防止缸体冻裂。常用防冻液有乙二醇-水型、乙醇-水型和甘油-水型 3 种。

防冻液在使用过程中应注意以下各点。

（1）防冻液的冰点应比使用地区的最低温度低 5 ℃。

（2）防冻液表面张力小，因而易泄漏，加注前应检查冷却系统的密封性。

（3）防冻液膨胀系数大，一般只应加到冷却系统总容量的 95%，以免升温膨胀后溢出。

（4）经常用密度计检查防冻液成分。当使用乙醇型防冻液时，由于乙醇蒸发快，因此，应及时添加适量乙醇和少量水；对于乙二醇和甘油型防冻液，只需添加适量的水。

7.3　内燃机在高温条件下的使用

7.3.1　内燃机在高温条件下的使用特点

在高温条件下，内燃机冷却系统的散热能力下降，内燃机易过热。因此，会导致内燃机的充气量下降、燃烧不正常、润滑性能变差、供油系统气阻等，使内燃机的动力性、经济性和可靠性变坏。

1. 内燃机充气量下降

充气系数 η_v 和每循环充气量 Δm 是评价内燃机进气过程完善程度的重要指标。

$$\left.\begin{aligned} \eta_v &= \frac{\Delta m}{\Delta m_0} \\ \Delta m &= \eta_v \cdot V_h \cdot \rho_0 \end{aligned}\right\} \tag{7-1}$$

式中　Δm——实际进入气缸新鲜充气量的质量，kg；

　　　Δm_0——进气状态下充满气缸工作容积的新鲜充气量的质量，kg；

　　　V_h——气缸工作容积，m³；

　　　ρ_0——进气状态下空气密度，kg/m³。

试验表明：进气温度提高后，其与缸壁的温差减小，尽管可使充气系数略有提高，但由于高温条件下内燃机体内温度高，空气密度大大下降而使内燃机充气量减小，从而导致内燃机功率降低。当外界气温为 32～35 ℃ 时，若冷却水不沸腾，内燃机最大功率仅为所能发出最大功率的 34%～48%；当气温为 25 ℃ 时，由发动机体外吸气可使内燃机最大功率提高 10%。

2. 燃烧不正常

外界温度高，进入内燃机的混合气温度也高，内燃机整个工作循环的温度上升；同时由于冷却系统散热能力下降，而导致内燃机过热。内燃机气缸壁、燃烧室壁温度升高，使其在爆燃敏感的条件下运转，易发生爆燃和早燃。不正常燃烧使内燃机零件的热负荷和机械负荷上升，容易导致零件的热变形甚至裂纹，并加剧磨损。

3. 润滑油易变质

内燃机过热使燃烧室、活塞和活塞环区域及油底壳等易引起润滑油变质的主要区域的温度升高，加剧了润滑油的热分解、氧化和聚合的过程。不正常燃烧的产物窜入曲轴箱后，污染了润滑油，又使其温度升高。因此，内燃机工作温度越高，润滑油变质越快。

在我国西部干旱地区，夏季炎热，空气中灰尘较多；而南方湿热带地区，夏季空气中水蒸气浓度大。灰尘和水蒸气通过进气系统或曲轴箱通风口进入内燃机后，将使润滑油受到污染而变质。

4. 磨损加剧

在高温条件下，内燃机在启动后达到正常工作温度前的磨损减少；但由于润滑油黏度降低、油性变差、润滑油污染后品质下降，同时因不正常燃烧而形成的高温、高压，内燃机在长时间运行过程中特别是超载或高速运行过程中，使其磨损加剧。

5. 供油系统气阻

供油系统受热后，部分汽油蒸发成气体而在管路中形成气泡，阻碍汽油流动；同时由于气体的可压缩性，使之随着汽油泵供油所产生的脉动压力，不断地压缩和膨胀，从而破坏了汽油泵吸油行程所产生的真空度，使内燃机供油不足甚至中断，这种现象称为供油系统气阻。

6. 其 他

在高温行车条件下，蓄电池电解液蒸发量大。

7.3.2 内燃机在高温条件的使用

根据内燃机在高温条件下的使用特点，可采取以下措施提高内燃机在高温行驶条件下的使用性能。

1. 加强技术维护

在夏季进行的日常维护中，要特别注意冷却系统的检查。例如：冷却系统的密封情况；散热器盖上的通风口和通气孔是否通畅；水温表及温度传感器是否正常；风扇技术情况；冷却水是否充足等。

为适应内燃机正常运行的需要，内燃机进入夏季使用之前，应结合二级维护，对内燃机进行一次全面的检查和调整。在夏季进行的季节性维护中，应对内燃机冷却系统、供油系统、点火系统进行全面检查和调整，并更换润滑油。

为保证内燃机冷却系统有良好的散热能力。在维护过程中应注意检查和调整冷却风扇传动带的松紧程度、定期检查节温度器的工作状况、清除散热器和缸体水套内的水垢。水垢对冷却系统散热能力的影响很大，试验表明：水垢的导热率比铸铁小十几倍，比铝小 10~30 倍。

为保证内燃机在高温使用条件下能得到可靠润滑，在技术维护过程中，要注意检查润滑油油量是否充足，并适当缩短换油周期。发动机应选用优质润滑油作为夏季用油；对于在炎热季节连续运行的内燃机，应加装机油散热器；对于在灰尘多的地区使用的内燃机，应加强空气滤清器的维护。

由于高温条件下空气密度低，应调整内燃机供油系统，减小供油量，以防混合气过浓。

高温时，混合气燃烧速率快，应减小点火提前角；夏季蓄电池电解液蒸发快，应经常检查电解液平面高度，及时加注。

2. 防止爆燃

当高温条件下工作时，汽油机易发生爆燃。爆燃可使汽油机产生过大的热负荷和机械负荷，使汽油机在工作过程中磨损加剧或使有关机件损坏，应注意避免。

适当推迟点火、调稀混合气都是防止爆燃的有效方法。此外，应根据汽油机的要求选用相适应辛烷值的汽油，注意保持汽油机的正常工作温度，及时清除汽油机燃烧室积炭。也可根据需要，安装爆燃限制器；以及通过改进进气方式，降低进气温度，防止爆燃。

3. 防止气阻

防止气阻的方法是改善内燃机的散热和通风，并设法将供油系统的受热部分与热源隔开，或采用结构和性能好的燃油泵。例如：把汽油泵与缸体间的金属垫改为绝热材料垫，减少缸体传热；由于电动汽油泵不需要发动机驱动，所以可安装在不易受热的位置，降低输油温度，可有效防止气阻。

7.4　内燃机在高原地区的使用

7.4.1　内燃机在高原地区条件下的使用特点

当内燃机在高原山区条件下运行时，由于海拔高、气压低、空气稀薄，从而使内燃机动力性和经济性下降。

1. 内燃机动力性下降

随着海拔高度的升高，气压降低、空气密度减小。海拔高度每增加 1 000 m，大气压力下降约 11.5%、空气密度约减小 9%，如表 7-1 所示。

表 7-1　海拔高度、大气压力、密度及温度的关系

海拔高度/m	大气压力/kPa	气压比例	空气温度/℃	空气密度/（kg/m³）	相对密度
0	110.3	1	15	1.225 5	1
1 000	89.9	0.887	8.5	1.112 0	0.907 4
2 000	79.5	0.784 5	2	1.006	0.821 5
3 000	70.1	0.691 8	−4.5	0.909 4	0.741 2
4 000	61.3	0.608 2	−11	0.819 3	0.668 5
5 000	54.0	0.533	−17.5	0.736 3	0.600 8

由于气压降低，外界与缸内的压差减小；又因空气密度小，使内燃机充气量下降，混合气变浓。由于大气压力降低，压缩终了的压力和温度降低，使混合气的燃烧速度缓慢。充气

量下降和燃烧速率降低均会使内燃机动力性降低。海拔高度每上升 1 000 m，发动机功率 N_e 和 M_e 分别下降 12%和11%，如图 7-6 所示。

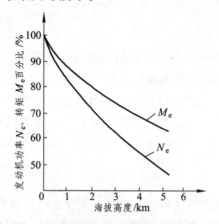

图 7-6　发动机功率、转矩与海拔高度的关系

海拔高度的增加也对内燃机的怠速性能有很大影响。由于进气管真空度下降，进气量不足，内燃机怠速转速下降。海拔高度每增加 1 000 m，怠速转速下降 50 r/min；同时，内燃机怠速稳定性变差。

2. 发动机燃油消耗增大

高原山区运行的内燃机，循环充气量明显下降，若供油系统未经调整或校正，则随着海拔高度的增加，空燃比变小、混合气变浓、内燃机耗油增加。

大气压力下降、燃料挥发性高，因而易产生气阻和泄露，使油耗增大。

海拔高度对内燃机运行油耗的影响，如图 7-7 所示。

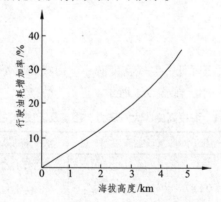

图 7-7　海拔高度对车用内燃机行驶油耗的影响

3. 润滑油易变质

由于高原内燃机功率下降，因此，内燃机满负荷工作的时间比例增大，内燃机易过热。发动机工作温度升高后，使润滑油黏度变小，氧化速度加快；同时，过浓的混合气不能完全燃烧，窜入曲轴箱后，会稀释润滑油而加快润滑油的变质。润滑油品质变差使内燃机润滑不良、磨损加剧。

7.4.2　内燃机在高原地区条件的使用

在高原山区使用时，内燃机功率下降、耗油增多、磨损加剧。根据内燃机在高原山区条件下的使用特点，可采取以下措施改善其使用性能。

1. 内燃机选购

若内燃机需经常在高原地区使用，则应购置内燃机制造厂为高原地区专门设计、制造的高原型内燃机。

2. 提高压缩比

由于高原地区空气稀薄、内燃机实际充气量减小、压缩行程终了时气缸内的压力和温度均下降，因此，适当提高内燃机压缩比，不仅可以提高压缩终了的温度和压力、加快燃烧速率、增大膨胀比，而且还可以采用较稀的混合气，提高内燃机的动力性和经济性。可采用高压缩比的气缸盖提高压缩比。高压缩比气缸盖可以是专门设计的，也可以在原气缸盖上进行加工，用缩小燃烧室容积的方法使压缩比有所提高；还可以通过采用较薄气缸垫，使压缩比有所提高。

3. 调整油路

随着海拔高度的增加，充气量减小；供油系统若不做调整，则混合气变浓，燃料燃烧不完全。因此，应根据海拔高度调整循环供油量。

4. 调整电路

海拔高度增大后，内燃机压缩终了的压力降低、火焰的传播速度降低，因此，可将点火提前角略为提前 2°~3°，也可调整火花塞和断电器触点间隙，以增强火花强度。对于柴油机而言，除对柴油机供油量进行调整以减少循环供油量外，还可将柴油喷入气缸后着火落后期延长；若燃烧速率慢，需适当使喷油提前。

5. 蓄电池的维护

内燃机在高原山区使用时，应经常检查蓄电池电解液，补充蒸馏水调整其密度，以保证蓄电池的技术状况，提高点火系统的点火能量。

6. 采用含氧燃料

含氧燃料指掺有酒精、丙酮及其他含氧化合物的燃料。由于掺入的燃料分子中都含有氧，在燃烧过程中，理论上所需的空气量减小，可补偿因气压低而产生的充气量不足的问题。

7. 采用进气增压装置

由于爆燃、排气温度过高等问题，增压技术在汽油机上的应用较柴油机晚，如今也开始广泛应用。柴油机则无上述问题的限制，因此，都可在进气系统中安装增压器（一般为废气涡轮增压），增加内燃机的充气量、提高压缩行程终了的压力和温度、改善内燃机的动力性和经济性。

8. 改善润滑条件

在高原地区运行的内燃机，其所使用的润滑油应具有良好的黏温特性，以保证发动机在低温时启动性能良好，高温时具有良好的润滑性能。为防止润滑油变质，应保持良好的曲轴箱通风，并采用机油散热器散热。

第8章　内燃机的排污与净化

8.1　内燃机排污的危害

内燃机用碳氢化合物燃料在燃烧室内完全燃烧时，如果不考虑燃料中的微量杂质，将只产生二氧化碳（CO_2）和水蒸气（H_2O）。水在地球上大量存在，内燃机排出的水分不会对地球水循环构成重大影响。至于二氧化碳，过去并不认为它是一种污染物，但因为含碳化石燃料的大量使用，使地球的碳循环失衡，加剧了"温室效应"，因此，引起全人类的关注。

二氧化碳在大气中的比例只有万分之几，它不但对人体无害，而且对人类来说，它几乎和氧气具有同等重要的作用，如提高二氧化碳浓度可增强植物的光合作用。但是世界工业化进程引起能源大量消耗，导致大气中二氧化碳的剧增，其中约 30% 来自汽车排气。二氧化碳对红外热辐射的吸收而形成的"温室效应"，会使全球气温上升、南北极冰层溶化、海平面上升、大陆腹地沙漠趋势加剧，使人类和动植物赖以生存的生态环境遭到破坏。

实际上，燃料在内燃机中不可能完全燃烧。内燃机一般转速很高，燃料燃烧过程占有的时间极短，燃料与空气不可能混合得完全均匀，燃料的氧化反应不可能完全，排气中会出现不完全燃烧产物，例如：一氧化碳（CO）和未完全燃烧甚至完全未燃烧的碳氢化合物（HC）。内燃机最高燃烧温度往往达 $2\,000\,°C$ 以上，使空气中的氮在高温下氧化生成各种氮氧化物（NO_x），内燃机排放的氮氧化物绝大部分是 NO，少量是 NO_2，一般用 NO_x 表示。在压燃式内燃机中，可燃混合气是边燃烧边形成的，其混合不均匀程度比点燃式内燃机更严重。缺氧的燃料在高温高压环境下会发生裂解、脱氢，最后生成碳烟粒质。

8.1.1　有害排放的种类

通常内燃机排放的污染物以及与交通源相关的主要污染物有：一氧化碳（CO）、氮氧化合物（NO_x）、碳氢化合物（HC）和微粒（PM）等。实际上，全球因燃烧矿物燃料而产生的 CO、NO_x 和 HC 的排放量，几乎有 50% 来自汽油机和柴油机。因此，世界各国都制定了严格的排放法规，以限制内燃机排出的 CO、NO_x、HC 和 PM。

8.1.2　有害排放的危害

8.1.2.1　一氧化碳

一氧化碳（CO）无色无味，是一种窒息性的有毒气体；在局部缺氧或低温条件下，是由烃不能完全燃烧而产生的。CO 与血液中血红素（Hb）的亲和力是氧气的 200~300 倍，因此，CO 能很快和 Hb 结合形成碳氧血红素蛋白（CO-Hb），使血液的输氧能力大大降低。因此，当吸入 CO 后，血液吸收和运送氧的能力降低，导致头晕、头痛、恶心等中毒症状。当吸入 CO 气体的体积分数达到 0.3% 时，可致人死亡。

8.1.2.2　碳氢化合物

碳氢化合物（HC）包括碳氢燃料及其不完全燃烧产物、润滑油及其裂解和部分氧化产物，如烷烃、环烷烃、芳香烃、醛、酮和有机酸等复杂成分。烷烃基本上无味，它在空气中的存在对人体健康不产生直接影响。烯烃略带甜味，有麻醉作用，对黏膜有刺激，经代谢转化会变成对人体有毒的环氧衍生物；烯烃有很强的光化活性，与 NO_x 一起在紫外线的作用下形成具有很强毒性的"光化学烟雾"。芳香烃有芳香味，同时有危险的毒性，例如：苯在浓度较高时可能引起白血病，有损肝脏和中枢神经系统的作用；多环芳烃（PAH）及其衍生物具有致癌作用。醛类是刺激性物质，其毒性随分子质量的减小而增大。

8.1.2.3　氮氧化物

氮氧化物指的是由氮、氧两种元素组成的化合物。作为空气污染物的氮氧化物（NO_x）常指 NO 和 NO_2。燃烧过程中排放的氮氧化物（NO_x）可能有 95% 以上是 NO，NO_2 只占少量。NO 是无色无味气体，只有轻度刺激性，毒性不大，高浓度时会造成中枢神经的轻度障碍，虽然气体内存在的 NO 毒性较小，但 NO 刚从发动机排出后，就很快氧化成毒性较大的 NO_2 等其他氮氧化合物。NO_2 与血液中的血红素的结合能力比 CO 还强。NO_2 是一种红棕色气体，对呼吸道有强烈的刺激作用，对人体影响更大。NO_2 被吸入人体后和血液中的血红素蛋白 Hb 结合，使血液输氧能力下降，会损害心脏、肝、肾等器官。NO_x 在大气中反应生成酸雨，成为酸雨的主要来源之一。同时，HC 和 NO_x 在大气环境中受强烈的太阳光紫外线照射后，会生成新的污染物——"光化学烟雾"。

8.1.2.4　颗粒物

颗粒物（Particulate Matter，PM）的主要成分是碳烟、有机物质及少量的铅化合物、硫氧化物等。颗粒物对人体健康的影响，主要取决于微粒的浓度、在空气中暴露的时间及粒径大小。柴油机排气中的微粒比汽油机高出 30~60 倍，因此，一般说到微粒都是指柴油机微粒。

颗粒的粒径大小是危害人体健康的另一重要因素，它主要表现在以下 2 个方面。

（1）粒径越小，越不易沉积，长期漂浮在大气中容易被吸入体内，而且容易深入肺部。一般粒径在 100 μm 以上的微粒会很快在大气中沉降；10 μm 以上的尘粒可以滞留在呼吸道中；5~10 μm 的尘粒大部分会在呼吸道沉积，被分泌的黏液吸附，可以随痰排出；小于 5 μm 的微粒能深入肺部；0.01~0.10 μm 的尘粒，50% 以上将沉积在肺腔中，引起各种尘肺病。柴油机排放中的微粒，其粒径一般小于 0.3 μm，可长期悬浮在大气中而不沉降，会深入人肺深部造成机械性超负荷，损伤肺内各种通道的自净机制，促进其他污染物的毒害作用。

（2）粒径越小，粉尘比表面积越大，物理、化学活性越高，加剧了生理效应的发生和发展。此外，尘粒的表面可以吸附空气中的各种有害气体及其他污染物，而成为它们的载体，被吸入人体，也会对人体造成损害。

8.2 内燃机排污的形成

8.2.1 内燃机排污的形成机理

8.2.1.1 一氧化碳的生成机理

一氧化碳（CO）是烃燃料在燃烧过程生成的中间产物，汽车排放污染物中 CO 的产生是燃油在气缸中燃烧不充分所致的。汽油机主要是由于混合气过浓造成的，柴油机主要是燃烧室内部缺氧或温度过低造成的。根据燃烧化学，烃类燃料完全燃烧的产物为 CO_2 和 H_2O，即

$$C_mH_n + (m + \frac{n}{4})O_2 \rightarrow mCO_2 + \frac{n}{2}H_2O \tag{8-1}$$

当空气量不足时，则有部分燃料不能完全燃烧，生成 CO 和 H_2，即

$$C_mH_n + \frac{m}{2}O_2 \rightarrow mCO + \frac{n}{2}H_2 \tag{8-2}$$

CO 化学反应机理（生成机理）：

$$RH \rightarrow R \rightarrow RO_2 \rightarrow RCHO \rightarrow RCO \rightarrow CO \tag{8-3}$$

式中　RH——烃类燃料；

　　　R——烃基；

　　　RO_2——过氧烃基；

　　　RCHO——醛基；

　　　RCO——酰基。

CO 形成过程的主要反应归结为 RCO 的热分解或氧化，其反应方程为

$$RCO \rightarrow CO + R \tag{8-4}$$

$$RCO + \begin{cases} O_2 \\ OH \\ O \\ H \end{cases} \rightarrow CO + \cdots\cdots \tag{8-5}$$

生成的 CO 主要通过下式接着反应氧化为 CO_2：

$$CO + OH \Leftrightarrow CO_2 + H \tag{8-6}$$

上式反应的速率很高，一般情况下可以达到瞬时化学平衡，因此，在内燃机的膨胀过程中，只要氧化活化基 OH 供应充分，高温下形成的 CO 在温度下降时仍能很快地转变为 CO_2。然而在供氧不足的混合气情况下，由于 OH 基被 H 夺走而束缚在 H_2O 中，高温下形成的 CO 就会留在燃气中并最终排出发动机外。由此可见，CO 的排出浓度受空燃比或过量空气系数

（ϕ_a）的影响，如图 8-1 所示。

从图 8-1 中可以看出，在浓混合气中（$\phi_a<1$），CO 的排放量随 ϕ_a 的减小而增加，这是由缺氧引起的不完全燃烧所引起的；在稀混合气中（$\phi_a>1$），CO 的排放量很小，只有在 $\phi_a=1\sim1.1$ 时，CO 的排放量才能随 ϕ_a 值的不同稍微有变化。

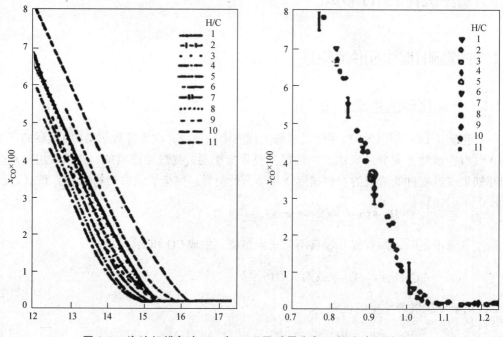

图 8-1　汽油机排气中 x_{CO} 与 A/F 及过量空气系数（ϕ_a）的关系

8.2.1.2　碳氢化合物的生成机理

汽油机未燃 HC 的生成与排放有 3 个渠道，具体如下。

（1）HC 的排气排放物：在燃烧过程中生成并随排气排出。当组织气缸扫气时，部分混合气直接进入排气。

（2）曲轴箱排放物：通过活塞与气缸之间的各间隙漏入曲轴箱的窜气，如果排入大气也构成 HC 排放物。

（3）蒸发排放物：从汽油箱等处蒸发的汽油蒸汽，如果排入大气同样构成 HC 排放物。柴油机排出的未燃 HC 全部由燃烧过程产生。

汽油机燃烧室中 HC 的生成主要有以下几条途径。

（1）多种原因造成的不完全燃烧。

（2）燃烧室壁面的淬熄效应。

（3）燃烧过程中的狭隙效应。

（4）燃烧室壁面润滑油膜和多孔性积炭的吸附和解吸作用。

1. 不完全燃烧（氧化）

在以均匀混合气进行燃烧的汽油机中，HC 与 CO 一样，也是一种不完全燃烧（氧化）的产物。大量试验表明，碳氢燃料的氧化根据其温度、压力、混合比、燃料种类及分子结构的不同而有着不同的特点。各种烃燃料的燃烧实质是烃的一系列氧化反应，这一系列的氧化反应有随着温度而拓宽的一个浓限和稀限，混合气过浓或过稀以及温度过低都将可能导致燃烧不完全或失火。

2. 壁面淬熄效应

发动机燃烧室表面受冷却介质的冷却，气缸壁面温度在 300 ℃ 以下，燃气火焰温度在 2 000 ℃ 以上，因此，壁面对火焰的迅速冷却称为冷激效应。冷激效应使火焰中产生的活性自由基复合，燃烧反应链中断，使反应变缓或停止。结果火焰不能传播到燃烧室壁表面，在表面留下一薄层未燃烧或不完全燃烧的可燃混合气，称为淬熄层。

发动机正常运转时，冷激效应造成的淬熄层厚度为 0.05 ~ 0.4 mm，未燃 HC 在火焰前锋面掠过后大部分会扩散到已燃气体中，大部分在气缸内被氧化，极少一部分成为未燃 HC 被排放。在冷启动、暖机和怠速工况下，壁温较低，淬熄层较厚，已燃气体温度较低及混合气较浓使后期氧化作用减弱，HC 排放增加。在此类工况下，壁面火焰淬熄是造成未燃 HC 的主要来源。

3. 狭隙效应

在内燃机燃烧室内存在各种狭窄的间隙，如活塞、活塞环与气缸壁之间的间隙，火花塞中心电极与绝缘子根部周围的狭窄空间和火花塞螺纹之间的间隙，进排气门与气门座面形成的密封带狭缝以及气缸盖垫片的间隙等。当间隙小到一定程度时，若火焰不能进入便会产生未燃 HC。

当缸内压力升高（压缩、燃烧过程）时，会将一部分未燃可燃混合气挤进缝隙中去，由于缝隙很窄、面容比大，混合气流入缝隙中很快被壁面冷却；当火焰前锋面到达各缝隙时，火焰或钻入缝隙烧掉全部混合气，或烧掉一部分，或在入口处淬熄。一般情况下火焰无法使缝隙中存在的燃油（也包括润滑油）全部燃烧完全。若发生淬熄，部分已燃气体也会被挤入缝隙；当压力降低（膨胀、排气过程）时，若缝隙中的压力高于气缸内压力（大约上止点后 15 ~ 20 ℃A），陷入缝隙中的气体将流回气缸；但此时气缸内温度已经下降，氧的浓度很低，流回缸内的大部分可燃气体都不能被氧化，以未燃 HC 的形式排出气缸。研究表明：约有 5% ~ 10% 新鲜混合气由于缝隙效应会躲过火焰传播的燃烧过程。狭隙效应造成的 HC 排放可占总量的 50% ~ 70%。

4. 润滑油膜和沉积物对燃油蒸汽的吸附与解吸

在进气过程中，在气缸壁面和活塞顶面上覆盖的润滑油膜会溶解和吸收进入气缸的可燃混合气中的碳氢化合物蒸汽，直至达到其环境压力下的饱和状态。在压缩和燃烧过程的较高压力下这种溶解吸收过程继续进行。由于燃烧的作用，当燃烧室中 HC 的浓度几乎降到零时，油膜中的 HC 开始逐步脱附释放出来，向已燃气体进行解吸过程，一直继续到膨胀和排气过程。解吸的燃油蒸汽若遇到高温的燃烧产物则被氧化，若遇到温度较低的燃气则不能被氧化而成为 HC 排放源。据研究，这种油膜和积炭吸附产生的未燃 HC 排放，占总量的 25% 左右。

8.2.1.3 氮氧化物的生成机理

在内燃机排放的氮氧化物中占压倒性多数的是 NO。NO 的主要来源是供给发动机空气中的 N_2。燃烧过程中 NO 的生成有 3 种方式，根据产生机理的不同分别称为：高温（Thermal）NO、激发（Prompt）NO 和燃料（Fuel）NO。

1. 高温 NO

高温 NO 的产生，可以认为，氮的氧化反应发生在燃料燃烧反应所形成的环境中，其主要反应过程是：

$$O_2 \rightarrow 2O \tag{8-7}$$

$$N_2 + O \rightarrow N + NO \tag{8-8}$$

$$N + O_2 \rightarrow O + NO \tag{8-9}$$

$$OH + N \rightarrow H + NO \tag{8-10}$$

上面的反应只有在大于 1 600 ℃ 的高温下才能进行，因此，称为高温 NO 生成机理。

促使上述反应正向进行并生成 NO 的因素有 3 个。

1）高 温

一般认为当燃烧温度高于 2 600 K 时就会开始大量生成 NO_x，特别是有氧存在时的温度是重要的。

2）富 氧

NO_x 的生成离不开高浓度的氧环境。在氧气不足的情况下，即使温度高，NO 也被抑制了。

3）缸内滞留时间

已燃气体在缸内的停留时间越长 NO_x 的生成越多，反之则越少。因为 NO 生成反应速度比燃烧反应慢，所以即使在高温下，如果停留时间短的话，NO 的生成量也可以被抑制。

2. 激发 NO

激发 NO 的生成机理是 20 世纪 70 年代初才被提出的，如下所示：

$$C_nH_{2n} \rightarrow CH, CH_2 \tag{8-11}$$

$$CH_2 + N_2 \rightarrow HCN + NH \tag{8-12}$$

$$CH + N_2 \rightarrow HCN + N \tag{8-13}$$

$$HCN \rightarrow CN \rightarrow NO \tag{8-14}$$

$$NH \rightarrow N \rightarrow NO \tag{8-15}$$

首先由碳氢化合物裂解出的 CH 和 CH_2 等与 N_2 反应，生成 HCN（氰化氢）和 NH 等中间产物，并经过生成 CN 和 N 的反应，最后生成 NO。上述反应由于其活化能很小，反应速度很快，并不需要很高的温度就可进行。激发 NO 的生成主要受 3 个因素的控制。

（1）燃料中碳氢化合物分解为 CH 等原子团的多少。

（2）CH 等原子团与 N_2 反应生成氮化物的速率。

（3）NO 氮化物之间相互转换的速率。

激发 NO 主要发生在预混合富燃料混合气中，与停留时间无关，也与温度、燃料类型、混合程度无关。在过浓条件下容易产生激发 NO。激发 NO 的发生量随过量空气系数的减小而增大。但就燃烧过程中 NO 生成总量来看，激发 NO 只占很小的比重。

3. 燃料 NO

燃料 NO 的生成机理，如下所示：

$$\text{FuelN} \rightarrow \text{HCN} \tag{8-16}$$

$$\text{NH}_3 \rightarrow \text{NO} \tag{8-17}$$

燃料中的氮化合物分解后生成 HCN（氰化氢）和 NH_3 等中间产物，并逐步生成 NO，这一反应过程在小于等于 1 600 ℃ 条件下就可进行。在内燃机的常规燃料中，汽油基本不含氮，而柴油的含氮率仅为 0.002% ~ 0.03%（质量分数），因此，现阶段可以不考虑 FuelN。但未来几十年后，当汽车发动机的 NO 排放已降到非常低的水平时，或许 FuelN 的控制也要认真考虑了。

综上所述，在 NO 生成的 3 种方式中，燃料 NO 的生成量极小，因此可以忽略不计；激发 NO 的生成量也较少，且反应过程尚不明确，也可暂不考虑。因此，可以认为，高温 NO 是 NO 的主要来源。

8.2.1.4　颗粒物的生成机理

柴油机颗粒物（PM）排放量一般比汽油机大几十倍。对于轿车和轻型车的柴油机，其 PM 排放量为 0.1 ~ 1.0 g/（km · h）的数量级；对于重型车用柴油机，其 PM 排放量为 0.1 ~ 1.0 g/（km · h）的数量级。

1. 颗粒物的成分

柴油机微粒（PM）是由 3 部分组成的，即（干）炭烟 DS、可溶性有机物 SOF 和硫酸盐，如表 8-1 所示。柴油机 PM 的组成取决于运转工况，尤其是排气温度。当排气温度超过 500 ℃ 时，PM 基本上是碳质微球的聚集体，称为碳烟，也称为烟粒（Dry Soot，DS）。当排气温度低于 500 ℃ 时，烟粒会吸附和凝聚多种有机物，称为有机可溶成分（Soluable Organic Fraction，SOF）。

表 8-1　柴油机颗粒物的组成

成　分	质量分数
干碳烟（Dry Soot，DS）	40% ~ 50%
可溶性有机成分（Soluable Organic Fraction，SOF）	35% ~ 45%
硫酸盐	5% ~ 10%

近年来，随着油气混合过程的改善和柴油高压喷射技术的应用，颗粒物和碳烟的总排放量有明显下降，但 PM2.5 以下较小颗粒的颗粒物所占比例增大。

2. 碳烟的形成过程

烟粒主要是由燃油中含有的碳产生的，并受燃油种类、燃油分子中的碳原子数的影响。尽管对燃烧烟粒的生成方面进行了大量的基础研究，但关于柴油机燃烧过程中烟粒的生成机理至今仍不很清楚，因为这涉及成分很复杂的燃油。碳烟微粒生成，如图 8-2 所示。

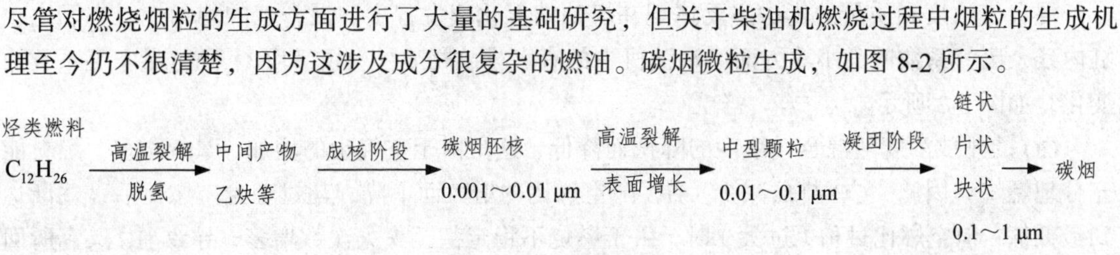

图 8-2　碳烟微粒生成图

柴油机烟粒的生成和长大过程一般可分为 2 个阶段。

1）烟粒生成阶段

燃油中烃分子在高温（2 000～3 500 K）富油缺氧区，通过裂解和脱氢过程，生成各种不饱和烃类。它们不断脱氢、聚合成以碳为主的直径 2 nm 左右的碳烟核心。

2）烟粒长大阶段

气相的烃和其他物质在这个晶核表面聚集，以及晶核相互碰撞发生的聚集，使碳粒增大，成为直径 20～30 nm 的碳烟基元。最后，碳烟基元经聚集作用堆积成粒度在 1 μm 以下的链状或团絮状聚集物。

3. 烟粒的氧化

在碳烟 DS 的整个生成过程中，从核的萌发到成长、集聚这一系列生成过程，都伴随着碳烟的氧化。因此，排气管排出的碳烟浓度是碳烟生成和氧化相竞争的结果。但烟粒的氧化要求的最低温度为 700～800 ℃，故只能在燃烧过程和膨胀过程进行，排放的碳烟是生成量与氧化量之差。

4. 可溶有机物的吸附与凝结

柴油机 PM 生成过程的最后阶段，是组成 SOF 的重要有机化合物。当燃气从发动机排出并被空气稀释时，通过吸附和凝结使 DS 表面覆盖 SOF。若柴油机排气中未燃 HC 含量高，则冷凝作用就强烈。当然最容易凝结的是未燃燃油中的重馏分，已经热解但未在燃烧过程中消耗的不完全燃烧有机物以及窜入燃烧室中的润滑油。

为了减少由于润滑油造成的 PM 排放，就要在保证发动机工作可靠的前提下尽可能降低润滑油消耗。来自燃油的 SOF 与柴油机的未燃 HC 排放有关，减少 HC 排放也使 SOF 排放量降低；但是，降低柴油机 PM 排放问题的核心是减少 DS 的生成。由于 DS 生成的重要条件是燃料在高温下严重缺氧，所以，改善柴油机的油气混合均匀性，使燃烧室内任一点的过量空气系数均大于 0.6；这是降低 DS 排放的最重要措施。

8.2.2　内燃机排污形成的影响因素

汽油机的设计和运行参数以及燃料的制备、分配及成分等因素都与排气中污染物的排出量有很大的关系。

1. 混合气含量和质量

混合气浓度和质量的优劣主要体现在燃油的雾化蒸发程度、混合气的均匀性、空燃比、缸内残余废气系数的大小等方面。汽油机中的有害排放物 CO、HC 和 NO_x 随过量空气系数的变化，如图 8-3 所示。

CO 的排放浓度随混合气浓度的降低而降低，这是由于空气量的增加、氧气增多、燃料能充分地燃烧，因此，CO 排放减少。HC 随空燃比的增大而下降，超过理论空燃比后，逐渐达到最低值；但空燃比过稀（过大）时，由于燃烧不稳定甚至失火次数增多，导致 HC 又有所回升。混合气的均匀性影响 HC 的排放，混合气均匀性越差则 HC 排放越多；废气相对过多则会使火焰中心的形成与火焰的传播受阻甚至失火，致使 HC 排放量增加。

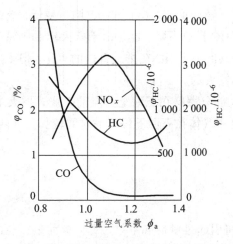

图 8-3 汽油机过量空气系数（ϕ_a）对有害排放物生成的影响

$\phi_a < 1$ 时，由于缺氧，即使燃烧室内温度很高，NO_x 的生成量仍会随着 ϕ_a 的降低而降低，此时氧浓度起着决定性作用。$\phi_a > 1$ 时，温度起着决定性作用，NO_x 生成量随温度升高而迅速增大。最高温度通常出现在 $\phi_a \approx 1.1$，且有适量的氧浓度时，故 NO_x 排放浓度出现峰值。ϕ_a 进一步增大，温度下降的作用占优势，NO 生成量减少。

2. 点火提前角

点火提前角对汽油机 HC 和 NO_x 排放量的影响，如图 8-4 所示。

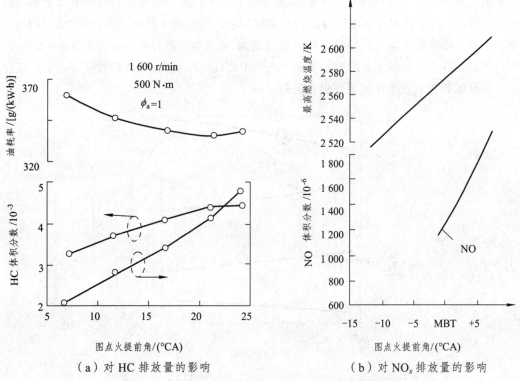

（a）对 HC 排放量的影响　　　　　　（b）对 NO_x 排放量的影响

图 8-4 点火提前角对汽油机 HC 和 NO_x 排放量的影响

当空燃比一定时，随点火角的推迟，NO_x 和 HC 同时减低，燃油消耗却明显变化。点火延迟（点火提前角减小）可使 HC 排放下降，这是由于点火延迟使混合气燃烧时的激冷壁面面积减小，同时使排气温度增高，促进了 HC 在排气管内的氧化。但采用推迟点火，靠牺牲燃油经济性来降低 HC 排放是得不偿失的。

增大点火提前角使较大部分燃料在压缩上止点前燃烧，增大了最高燃烧压力值，从而导致较高的燃烧温度，并使已燃气体在高温下停留的时间较长，这两个因素都将导致 NO 排放量增大。

3. 运转参数

1）汽油机转速

汽油机转速 n 的变化将引起过量空气系数、点火提前角、混合气形成、空燃比、缸内气体流动、汽油机温度及排气在排气管内停留时间等的变化。转速对排放量的影响是这些变化的综合影响。当 n 增加时，缸内气体流动增强、燃油的雾化质量及均匀性得到改善、紊流强度增大、燃烧室温度提高，这些都有利于改善燃烧，降低 CO 及 HC 的排放。当汽油机怠速时，由于转速低、汽油雾化差、混合气很浓、残余废气系数较大，CO 及 HC 的排放浓度较高。如图 8-5 所示为怠速转速与排气中 CO、HC 浓度的关系。当怠速转速为 600 r/min 时，CO 浓度为 1.4%；700 r/min 时，降为 1% 左右，这说明提高怠速转速，可有效地降低排气中 CO 浓度。

转速 n 的变化对 NO 排放量的影响较为复杂。在燃用稀混合气、点火时间不变的条件下，从点火到火焰核心形成的点火延迟时间受转速的影响较小，火焰传播的起始角则随转速的增加而推迟。虽然随着转速的增加，火焰传播速度也有所提高，但提高的幅度不如燃用浓混合气的大。因此，部分燃料在膨胀行程压力及温度均较低的情况下燃烧，NO 的生成量减少。如图 8-6 所示，图中曲线是某汽油机在点火提前角为 30 °CA、进气管内压力为 0.098 MPa 的条件下得到的 NO 排放随转速 n 的变化关系；由图中曲线可以看到，NO 排放随转速 n 的变化而改变，特征的转折点发生在理论空燃比附近。

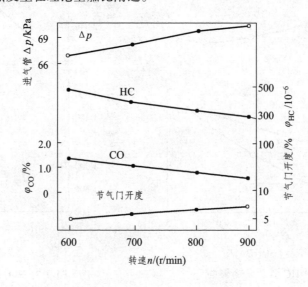

图 8-5　怠速转速对 CO 和 HC 排放量的影响

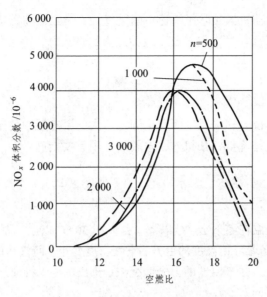

图 8-6　转速 n 的变化对 NO 排放量的影响

2）汽油机负荷

如果维持混合气空燃比及转速不变，并将点火提前角调整到最佳点，则负荷增加对 HC 排放量基本没有影响。因为负荷增加虽使缸内的压力及温度升高、激冷层变薄，以及 HC 在膨胀及排气行程的氧化加速，但压力升高也使缝隙容积中未燃烃的储存量增加，从而抵消了前者对 HC 排放量的有利影响。在上述条件下，负荷变化对 CO 的排放量基本上也没有影响，但对 NO 的排放量有影响。汽油机是采用节气门控制负荷的，负荷增加，进气量就增加，降低了残余废气的稀释作用，火焰传播速度得到了提高，缸内温度提高，排放增加。这一点在混合气较稀时更为明显；混合气过浓时，由于氧气不足，负荷对 NO_x 排放影响不大。

3）汽油机冷却水及燃烧室壁面温度

燃烧室壁温直接影响激冷层的厚度和 HC 的排气后反应。提高汽油机冷却水及燃烧室壁面温度，可降低缝隙容积中储存的 HC 含量，减少激冷厚度，减少 HC 排放；同时还可改善燃油的蒸发、混合和雾化，提高燃烧质量。据研究，壁面温度每升高 1 ℃，HC 排放含量（体积分数）相应降低 $0.63 \times 10^{-6} \sim 1.04 \times 10^{-6}$，因此，提高冷却介质温度有利于减弱壁面激冷效应，降低 HC 排放。另外，冷却水及燃烧室壁面温度的提高也使燃烧最高温度增加，从而使 NO 排放量增加。

4）排气背压

当排气管上催化转化器后，排气背压必然受到影响。试验表明：排气背压增加，排气留在缸内的废气增多，其中的未燃烃会在下一循环中烧掉，因此，排气中的 HC 含量将降低。然而，如果排气背压过大，则留在缸内的废气过多，稀释了混合气，燃烧恶化，排出的 HC 反而会增加。

5）积炭

汽油机运转一段时间后，会在活塞顶部、燃烧室壁面和进气门、排气门上形成多孔积炭，这些积炭能吸附未燃混合气和燃料蒸汽，在排汽过程中再释放出来。因此，随着积炭的增加，HC 排放量增加。

随着积炭的增加，发动机的实际压缩比也随之增加，导致最高燃烧温度升高，NO 排放量增加。汽油机在高负荷下运行时，积炭成了表面点火的点火源，除了使 NO 排放增加外，还有可能使机件烧蚀。

4. 燃烧室面容比

燃烧室面容比大，单位容积的激冷面积也随之增大，激冷层中的未燃烃总量必然也增大。因此，降低燃烧室面容比是降低汽油机 NO 排放的一项重要措施。

5. 环境影响

1）进气温度的影响

一般情况下，冬天气温在零下 20 ℃ 以下，夏天在 30 ℃ 以上，而汽车在爬坡时发动机罩内进气温度超过 80 ℃。随着环境温度的上升，空气密度变小，而汽油的密度几乎不变，因此，可燃混合气的空燃比随吸入空气温度的上升而变浓，排出的 CO 将增加。因此，冬天和夏天发动机排放情况有很大的不同。

2）大气压力的影响

大气压力随着海拔高度的变化而变化。可以认为空气密度与大气压力成正比，所以当进气管压力降低时，空气密度下降，则空燃比下降，CO 排放量将增大、NO_x 降低。

3）大气湿度的影响

大气湿度对 NO_x 排放的影响特别大。大气湿度对排放特性的影响可以从下面 2 个方面考虑：① 由于大气湿度的变化，使空燃比的变化超过了反馈控制区域；② 由于大气湿度的增加，燃烧室内气体的热容量增大，使最高燃烧温度降低。可见随绝对湿度的增大，空燃比减小。大气湿度增大后，水分带走了燃烧放出的热量，使最高燃烧温度降低，NO_x 的排放降低。

8.3　内燃机排污的控制

8.3.1　内燃机机内净化技术

机内净化技术是指在保证发动机工作性能的前提下，从有害排放物的生成机理及影响因素出发，以改进发动机的燃烧过程为核心，来达到减少和抑制污染物生成的各种技术。机内净化是治理汽油机排放污染物的根本措施，主要包括以下几个方面。

1）汽油喷射电控系统

电子控制系统的功能是根据发动机运转状况和车辆运行状况确定燃油的最佳喷射量。该系统由传感器、ECU 和执行器 3 部分组成，如图 8-7 所示。

在电控燃油喷射系统中，以电子控制单元（ECU）为中心，用安装在发动机不同部位上的各种传感器测定发动机的各种工作参数，如进气量、转速、进气温度、曲轴位置、节气门位置、氧传感器等，将它们转化为计算机能够接收的电信号之后，传送给 ECU；ECU 对输入信号作运算、处理、分析判断后，向执行器发出指令控制喷射系统的工作；最终通过喷油器定时、定量的把汽油喷入进气道或气缸中去，使发动机在各种工况下都能获得最佳浓度的混合气和最佳点火提前角，提高燃油的燃烧效率，从而达到降低汽油机污染物排放量的目的。

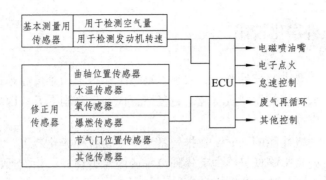

图 8-7　电子控制系统

2）低排放燃烧技术

低排放燃烧技术主要是依靠稀薄燃烧技术、分层燃烧技术和汽油直喷技术来改善可燃混合气的形成和燃烧条件，从而大幅度降低 CO、HC 和 NO_x 的排放量。

3）废气再循环技术（EGR）

EGR 的英文全称是 Exhaust Gas Recycle，意思是废气再循环，是针对有害气体（NO_x 等）设置的排气净化装置。它的主要作用是：将排出的一部分废气再循环回到进气歧管，与混合气一起进入燃烧室以增加混合气的热容量，降低燃烧时的最高温度，从而减少 NO_x 的生成量，最终减少对大气的污染。

4）进气增压技术

增压就是将空气预先压缩然后再供入气缸，提高空气密度、增加进气量的一项技术，使汽油燃烧更加充分；同时进气量增加，可相应地增加循环供油量，从而可以增加发动机功率；同时，增压还可以改善燃油经济性，降低 CO 和 HC 的排放量，提高发动机的动力性和在高原地区的工作适应性。进气增压技术包括废气涡轮增压、机械增压、谐波增压和气液增压等。

5）多气门技术

多气门发动机是指每一个气缸的气门数目超过两个，主要有：两个进气门和一个排气门的三气门式、两个进气门和两个排气门的四气门式、三个进气门和两个排气门的五气门式，其中四气门式最为普遍。采用多气门技术可以保证较大的换气流通面积、减少泵气损失、增大充气量、保证较大的燃烧速率，从而降低汽油机污染物 HC 和 CO 的排放量。

6）可变进气系统

利用可变进气系统，可解决发动机在高低速和大小负荷时的性能矛盾，并减少相应的 CO和 HC 的排放量。可变进气系统包括可变进气管长度和断面积，可变气门升程和可变气门正时系统。

7）曲轴箱通风系统（PCV 系统）

当发动机工作时，会有部分可燃混合气和燃烧产物经活塞环由气缸窜入曲轴箱内。当发动机在低温下运行时，还可能有液态燃油漏入曲轴箱。这些物质若不及时清除，将加速机油变质并使机件受到腐蚀或锈蚀。又因为窜入曲轴箱内的气体中含有 HC 及其他污染物，所以不允许把这种气体排放到大气中。现代汽车发动机所采用的强制式曲轴箱通风系统就是防止曲轴箱气体排放到大气中的净化装置。

8.3.2　内燃机机外净化技术

随着对发动机排放要求的日趋严格，改善发动机工作过程的难度越来越大，能统筹兼顾动力性、经济性和排放性能的发动机将越来越复杂，成本也急剧上升。因此，世界各国都先后开发废气后处理净化技术。

在尽量不影响发动机性能的同时，在排气系统中安装各种净化装置，利用净化装置在排气系统中对废气进行处理来降低最终向大气环境排放的污染物。车用汽油机后处理装置主要有三元催化转化器、热反应器和空气喷射器等。

1）三元催化转化器

三元催化转化器是目前应用最多的废气后处理技术。当发动机工作时，废气经排气管进入催化器，其中 NO_x 与废气中的 CO、H_2 等还原性气体在催化作用下分解成 N_2 和 O_2；而 HC 和 CO 在催化作用下充分氧化，生成 CO_2 和 H_2O。三元催化转化器的载体一般采用蜂窝结构，蜂窝表面有涂层和活性组分，与废气接触面积非常大，所以其净化效率高，当发动机的空燃比在理论空燃比附近时，三元催化剂可将 90%的碳氢化合物、一氧化碳和 70%的氮氧化物同时净化，因此，这种催化器被称为三元催化转化器。目前，电子控制汽油喷射加三元催化转化器已成为国内外汽油机排放控制技术的主流。

催化转化器是由壳体、垫层、载体及催化剂 4 部分构成的，如图 8-8 所示。其中催化剂是催化活性组分和水洗涂层的合称，它是整个催化转化器的核心部分，决定着催化转化器的主要性能指标。

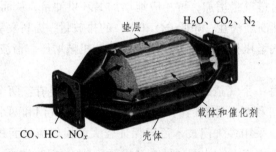

图 8-8　三效催化转化器的结构图

2）热反应器

汽油机工作过程中的不完全燃烧产物 CO 和 HC 在排气过程中可以继续氧化，但必须有足够的空气和温度以保证其较高的氧化速率，热反应器为此提供必要的温度条件。在排气道出口处安装用耐热材料制造的热反应器，使尾气中未燃的 HC 化合物和 CO 在热反应器中保持高温并停留一段时间，使之得到充分氧化从而降低其排放量。

热反应器属氧化装置，NO_x 不能被去除。它一般采用耐热耐腐蚀的不锈钢制成。热反应器由壳体、外筒和内筒构成，中间加保温层，使内部保持高温。热反应器安装在排气总管出口处。

3）空气喷射器

空气喷射系统已经被广泛地应用在汽车上，它实际上就是一种尾气排放控制实用技术，用以减少排气中的 HC 和 CO 的排放量。而且实践也已证明，空气喷射系统在汽、柴油汽车上都能取得良好的效果。它的工作原理是空气泵将新鲜空气送入发动机排气管内，从而使排气种的 HC 和 CO 进一步氧化和燃烧，即把导入的空气中的氧在排气管内与排气中的 HC 和 CO 进一步化合形成水蒸气和二氧化碳，从而降低了排气中的 HC 和 CO 的排放量。

按其空气喷入的部位可分为两类。

第一类，新鲜空气被喷入排气歧管的基部，即排气歧管与气缸体相连接的部位，因此，排气中的 HC、CO 只能从排气歧管开始被氧化。

第二类，新鲜空气通过气缸盖上的专设管道喷入排气门后气缸盖内的排气通道内，排气中 HC、CO 的氧化更早进行。

二次空气喷射系统按控制形式不同可分为：机械空气泵型、脉冲型、电控空气泵型。空气泵系统是利用空气泵将压缩空气导入排气系统；脉冲空气系统是利用排气压力将空气导入排气系统。

4）稀薄燃烧尾气净化技术

稀薄燃烧是指当发动机在空燃比大于理论空燃比的条件下运行时，它的尾气具有与普通汽车尾气相类似的化学成分，但其中还原性及氧化性气体的相对含量不同于普通汽车的尾气。例如：当空燃比由理论空燃比 14.7 提高到 22 时，尾气中 CO 的浓度明显降低，HC 和 NO_x 在一定的空燃比范围内也有所减少，但尾气中 O_2 的浓度明显升高，使汽油机已有的三效催化剂对 NO_x 的转化率大为降低，使得尾气中 NO_x 超标。因此，提高富氧条件下 NO_x 的转化率，是稀薄燃烧净化技术的关键。对于稀薄燃烧，去除汽油机尾气中的 NO_x，有以下 3 种技术：① 直接催化分解 NO_x；② 吸收还原技术；③ 选择性催化还原 NO_x。

第9章 内燃机的噪声与控制

9.1 内燃机噪声概述

9.1.1 内燃机噪声的分类

内燃机热力过程的周期性及部分受力机件的往复运动构成了内燃机主要的振动噪声源。内燃机噪声根据其产生的机理可分为：燃烧噪声、机械噪声和空气动力噪声。机械噪声与燃烧噪声是通过内燃机的外表面向外辐射的，而空气动力噪声主要产生在进气和排气过程中，它直接向大气辐射。

内燃机的燃烧噪声是在气缸内产生的。混合气燃烧产生的缸内气体压力直接激振内燃机结构，引起结构振动，并通过外部和内部传播途径传到内燃机表面，由内燃机表面辐射形成的空气声就是燃烧噪声。燃烧噪声和机械噪声很难严格区分。为了研究方便，将由于缸内燃烧，活塞对缸套的压力振动通过缸盖—活塞—连杆—曲轴—机体向外辐射的噪声叫做燃烧噪声；将活塞对缸套的撞击、正时齿轮、配气机构、喷油系统、辅机皮带、正时皮带等运动件之间机械撞击所产生的振动激发的噪声叫做机械噪声。

空气动力噪声是指由于气体流动（如周期性进气、排气）或物体在空气中运动，空气与物体撞击，引起空气产生的涡流；或由于空气发生压力突变形成空气扰动与膨胀（如高压气体向空气中喷射）等而产生的噪声。一般来说，空气动力噪声包括进气噪声、排气噪声和风扇噪声，如果不安装消声器，排气噪声的声压级是最大的，其次是进气和风扇噪声。

9.1.2 内燃机噪声的计算与检测

1. 内燃机噪声的计算

内燃机总噪声级与内燃机类型、转速、功率、缸径等参数有关。一些内燃机噪声经验公式是由统计方法得出的，可作为同种类型内燃机的近似参考。

例如：距发动机 1 m 处的四冲程柴油机的声压级 L_A 可近似为

$$L_A = 10 \lg n_h + 5.5 \lg (1.36 Ne_h) - 30 \lg (n_h / n) + 55 \tag{9-1}$$

式中，n_h 为标定车速，r / min；n 为工作转速，r / min；Ne_h 为标定功率，kW。

距发动机 1 m 处的涡轮增压四冲程柴油机的声压级 L_A 可近似为：

$$L_A = 40 \lg n_h + 50 \lg B - 136.7 \tag{9-2}$$

式中，B 为缸径。可见，柴油机的声压级与工作转速和缸径成正比。

汽油机由于其功率、缸径较小，转速高（标定转速 4 000～8 000 r/min）；故往复运动质量小，热力工作过程柔和平稳，高爆发压力低，因此，汽油机的噪声较同样功率的柴油机可低 10 dB 左右。但汽油机在最高转速下的噪声功率与柴油机几乎相等。

2. 内燃机噪声检测

内燃机整机噪声测量一般是在试验室内进行的，若试验室为普通试验室，则其房间常数 R 应大于或等于测量表面积的 4 倍。测量时，将内燃机安装于与测功机及周围地板分开的单一基础上，并将其排气用长管引出室外，以避免其他振动的传入和排气噪声的干扰。室内本底噪声应比待测噪声小 3 dB。内燃机总噪声的测试需全面考虑测试条件。稳定测试点应该包括和代表实际工作点。一般测量扫描速度变化率应小于 15 r·min^{-1}·s^{-1}。

9.2 燃烧噪声

9.2.1 燃烧噪声机理

1. 燃烧气体动力载荷

燃烧过程的好坏，不仅影响内燃机的动力性和经济性，而且还影响它所发出的噪声。关于燃烧噪声产生的机理，广泛认为是由于燃烧过程中产生的缸内气体压力的变化引起的，它包括由气缸内压力剧变引起的动力载荷，以及由冲击波引起的气体高频振动。由气体动力载荷引起的噪声，其强弱程度取决于压力增长率及最高压力增长率持续时间。若压力增长率相同，但压力升高比增大，也会使噪声增强。如果压力保持不变，将不产生噪声。缸内压力的交变特性主要由压力增长率 dp/dt 表征。根据试验得燃烧噪声声强与缸内压力的关系为

$$I \propto \left[p_{\max} \left(\frac{\mathrm{d}p}{\mathrm{d}t} \right)_{\max} \right]^2 \tag{9-3}$$

式中，I 为燃烧噪声声强；$p_{\max}$ 为缸内压力最大值；$(\mathrm{d}p/\mathrm{d}t)_{\max}$ 为缸内压力升高率的最大值。

与汽油机相比，柴油机的缸内压力较高，且压力增长率最大值远高于汽油机，所以柴油机的燃烧噪声远远大于汽油机。燃烧噪声与燃烧过程是密切相关的。柴油机燃烧过程分为：滞燃期、速燃期、缓燃期、补燃期 4 个阶段。在滞燃期内，气缸中的压力温度变化都很小，对燃烧噪声的直接影响甚微。但是，由于滞燃期对燃烧过程的进展有很大影响，所以它对燃烧噪声有间接的重大影响。在速燃期内，气缸压力迅速增加，直接影响到发动机的振动和噪声。

燃烧噪声主要是在速燃期内产生的。当缸内压力剧增时，发动机的相应零部件便受到一定强度的动力载荷，其性质相当于一种敲击。由于发动机的结构是一个相当复杂的振动系统，各零部件的固有频率不同，试验表明多数处于高频范围。因此，由燃烧噪声经传播而向外发射的噪声频率也就处于中高频范围内，即处在对人的感觉来说最不愉快的频段。

缓燃期对柴油机机体的高频振动及高频噪声也有影响。补燃期对燃烧噪声的影响不大。

汽油机正常燃烧过程的噪声在其总噪声中占有很次要的地位。但是，当爆振时，气缸内气体压力急剧上升能产生高频爆振噪声。

2. 气体的高频振动

在柴油机的滞燃期内，燃料着火与传播引起局部区域压力急剧升高，也传播着具有冲击性质的压力波。这种冲击波达到后进行多次反射，就形成气体的高频振动，它在膨胀过程中还要保持相当长的时间。

气缸中气体高频振动的频率，可按下式估算：

$$f_g = \frac{C_c}{2D} \tag{9-4}$$

式中，C_c 为冲击波的传播速度；D 为气缸直径，m。

9.2.2 气缸压力的频谱特性

气缸压力频谱曲线可由气缸压力曲线转换求得；也可用压力传感器安装在气缸盖上，使之与燃烧室相通直接测定。气缸压力曲线的微小变化，对发动机的功率不会产生显著影响，但对其噪声却有很大的影响。发动机功率是由多次循环平均的压力曲线所决定的，而燃烧噪声则与每一循环中气缸内瞬时压力变化的实际曲线有关。

（1）低频区域，气缸压力级最大值主要是由气缸内的压力曲线的形状积分及最大压力值所决定。气缸的最大压力越高，频谱曲线的低频峰值越高。

（2）曲线中间部分的特点是气缸压力级以对数规律作线性递减，其斜率受气缸压力增长率 $dp/d\varphi$ 控制，因此，它是燃烧开始释放热量的函数。$dp/d\varphi$ 越大，直线部分就越平坦；反之 $dp/d\varphi$ 越小，直线部分就越陡。根据大量试验结果的统计表明，各种内燃机的气缸压力频谱具有各自的特点。在全负荷额定转速工况下，每增减频率 10 倍，各种内燃机气缸压力频谱曲线中间部分的线性衰减斜率，如表 9-1 所示。

表 9-1　气缸压力频谱曲线的线性衰减斜率

内燃机	线性衰减斜率 dB/10 倍频率
汽油机	50～60
直喷式增压柴油机	20～30
分割式非增压柴油机	≈45
直喷式增压柴油机	≈40

（3）最后区域出现一个压力级的峰值是由于燃烧开始时缸内局部区域压力急剧上升，引起气体高频振动而产生的，主要与 $d^2p/d\varphi^2$ 有关。

有些发动机的气缸压力频谱曲线在低频段成线谱，即只在某几个特定频率上有峰值，这些特定频率就是该气缸的发火频率 f 和以 f 为整倍数的若干次谐频。中高部分由于气缸压力呈冲击性急剧上升，因此其频谱是连续的。爆发频率可用下式计算，即

$$f = \frac{ni}{30\tau}$$ （9-5）

式中　n——内燃机转速，r/min；

　　　i——气缸数；

　　　τ——冲程数。

气缸压力频谱曲线低频段的形状基本上不受发动机转速的影响，只是当转速升高时，曲线向高频方向平移了一段距离。这是因为当转速变化时，气缸压力的大小及压力曲线的形状相对于曲轴转角来说大致保持不变。但是，曲线最后段的情况就不同了，由于气体的高频振动主要是由燃烧室尺寸及冲击波的传播速度决定的，而与发动机的转速关系不大，因此，最后段中相应于压力峰值的频率几乎与转速无关。

9.2.3　气缸压力频谱与噪声的关系

由气缸压力曲线的频谱可知，气缸压力曲线实质上是不同频率、不同幅值的一系列谐波的叠加结果。根据线性系统的性质可知，气缸压力总的作用等于这一系列谐波单独作用之总和。因此，燃烧气体对气缸内各零件振动的激励，可以认为是这一系列谐波单独激励的总和。

这一系列谐波在气缸内可以通过 3 条途径传递到发动机外表面，从而形成表面的振动而辐射出噪声。① 通过活塞、连杆、曲轴、主轴承传至机体外表面；② 经气缸盖传到机体外表面；③ 经缸套侧壁传向缸体外表面。试验表明：由燃烧产生的大部分振动能量是通过连杆大端和主轴承进入发动机结构激发表面振动辐射出噪声的。

燃烧噪声的大小不仅与气缸压力频谱有关，还与发动机的结构衰减特性有关，这是因为噪声由振动而产生，振动取决于激振力特性和振动系统的结构响应特性。气缸压力级与发动机噪声压级之差称之为衰减量。衰减量反映了发动机本身结构上的固有特性。对某一台发动机来说其结构是一定的，则衰减系数也是一定的。不同发动机的衰减量曲线可能在不同频率点有多达 10 dB 的差异，衰减曲线大致可分为 3 个区域。

① 1 000 Hz 以下的结构衰减量很大，约为 55 dB/10 倍频率。这主要是由于发动机结构中大多数零件的刚性都较大，自振频率处于中、高频区域，因此，在气缸压力频谱中，低频段的压力级虽然都很大，但因零件的结构响应小，对气缸压力激起的振动衰减量大。

② 1 000 ~ 4 000 Hz 的中间段结构衰减量低，约为 10 dB/10 倍频率。这是由于零件的固有频率多处于此频段，易被激起振动，故衰减很小。

③ 4 000 Hz 以上频段，结构衰减约为 16 dB/10 倍频率，结构衰减又有所上升。这是由于频率太高，已超过了大多数零件的固有频率，结构的响应又较差，故此区域的结构衰减又有所增加。

内燃机的结构对燃烧噪声来说相当于一个衰减器，在频率较低的区域（800 Hz 以下），虽然气缸压力级很大，但内燃机的结构衰减也很大，所以声压级较小。在频率较高的区域（3000 Hz 以上），结构的衰减太小，这个频率范围的气缸压力级也很小，所以声压级也低；在此区域中，气缸压力级随频率增加而衰减，结构衰减随频率增加而增加，故表现为噪声随频率增加而迅速衰减。在中间频率的区域（1 000 ~ 3 000 Hz），气缸压力级虽远不及低频部分时大，但在此区域中结构衰减最小，结构响应最强，最易产生振动而辐射出噪声。所以，此区域的声压级最高，出现峰值。因此，有效地控制燃烧，以获得较低的气缸压力级和增加内燃机的结构衰减将是控制燃烧噪声的有效途径。

9.2.4 燃烧噪声的影响因素

由上述可知，压力升高率是激发燃烧噪声的一个根本因素，而压力升高率主要取决于滞燃以及在滞燃期内形成可燃混合气的数量。滞燃期短，说明在相同的喷油始点时，燃烧开始点较早，在燃烧开始前那段时间内喷入的燃料量较少，因此，在着火前形成的可燃混合气数量也较少，着火后压力增长较为缓慢；而滞燃期长，则着火前形成的可燃混合气数量就多，这些燃料在燃烧过程的第二阶段几乎同时燃烧，致使气缸压力升高率和最高燃烧压力都比较高，从而激发出较强的燃烧噪声。因此，要控制燃烧噪声，当设计燃烧系统时必须尽可能地缩短滞燃期。对一定结构的柴油机，影响滞燃期的因素有很多，在正常运转条件下，压缩温度和压力是影响着火延迟的主要因素；此外，喷油提前角、燃烧性质等也有较大影响。发动机的燃烧室结构和运转参数对燃烧噪声的影响，也多是通过压缩温度和压力而影响滞燃期的。

1. 结构型式及设计

发动机燃烧室的结构型式及整个燃烧系统的设计，对其压力增长率、最高燃烧压力和气缸压力频谱曲线都有着明显的影响。

2. 压缩温度和压力

随着压缩温度和压力的增加，由于燃料着火的物理、化学准备阶段得到改善，因而着火延迟期减小。压缩终了的温度主要取决于压缩比，此外，还与冷却水温度、活塞温度、气缸盖温度、进气温度等有关。

提高压缩比可升高滞燃期内的燃气温度、提高压缩终了的温度和压力、缩短滞燃期、降低压力升高率、减少空间雾化直喷式柴油机在滞燃期内积聚的可点燃油量、使放热率的最大值降低，因此，可降低燃烧噪声。但压缩比增高又使气缸压力增大、活塞撞击噪声增加，因此，不会使发动机总的噪声有很大的降低。增压使进气温度升高，因此，能降低空间雾化直喷式柴油机的燃烧噪声。

进气温度越高，供油越迟，则缸内燃气温度越高，滞燃期越短。对于空间雾化直喷式柴油机来说，可降低燃烧噪声；但对于油膜蒸发直喷式柴油机而言，对燃烧噪声并无影响。

负荷增大，或冷却液温度升高，将使缸壁温度升高，从而引起缸内气体温度升高，导致滞燃期缩短，燃烧噪声降低。

3. 喷油参数

供油系统各参数，如柴油机的喷油提前角、喷油压力、喷孔数量和供油规律等对燃烧过程都有影响。在其他条件相同的情况下，喷油压力提高后则喷油速率提高，滞燃期内喷入的燃油量增加。高压喷射使燃油与空气的混合得到改善，特别是在空间雾化燃烧系统直喷式柴油机中使可点燃燃油量的生成速率提高。这都使滞燃期内积聚的可燃燃油量增加，而使燃烧噪声增加。在喷油系统其他参数都不变的条件下，缩减喷油孔面积可以提高喷油孔的阻力，降低喷油速率，从而减少了滞燃期内的喷油量，降低了空间雾化直喷式柴油机燃烧噪声。

4. 转速

在其他条件不变的情况下，转速提高、喷油时间缩短、喷油速度提高、滞燃期内喷入的燃油量增加、缸内压力最大值和压力增长率最大值都增大，均导致燃烧噪声增强。一般发动机转速对燃烧噪声的影响处于次要地位。

5. 负荷

对于非直喷式高速柴油机和汽油机，由于它们的压力增长比较柔和，当负荷变化时，最大燃烧压力相对改变不大、最大燃烧压力较低、活塞对缸套撞击也较小，故全负荷同空负荷比较，噪声级相差小于 2 dB。

空间雾化直喷式柴油机当负荷增大时，一方面缸壁温度升高，滞燃期缩短；另一方面每循环喷入的燃油量增多，喷油阀开启时间增大。只要喷油阀开启时间还小于滞燃期，那么就意味着滞燃期喷入的燃油量增大，即燃烧噪声随负荷增大而增强。

随着负荷的增加，每循环的放热量增加，最大燃烧压力及压力升高率增高，使噪声增强。但随着负荷的增加，燃烧室壁温提高，气缸与活塞的间隙减小，又使噪声减小。所以，负荷对发动机的噪声影响较小。

9.2.5　降低燃烧噪声的方法

由上述对燃烧噪声的产生原因、传播途径和影响因素等讨论可知，原则上应从下述两个方面来降低发动机的燃烧噪声：① 从产生的根源上，降低气缸压力频谱曲线，特别是降低中、高频的频率成分，可采取缩短滞燃期或减少滞燃混合气含量的方法；② 从传播途径上，增加发动机结构对燃烧噪声的衰减，特别是对中、高频频率成分的衰减。因此，可采取提高机体、缸套的刚性及采用隔振和隔声措施；减小活塞曲柄连杆机构各部分的间隙，增加油膜厚度；减小气缸直径、相应增加缸数或采用较大的 S/D（行程/缸径）值，以保持输出功率不变；改变薄壁零件（油底壳等）的材料和附加阻尼等方法。此外，控制燃烧噪声的困难之处就在于如何兼顾热效率、烟度和排放的制约。

常用来降低发动机燃烧噪声的具体方法如下。

1. 隔热活塞

采用隔热活塞可提高缸壁温度，缩短滞燃期，降低直喷式柴油机的燃烧噪声。

2. 延迟喷油定时

一般而言，喷油时间早则燃烧噪声大；而喷油时间适当延迟，可以减小燃烧噪声。其原因在于气缸内压缩温度和压力是随曲轴转角而变化的，喷油时间的早晚对着火延迟期（即滞燃期）长短的影响将通过压缩温度和压力而起作用。如果喷油早，则燃料进入气缸时的空气温度和压力低，这时着火延迟期缩短，燃烧噪声减少。但如果喷油过迟，燃烧进入气缸时的空气温度和压力反而变低，从而又使着火延迟期延长，燃烧噪声增大，所以有一个最佳喷油延迟时间。

3. 预 喷

预喷就是将一个循环一次喷完的燃油分成两次喷。第一次先喷入其中的一小部分，提前在主喷之前就开始进行点燃的预反应，因此，可减少在滞燃期内积聚的可燃油量。这是降低直喷式柴油机燃烧噪声的最有效措施。

4. 改进燃烧室结构形状和参数

燃烧室的结构形状与混合气的形成和燃烧有密切关系，不但直接影响柴油机的性能，而且影响着火延迟期、压力升高率，从而影响燃烧噪声。根据混合气的形成及燃烧室结构的特点，柴油机的燃烧室可分为直喷式和分隔式两大类。常用的直喷式燃烧室有开式、半开式和球形燃烧室等，常用的分隔式燃烧室有涡流室和预燃室。

在其他条件相同的情况下，直喷式燃烧室中的球形和斜置圆桶形燃烧室的燃烧噪声最低，分隔式燃烧室的燃烧噪声一般也较低，"W"形直喷式燃烧室和浅盆形直喷式燃烧室的燃烧噪声最大。

通过调节燃烧室结构参数也可降低燃烧噪声，如在涡流室式发动机中，喷油嘴的喷油方向越偏离涡流室中心而指向涡流下游，附着于缸壁面的燃料就越多，燃烧也越平静，噪声也就越小。

5. 调节喷油泵

喷油率对燃烧噪声的影响很大，试验表明：喷油率提高一倍，燃烧噪声就会增加 6 dB。因此，可用减少喷油泵供油率的方法来降低燃烧噪声，但应注意高速性能的恶化和增加怠速噪声的问题。

6. 废气再循环和进气节流

废气再循环和进气节流对降低发动机燃烧噪声是有效的，特别当发动机温度较低时，效果更明显。因为提高废气再循环率就可减少燃烧率，使发动机获得平稳的运转，而进气节流可使气缸内的压力降低和着火时间推迟，所以两者结合就能有效降低燃烧噪声。同时进气节流还可以对减少柴油机所特有的角速度波动和横向摆振起到作用。

7. 采用增压技术

柴油机增压后可使进入气缸的空气充量密度增加，使压缩终了时气缸内的温度和压力提高，从而改善了混合气体的着火条件，使着火延迟期缩短。增压压力越高，着火延迟期越短，压力升高率越小，从而降低燃烧噪声越多。大量试验表明：增压可使直喷式柴油机燃烧噪声降低 2~3 dB。

8. 提高压缩比

提高压缩比可以提高压缩终了的温度和压力、缩短着火延迟期、降低压力升高率、使燃烧噪声降低。但压缩比增大也会使气缸内压力增加，活塞敲击声增大，因此，提高压缩比不会有明显效果。

9. 改善燃油品质

燃油品质（十六烷值、碳氢组分、密度和蒸发率等）不同，喷入燃烧室后使着火前的物理、化学准备过程发生不同变化，从而导致着火延迟时间不同。十六烷值高的燃料着火延迟较短、压力升高率低、燃烧过程柔和、燃烧噪声降低。

10. 电子控制

电子控制的柴油机，无论是采用直列泵、分配泵还是其他喷油装置的柴油机，都能根据转速、负荷、进气温度、ECR 率、增压压力、燃油温度、冷却液温度等精确控制喷油定时，进而控制燃烧噪声。共轨式喷油装置的优点是喷油压力独立于发动机载荷和转速，可实现多个正时和体积的喷油、喷油率波形的自由选择、设计的灵活性、缸数不限、改善发动机的启动特性等。

9.3　机械噪声

内燃机的机械噪声随转数的增加而迅速增加。随着内燃机的高速化和噪声控制的不断强化，要进一步降低内燃机噪声的主要困难是降低机械噪声。

内燃机的机械噪声是由于气体压力及机件的惯性作用，以及相对运动的零件之间长期撞击和振动而激发的噪声。机械噪声主要包括活塞的敲击噪声、齿轮的机械噪声、配气机构噪声、轴承噪声、高压油泵噪声、不平衡惯性力引起的机体振动和噪声等。在内燃机空气动力性噪声得到有效控制之后，在高速运转时机械噪声常常是主要的噪声源。此外，机械噪声和工艺水平有着直接关系，当工艺水平还不能令人满意时，机械噪声将是较为突出的。

9.3.1　活塞敲击噪声

1. 产生机理

活塞对气缸壁的敲击，通常是内燃机最大的机械噪声源。其敲击的强度主要取决于气缸的最高爆发压力和活塞与缸套之间的间隙，所以这种噪声既和燃烧有关，又和内燃机具体结构有关。在大功率柴油机上，此敲击力甚至高达数吨，能激发出很强的噪声。在冷启动后以及在怠速工况下，由于活塞和缸壁的间隙较大，这种敲击噪声也是相当突出的。

活塞对缸壁的敲击主要是由于它们之间存在着间隙。当作用于活塞上的气压力、惯性力、摩擦力发生周期性的变化时，活塞在曲轴的旋转平面内将受到一个呈周期性变化的侧向力的作用，它在上、下止点附近必然要变换方向，活塞将产生一个由一侧移向另一侧的横向运动。

当内燃机高速运转时，活塞的这种横向运动是以很高的速度进行的，从而形成了对缸壁的强烈撞击。这种周期性的敲击尤其以压缩冲程终了和做功冲程开始时的敲击最为严重。而且由于受活塞绕活塞销的摇摆、活塞与缸壁间的摩擦、活塞的变形和缸套的振动等因素的影响，活塞对缸壁的敲击不仅发生在上、下止点附近，而且也发生在冲程的其他位置上，但其敲击力相对较小。

2. 影响活塞敲击噪声的因素

影响活塞敲击噪声的因素较多，如活塞间隙、活塞销孔偏移、活塞高度、活塞环数、缸套厚度、润滑条件、内燃机转速和气缸直径等，现仅就其主要影响因素进行讨论。

1）活塞与气缸壁间隙

活塞与缸壁之间的间隙减小后，由于敲击强度降低，缸套及机体的振动亦随之降低，因此，活塞敲击噪声也得到降低。

2）活塞销孔的偏移

活塞销孔的偏移有活塞销孔对活塞轴线的偏移和气缸轴线对活塞中心线的偏移两种。当活塞销孔向主推力方向偏移时，由于活塞在上止点附近由一面接触转变到另一面接触的时间和气缸压力剧增的时间错开，因此，振动和噪声可得到降低。

3）活塞—缸壁之间的传速因素

活塞敲击噪声除了和撞击能量（活塞受力和间隙大小）有关外，还和活塞—缸壁间的传递因素有关，如活塞环数量及张力、润滑油多少及温度、缸套厚度等。

当活塞环数量很多时，可以限制活塞的自由摆动，有一定的缓冲作用，使撞击力减小，噪声降低。但另一方面，活塞环数量多，活塞重量增加，惯性力增大，摩擦损失以及因摩擦而引起的缸壁振动增加，从而使噪声增加。此外，活塞环多时，传热情况较好，活塞温度相对较低，致使运转间隙相对较大，敲击噪声也相对较大。试验证明：后面两个因素影响较大，故活塞环数量增加将使噪声增加。此外，当活塞环的张力大时，摩擦大，激发的缸壁振动、噪声也大。因此，必须在保证密封及寿命的条件下，力求减少环数。国外已有只采用一道气环和一道油环的车用高速柴油机。

由于润滑油具有阻尼和吸声作用，因此，保证活塞—缸壁之间有足够的润滑油，可以降低敲击噪声。试验表明：当活塞裙部得不到充分润滑时，活塞的敲击力及敲击噪声将增大；如果对裙部强行供入润滑油，则缸壁表面的振动在 1.25～4 kHz 的频段内噪声都将降低，最多处可达 4.5 dB 左右。

增加缸套的厚度可提高其刚度和自振频率，从而减小其振动和噪声。试验表明：当缸套厚度以 6 mm 增加到 12 mm 时，缸套的振动加速度可由 $40g$ 降到 $14g$；当缸套厚度增加一倍时，可使柴油机噪声降低 3 dB 左右。此外，在缸套上设置加强筋、增加支承力，也可以减小缸套的振动和噪声。

4）活塞裙部长度

适当增加活塞裙部长度，既可以减少活塞摇摆的幅度，又能增加活塞与缸壁撞击时的承压面积，还可以降低活塞敲击噪声。

3. 控制活塞敲击噪声的措施

为了降低活塞敲击噪声，可根据其产生原因及影响因素，并考虑工艺上的可能性，采取具体的降噪方法。常用方法如下。

1）减小活塞与缸壁间隙

为了做到既保证活塞不在气缸中卡死或刮伤气缸壁，又设法使活塞各个部位与缸壁之间都有大小合适的间隙，且在内燃机冷态和热态下间隙数值相差不大，在现代内燃机的活塞结构设计上采取了种种措施。例如：针对活塞不同部位因受热程度不一，即头部的径向厚度较裙部大而造成活塞上部的膨胀量大于活塞下部的情况，将活塞制成直径上小下大的阶梯形或截锥形，使其在气缸中工作时上下各处的间隙近似均匀；采用裙部带有椭圆的活塞；在汽油机的铝合金活塞最下面一道环槽上切一横槽，以减少从头部到裙部的传热；在裙部升纵向切槽，使裙部具有弹性等。

近些年来，车用汽油机随着压缩比和转速的提高，开纵向槽的活塞在强度和刚度方面已不能适应要求。为了控制和减少裙部的热膨胀量，研发了镶钢片活塞。它可以减小活塞裙部的装配间隙，达到降低噪声的目的。这种镶钢片活塞也在高速柴油机中得到应用。

2）活塞销孔向主推力面偏移

活塞销孔向主推力面偏移，是降低活塞敲击噪声常用的一种方法，但在高速下的效果不大。而且，偏移量要适当，若过大，则当压缩冲程时气体压力对活塞的作用力会显著增加，导致有效功率降低。

3）在活塞裙部表面上覆盖一层可塑性材料

在活塞裙部表面上覆盖一层可塑性材料，如聚四氟乙烯，然后在聚四氟乙烯层上再加一层厚度为 0.2 mm 的铬氧化物，这样可增加振动阻尼，明显地降低活塞敲击噪声。

9.3.2　配气机构噪声

1. 配气机构噪声特性

四冲程内燃机都是采用气阀-凸轮式配气机构，它包括凸轮轴、挺柱、挺杆、摇臂、气阀等。零件多、刚度差是配气机构的显著特点，因此，易于激起振动和噪声。研究表明：内燃机低速时的噪声主要是气阀开关时的撞击以及从动件和凸轮顶部的摩擦振动所产生的；高速时的配气机构噪声是由于气阀的不规则运动所引起的。

配气机构噪声的传播可通过结构传播到发动机的表面而辐射或通过空气传播到配气机构盖板而辐射。影响配气机构噪声的因素有润滑优劣、气门间隙、发动机转速、凸轮型线和配气机构零件的刚度及重量等，其中主要因素是凸轮型线、气门间隙和配气机构的刚度。

2. 配气机构噪声的控制

（1）减小气阀间隙。

（2）提高凸轮加工精度和表面光洁度。

（3）提高配气机构刚度。

（4）减轻驱动元件重量。

（5）选用性能优良的凸轮型线。

9.3.3 供油系统噪声

供油系统是柴油机的噪声源之一，由于它们的主要频率成分在几千赫兹以上的高频区域，在内燃机的某些部位人耳往往清晰可辨。因此，它也是内燃机噪声中不可忽略的噪声源。

喷油系统的噪声主要是由喷油泵和高压油管系统（含喷油器）的振动所引起的。它又分为流体性噪声和机械噪声。流体性噪声包括：① 油泵压力脉动激发的噪声，这种压力脉冲将激发泵体产生振动和噪声，同时还将使燃油产生很大的加速度，冲击管壁而激发噪声。② 空穴现象激发的噪声，这是油路中高压力在急速脉动的情况下，油中含有的空气会不断地形成气泡并又破灭，由此会产生空穴噪声。③ 喷油系统管道的共振噪声，当油管供油压力脉动的频率接近于管道的固有频率时，便会引起共振而激发噪声。机械性噪声包括喷油泵凸轮和滚轮体之间的周期性冲击和摩擦，特别是当恢复弹簧的固有频率和这种周期性的冲击接近时，会产生共振，使噪声加剧。

喷油泵的噪声主要是由周期性变化的柱塞上部的燃油压力、高压油管内的燃油压力和内燃机的往复运动惯性力激发泵体本身振动而引起的。其噪声大小与转速、泵内燃油压力、供油量及泵的结构有关。试验表明：当凸轮轴转速增加一倍时，其噪声约增加 8 ~ 15 dB；当燃油压力由 0 增加到 150 MPa 时，其噪声增加 9 dB；供油量对其噪声的影响较小，当供油量由 0 增加到 100%时，噪声仅增加 3 ~ 4 dB。为了减少喷油泵的噪声，可提高喷油泵的刚性，采用单体泵或选用损耗系数较大的材料做泵体，以减少因泵体振动而产生的噪声。

9.3.4 齿轮传动噪声

齿轮传动被广泛地应用在内燃机正时齿轮传动中。齿轮传动的特点是轮齿相互交替的啮合处既有滚动又有滑动，齿与齿之间不可避免地产生撞击和摩擦，从而使齿轮产生振动和噪声。

齿轮承受着交变的负荷，加上齿轮本身的各种误差，就会使这种动负荷更为严重。这种动负荷会使轴产生变形并在轴承上引启动负荷，轴承的动负荷又传给内燃机壳体和齿轮箱壳体，使壳体激发出噪声。此外，曲轴的扭振也会破坏齿轮的正常啮合而激发出噪声，因此，齿轮传动的噪声是非常复杂的。

1. 齿轮噪声产生机理

齿轮噪声包括 2 种频率成分：高频噪声和低频噪声。

高频噪声主要是由齿轮的基节发生偏差而引起的，是齿轮噪声的主要成分。基节偏差会使齿轮在啮合与分离时产生撞击，即啮合撞击。无论主动轮的基节大于还是小于从动轮的基节，都将使齿轮每转过一个轮齿就产生一次撞击，每转一转撞击的次数与齿轮的齿数相等。在定轴轮系中啮合频率 $f_m = nz/60$，n 为齿轮转速；z 为齿数。实际上齿轮传动装置总要有某种偏心，而偏心了的齿轮每旋转一周时，两个齿轮啮合的松紧程度要发生变化，导致啮合力的幅值被调制为齿轮传动位移的函数。除基节误差外，齿形误差、齿面光洁度等也会产生部分高频噪声。

齿轮啮合的低频噪声主要是由周节累积误差所引起的，由于有周节累积误差，当齿轮转一转时就产生一次撞击，其频率 $f_p = n/60$。一般它不是主要的噪声成分，只有当周节累积误差很大时，才会对总体噪声产生较大影响。

当齿轮传动装置产生共振时，会激发出强烈的噪声，即使是很精密的齿轮也会如此。当齿轮的啮合频率和齿轮本身的某阶固有频率相同时，就要激发共振噪声。因此，在设计时需使啮合频率与齿轮固有频率错开。

2. 影响齿轮噪声的因素

影响齿轮噪声的因素包括齿形参数、齿轮结构和形状、齿轮的精度和光洁度，以及轴系刚度和润滑油等其他因素。

3. 齿轮噪声的控制

（1）采用高内阻的齿轮材料或采用隔振措施。
（2）选用合理的齿轮参数和结构。
（3）提高齿轮加工精度。
（4）对齿轮进行修缘。
（5）系统动力学控制。

9.3.5 轴承噪声

轴承本身噪声并不大，但它对整机的支承刚度和固有频率有较大影响。轴承的振动又导致轴系的共振而产生噪声。轴承中滑动轴承的噪声比滚动轴承小。

对于滑动轴承，当轴承间隙增大时，油膜压力和轴承的轴心轨迹将发生较大的变化，会促使机体振动加剧、噪声增大。

对于滚动轴承，当轴承受到径向载荷时，滚动体和套圈将产生弹性变形。随着轴的旋转，轴心产生周期性的跳动，使滚动体和套圈、轴承保持架之间产生撞击、摩擦声。

滚动轴承的结构形式、加工精度对轴承噪声有很大影响。安装时，当轴承座的精度与刚性差时会造成轴承外套固的变形；当轴承的精度不好时，又会使轴承内套圈变形。这两种情况都会使轴承运转时产生振动和噪声。当轴的固有频率和轴承振动的固有频率相近时，将引起轴的共振而激发出噪声。当轴承内有杂质、灰尘以及滚动体和滚道上有斑痕、压痕、锈蚀时，轴承会产生周期性的振动和噪声。

为了控制轴承噪声，应提高轴承的制造精度和套圈的刚度。为了减小间隙可对轴承施加适当的预紧力。控制装配时的误差往往是降低轴承噪声的有效措施。应注意避免轴系的共振。使用性能良好的油脂，可改善轴承的密封等。

第10章 内燃机的运行材料

内燃机的运行材料非常复杂，不同类型、不同用途的内燃机有不同的运行材料。本章仅以车用内燃机运行材料为对象进行分析和阐述。

10.1 内燃机燃料

10.1.1 汽 油

汽油是从石油中提炼出来的，并含有适当添加剂的精制石油馏分，主要用作汽油机燃料。汽油是一种密度小、易于挥发的浅黄色液体燃料，自然点为 415～530 ℃。目前，我国汽油按组成和用途不同可分为车用无铅汽油、车用乙醇汽油和航空汽油 3 种。

10.1.1.1　车用汽油的使用性能

车用汽油作为汽油机的主要燃料，应满足汽油机的工作需求，即在短时间内由液体状态蒸发成气体状态，并与空气形成可燃混合气，平稳、快速燃烧，完成对外做功；同时，不能发生气阻、爆燃、腐蚀机件等现象。

为了满足汽油机的工作特点，保证汽油机的顺利启动、平稳运转，充分发挥汽油机的动力性能，对车用汽油使用性能的主要要求有：适宜的蒸发性、良好的抗爆性、良好的氧化安定性、对车辆机件无腐蚀性、汽油本身的清洁性等。

1. 汽油的蒸发性

1）汽油的蒸发性及其影响

蒸发性是轻质油品在储运中最重要的危险特性之一。它与油品的密度、饱和蒸汽压密切相关。汽油由液态转化为气态的性质，叫作汽油的蒸发性。汽油通常呈液态，而在发动机燃烧室内燃烧时，是在气态下进行的。也就是说，汽油在燃烧前必须有个蒸发过程。

汽油的蒸发性好、容易气化、与空气混合均匀、可燃混合气的燃烧速度快且燃烧的也完全，所以发动机容易启动、加速及时、各工况间转换灵敏柔和、机械磨损减少、汽油消耗降低。反之，汽油的蒸发性不好，则难以在低温条件下形成足够浓度的可燃混合气，使发动机低温启动困难。

但是，如果汽油的蒸发性过强也会引发许多问题。如储存过程中汽油的蒸发损失增加、燃油供给系易产生气阻、电喷发动机上的碳罐易过载等。所以汽油应具有适宜的蒸发性，不可过高或过低。

2）汽油蒸发性的评价指标

汽油蒸发性的评价指标有馏程和饱和蒸汽压。

（1）馏程。

馏程是指 100 ml 汽油在规定条件下蒸馏时，从初馏点到终馏点的温度范围。当评价汽油的蒸发性时，一般采用初馏点、10%蒸发温度、50%蒸发温度、90%蒸发温度、终馏点和残留量等指标。

初馏点是在标准规定条件下进行馏程测定中，当第一滴冷凝液从冷凝器的末端落下的一瞬间所记录的温度，以°C 表示。它是汽油的最低流出温度，表示汽油中是否含有汽油发动机在低温启动时所需的轻质馏分。

10%馏出温度是对 100 ml 汽油在规定条件下进行馏程测定中，量筒中回收到试样 10 ml 体积的冷凝液时汽油的气相温度，以°C 表示。10%馏出温度的高低，表示汽油中所含低沸点馏分的多少，它对汽油机的启动性有决定性作用，同时也与汽油机燃料供给系产生气阻的倾向有密切关系。汽油 10%馏出温度越低，汽油中含有的轻质馏分越多，汽油机的启动性就好，启动时间就越短，这样启动时的相对油耗量也少。但是，10%馏出温度并不是越低越好。当10%馏出温度过低时，发动机在炎热的夏季或大气压力较低的地区工作时，其燃料供给系容易产生气体阻塞油路的现象，通常称之为"气阻"。若发动机燃油供给系统产生气阻，轻则发动机功率降低，重则供油中断而停机。

50%馏出温度是对 100 ml 汽油在标准蒸馏条件下，量筒中回收 50 ml 时温度计上的读数。它表示汽油的平均蒸发性，对冬季加速性、工作稳定性及暖机性有很大影响。汽油 50%馏出温度低，在常温下也能有较多的汽油蒸发，这样会使混合气中的有机蒸汽较多，燃烧放出的热量较多，因此，能缩短汽油发动机暖机时间，从而减少汽油消耗。如表 10-1 所示为汽油 50%馏出温度与发动机预热时间的关系。汽油 50%馏出温度低，当节气门突然开打时，供油量急剧增加，大部分汽油气化，能供给气缸较浓的混合气，以满足加速时的需要，使加速及时，工作平稳。

表 10-1　汽油 50%馏出温度与发动机暖机时间的关系

汽油 50 %馏出温度/°C	10	127	148
暖机时间/min	10	15	>28

90%馏出温度是 100 ml 汽油在标准蒸馏条件下，量筒中回收 90 ml 时温度计上的读数。干点是油品在标准蒸馏条件下，烧瓶底部最后一滴汽油气化瞬间所观察到的温度计读数。90%馏出温度和干点表示汽油中含重质馏分的多少。90%馏出温度和干点越高，表明汽油在发动机燃烧室中处于未蒸发状态的数量越多。这些未蒸发的汽油，在沿气缸壁下流的同时，将冲刷气缸壁上的润滑油膜，并使油底壳内的润滑油被稀释。因此，必导致气缸、活塞环摩擦副零件以及其他配合副机件的磨损加剧。此外，由于气缸内未蒸发状态的汽油增多，将造成燃烧状况变坏，从而导致排气冒黑烟、发动机工作不稳、功率下降且油耗上升。干点与发动机油耗和活塞环的磨损关系也很大，如表 10-2 所示。

表 10-2　汽油干点与油耗和磨损的关系

车用汽油的干点/℃	175	200	225	250
汽油的油耗率/%	98	100	107	140
活塞环的磨损率/%	97	100	200	500

（2）饱和蒸汽压。

在规定条件下，油品在适当的实验仪器中气液达到平衡时，液面蒸汽所显示的最大压力，即为饱和蒸汽压，用 kPa 表示。饱和蒸汽压与汽油内所含轻质馏分的多少、温度的高低和气液体积之比的大小有关。汽油内含轻质馏分越多，饱和蒸汽压越高；汽油温度越高，饱和蒸汽压越高。

汽油的饱和蒸汽压越高，汽油蒸发量越大，蒸发性越好。但汽油饱和蒸汽压过高，汽油蒸发性过强，容易产生气阻，特别是在炎热的夏季或大气压力较低的高原地区，这种现象更容易出现。

所以，综合考虑汽油的蒸发性，在汽油标准中既规定汽油馏程的各馏出温度不能大于规定限值，同时又规定汽油的饱和蒸汽压不得高于规定限值，以使汽油有适宜的蒸发能力。

2. 汽油的抗爆性

汽油的抗爆性是指汽油在发动机气缸内燃烧时抵抗爆振的能力，用辛烷值和抗爆指数来评定。

1）汽油的辛烷值

辛烷值，代表点燃式发动机燃料抗爆性的一个约定数值。在规定条件下的标准发动机试验中，通过和标准燃料进行比较来测定，采用和被测定燃料相同抗爆性的标准燃料中异辛烷的体积百分数表示。辛烷值分为研究法辛烷值（RON）和马达法辛烷值（MON）两种。研究法辛烷值：以较低的混合气温度（一般不加热）和较低的发动机转速（一般为 600 r/min）在中等负荷条件下为其特征的试验室标准发动机测得的辛烷值。马达法辛烷值（MON）：以较高的混合气温度（一般加热到 149 ℃）和较高的发动机转速（一般为 900 r/min）的苛刻条件为其特征的试验室标准发动机测得的辛烷值。从测定条件可知：马达法辛烷值（MON）表示汽油在发动机重负荷条件下高速运转的抗爆能力；研究法辛烷值（RON）表示汽油在发动机常态下低速运转时的抗爆能力。一般马达法辛烷值低于研究法辛烷值。

现选择两种测定辛烷值的标准液：一种是异辛烷（2，2，4-三甲基戊烷），其抗爆性相当好，规定辛烷值为 100；另一种是正庚烷，其抗爆性相当差，规定辛烷值为 0。把这两种标准液按不同容积比混合即可获得各种不同抗爆性的标准混合液（参比燃料）。标准液中异辛烷的体积分数规定为标准液的辛烷值，该值范围为 0～100。

以上马达法辛烷值和研究法辛烷值都不能全面反映车辆运行中燃烧的抗爆性能，因此，提出了抗爆指数，它能较全面反映汽油在车辆运行中的抗爆能力。抗爆指数是汽油研究法辛烷值与马达法辛烷值的平均值，即：

$$抗爆指数 = \frac{RON + MON}{2} \tag{10-1}$$

2）汽油辛烷值的选择

汽油发动机在选用汽油时，应根据发动机压缩比的高低选择不同辛烷值的汽油，压缩比越高，爆燃倾向越大，故应选用辛烷值高的汽油；反之应选用辛烷值低的汽油。压缩比为 7.0 ~ 8.0，应选 RON90 的车用汽油；压缩比为 8.0 ~ 8.5，应选 RON93 的车用汽油；压缩比在 8.5 以上的，应选 RON97 的车用汽油。此外，高原海拔高，大气压力低，发动机吸入的空气量减少，压缩压力也相应降低，使用辛烷值略低的汽油也不会产生爆振。

如果使用不当，将低辛烷值汽油用于高压缩比的汽油发动机上，就会造成发动机产生爆振燃烧，功率下降，油耗上升，甚至损坏发动机零部件。对于低压缩比的汽车使用辛烷值略高的汽油，对使用没有影响，但不能充分发挥汽油的潜力。为了发挥其潜力，将点火提前角适当提前，就能提高发动机的功率，节约燃料。必须指出，使用过高辛烷值的汽油，则有害无益。一方面，辛烷值高的汽油价格贵，造成浪费；另一方面，由于点火后，高辛烷值汽油着火慢，使燃烧时间延长，在活塞到达上止点以后才达到最大压力，使燃料的热能得不到充分利用，同时，由于燃烧温度过高，在排气门刚打开时即通过高温燃气，有可能烧坏排气门及阀座，甚至烧坏排气管。所以，高辛烷值汽油不利于低压缩比发动机的工作。

3. 汽油的氧化安定性

1）汽油氧化安定性对发动机的影响

汽油的氧化安定性是指汽油在储存和使用过程中，抵抗大气（或氧气）的氧化作用而保持自身性质不发生永久性变化的能力。

氧化安定性好的汽油，长期储存也不会发生显著的质量变化。氧化安定性差的汽油，在储存和使用过程中，容易发生氧化、缩合和聚合反应，生成酸性物质和胶状物质，分子量很大，颜色变成深褐色，辛烷值下降。因此，氧化安定性差的汽油在储存和使用一定时间后，最明显的外观变化是汽油颜色变深，并产生黏稠沉淀。汽油发动机如果使用胶质过多的汽油，将产生许多不良后果，主要有以下 3 种。

（1）燃料供给系统的堵塞。

胶状物质黏附和沉积在汽油滤清器、油管和喷油器上，影响燃油供给系统的供给和混合气的形成。

（2）气门关闭不严。

胶状物质沉积在进气门上，不发生碳化，会使气门产生黏着现象，严重时可使气门不能关闭；如果胶状物质在高温下被碳化，就会在排气门上产生积炭，不脱落时会使气门关闭不严，脱落时在气缸内产生严重的磨料磨损。

（3）气缸散热不良，增大爆振倾向。

胶状物质进入发动机气缸后受热分解，生成大量积炭集聚在燃烧室、气门、活塞顶以及活塞环槽等部位，不仅造成气缸散热不良，而且提高了发动机的压缩比，从而增大了爆振倾向。

2）汽油氧化安定性的评价指标

（1）实际胶质。

实际胶质是指在规定的条件下，测得的汽油蒸发残留物中正庚烷的不溶部分，以 mg/100 ml 表示。

（2）诱导期。

诱导期是指在规定的加速氧化条件下，油品处于稳定状态所经历的时间周期，以 min 表示。

3）汽油储存条件

环境温度升高，汽油氧化速度加快、实际胶质增多、诱导期缩短。汽油在储存过程中，与空气的接触量以及油面上空气交换的强度，都对汽油的氧化安定性有一定影响。

储存容器中汽油装满的程度，决定着汽油与空气的接触量。储油容器装油越少，容器上部的空气就越多，汽油氧化生胶的进程就越快。而储油容器是否密封，决定着汽油油面空气的变换强度。交换强度越大，汽油氧化生胶的进程就越快。如表 10-3 所示。

表 10-3　密封程度对汽油氧化生胶进程的影响

密封状态	储存时间		
	新油	16 周	32 周
	汽油实际胶质，mg/100 ml		
密　封	5	9	9
不密封	5	17	

汽油与金属的接触对汽油的安定性也有一定的影响，这是因为金属对汽油的氧化进程起催化作用，但不同的金属所起的催化作用有很大差别，其中铜的催化作用最强，其次是铅。就同一种金属而言，所制的储油容器越小，与汽油面积比例就越大，金属催化作用就越强。因此，当储存汽油时，应尽量使用大油罐，少用或不用油桶储存。

水分存在于燃料中，会使燃料氧化速度加快。因为水不仅对汽油的氧化起催化作用，而且能溶解汽油中的抗氧防胶剂，加快汽油的氧化生胶进程。水分对胶质的增长影响极大。

4. 汽油的其他性能

1）汽油的腐蚀性

汽油在运输、储存和使用过程中，不可避免地要与各种金属接触。如果汽油具有腐蚀作用，就会腐蚀运输设备、储油容器和发动机的零部件。如果汽油具有腐蚀性，那完全是烃类以外的一些物质所引起的，如硫及硫的化合物、水溶性酸或碱、有机酸和水等。

2）汽油的清洁性

汽油清洁性是指汽油中不应含有机械杂质和水分。

3）汽油的无害性

汽油的无害性是指汽油在发动机内燃烧后的燃烧产物不对机动车排放、人体健康和生态环境产生不利影响的性能。汽油的无害性跟汽油的组分有关。引起燃烧产物对机动车排放产生不利影响的汽油组分有铅、锰、铁、铜、磷、硫等。它们除了会增大排放废气中的有害物质外，还会引起三元催化器中的催化剂中毒。引起燃烧产物对人体健康和生态环境产生不利影响的汽油组分有苯、烯烃、芳香烃等有机物。

10.1.1.2 汽油的质量标准和选用

1. 汽油的质量标准

《车用汽油》（GB 17930—2011）按研究法辛烷值（RON）将我国车用汽油分为 90 号、93 号和 97 号 3 种牌号，具体规格如表 10-4 所示。

表 10-4　车用汽油（Ⅳ）（GB 17930—2011）

项　　目		质量指标			试验方法
		90 号	93 号	97 号	
抗爆性：					
研究法辛烷值（RON）　　不小于		90	93	97	GB/T 5487
抗爆指数（RON+MON）/2　不小于		85	88	报告	GB/T 5487，GB/T 503
铅含量①/（g·L⁻¹）　　　　不大于		0.005			GB/T 8020
馏程：					
10%馏出温度/℃　　　　不高于		70			GB/T 6536
50%馏出温度/℃　　　　不高于		120			
90%馏出温度/℃　　　　不高于		190			
终馏点/℃　　　　　　　不高于		205			
残留量（体积分数）/（%）不大于		2			
蒸汽压②/kPa：					
从 11 月 1 日至 4 月 30 日　不大于		42～85			GB/T 8017
从 5 月 1 日至 10 月 31 日　不大于		40～68			
实际胶质/mg·(100 ml)⁻¹　　不大于		5			GB/T 8019
诱导期/min　　　　　　　　不小于		480			GB/T 8018
硫含量③（mg/kg）　　　　　不大于		50			SH/T 0689
硫醇（需满足下列需求之一）：					
博士试验		通过			SH/T 0174
硫醇硫含量（质量分数）/（%）不大于		0.001			GB/T 1792
铜片腐蚀（50 ℃，3 h）/级　不大于		1			GB/T 5096
水溶性酸或碱		无			GB/T 259
机械杂质和水分		无			目测④
苯含量⑤（体积分数）/（%）　不大于		1.0			SH/T 0713
芳香烃含量⑥（体积分数）/（%）不大于		40			GB/T 11132
烯烃含量⑥（体积分数）/（%）不大于		28			GB/T 11132
氧含量（质量百分数）/%　　不大于		2.7			SH/T 0663

项　目	质量指标			试验方法
	90 号	93 号	97 号	
甲醇含量①（质量百分数）/%　　不大于	0.3			SH/T 0663
锰含量⑦（质量百分数）/%　　不大于	0.008			SH/T 0711
铁含量①（质量百分数）/%　　不大于	0.01			SH/T 0712

注：① 在车用汽油中，不得人为加入甲醇及含铅或含铁的添加剂。
　　② 允许采用 SH/T 0794 进行检测。有异议时，以 GB/T 8017 的测定结果为准。
　　④ 将试样注入 100 ml 玻璃量筒中观察，应当透明，没有悬浮和沉降的机械杂质和水分。有异议时，
　　　　以 GB/T 511 和 GB/T 260 方法的测定结果为准。
　　⑤ 允许采用 SH/T 0693 进行检测。有异议时，以 SH/T 0713 的测定结果为准。
　　⑥ 对于 97 号车用汽油，在烯烃、芳烃总含量控制不变的前提下，可允许芳烃的最大值为 42%（体积
　　　　分数）。允许采用 SH/T 0741 进行检测。有异议时，以 GB/T 11132 的测定结果为准。
　　⑦ 锰含量是指汽油中以甲基环戊二烯三羰基锰形式存在的总锰含量，不得加入其他类型的含锰添加剂。

2. 汽油的选用

为了充分发挥车用汽油能量的作用、延长汽油发动机零件的使用寿命、降低生产成本、节约能源，应正确、合理地选择汽油。

车用汽油的选择一般应遵循以下原则。

（1）汽油的牌号、品质（质量）必须与发动机的结构和技术条件相适应。前面所述，发动机压缩比越大，要求使用的汽油牌号也越大。应根据汽车的使用说明书按规定选用车用汽油。

（2）装有三元催化转换器的汽车不能使用含铅汽油，必须使用无铅汽油。

（3）在汽油的供应上，若一时不能满足需要，可以用牌号相近的汽油替代，但必须对汽油机进行适当调整。例如：当在市场上只能买到牌号低于本车要求的汽油时，应对发动机的点火提前角做必要的调整，以减少爆燃的概率。对于初始点火提前角可以调整的发动机，应适当推迟点火提前角；对于初始点火提前角不能人为调整的发动机，在行车中尽量缓慢踩加速踏板，平稳加速。

（4）注意季节的变化、车辆使用地区的变化等外界条件改变对汽油选择的影响。如冬季应选择蒸汽压较大的汽油，夏季应选择蒸汽压较小的汽油；高原地区应选择蒸汽压低的汽油，平原地区应选择蒸汽压高的汽油。

3. 汽油选用注意事项

在汽油选用中，避免"汽油牌号越高，对汽车越有利；汽油牌号越高，汽车排放越能达标"这样的误区；高压缩比发动机长期使用低标号的汽油也不可取。

汽油蒸发性变差主要表现在 10% 馏出温度、50%馏出温度、90%馏出温度、终馏点等温度点的升高。

当 10%蒸发温度比标准高 5 ℃ 以下时，一般可在夏、秋季节使用。如果要在冬、春季节使用，应先预热气缸。当 10 %蒸发温度比标准高 5 ℃ 以上时，一般只在夏季使用，且 20%蒸发温度不能超过 100 ℃。

当 50%蒸发温度比标准高时，一般不会严重影响使用效果。但要求驾驶员在加速时要稍

微放慢加速踏板的动作，使加速平稳。

当 90%馏出温度和终馏点比标准高 5 °C 以下时，一般不会引起什么后果。当终馏点高于标准 20 °C 以上时，该汽油不宜使用。

10.1.2 柴 油

在石油蒸馏过程中，温度为 180～410 °C 的馏分即为柴油。按沸点不同，柴油可分为轻柴油和重柴油两大类。轻柴油用于高速柴油机，重柴油用于中、低速柴油机。车用柴油机属于高速柴油机，车用柴油为轻柴油。

车用柴油与汽油相比，具有馏分重、自燃点低（200～300 °C）、黏度大、相对密度大、蒸发性差、储存和运输过程中损耗少、使用安全等特点。但柴油含有较多杂质，燃烧时也更容易产生烟尘，造成空气污染。

10.1.2.1 柴油的使用性能

为了保证柴油发动机正常、高效的工作，并满足排放要求，对车用柴油机使用性能的要求主要有：良好的低温流动性、良好的雾化和蒸发性、良好的燃烧性、良好的安定性、对机件等无腐蚀性和柴油本身的清洁性等。

1. 车用柴油的低温流动性

1）车用柴油低温流动性及其影响

车用柴油的低温流动性是指在低温条件下车用柴油具有的流动性能。柴油的低温流动性直接影响柴油的泵送性能。

柴油机燃油供给系统滤清器滤网的数目要比汽油机燃油供给系统滤清器网的数目大很多。相应的，柴油机燃油供给系统的流动阻力大于汽油机燃油供给系统。

如果柴油的低温流动性不好，就会使柴油的泵送性能劣化，柴油机燃油供给系统的流动阻力进一步增大，进而使供油量减少甚至中断，导致发动机不能正常工作甚至熄火。

2）车用柴油低温流动性的评定指标

柴油低温流动性的评价指标有 3 个，分别为凝点、浊点、冷滤点。日本采用凝点，美国采用浊点，欧洲采用冷滤点，而我国采用凝点和冷滤点。在数值上，一般凝点小于冷滤点，冷滤点小于浊点。

（1）凝点。

柴油在一定的试验条件下，冷却到液面不能移动时的最高温度，称为柴油的凝点。也就是说，凝点是柴油在低温环境中失去流动性的最高温度。我国车用柴油的牌号就是按照凝点来划分的。

（2）浊点。

轻柴油浊点是柴油中开始析出石蜡晶体、柴油失去透明时的最高温度。石蜡晶体析出，增大柴油在燃油供地系统的流动阻力，但是还能正常的供油，不影响发动机正常工作，因此，浊点不是轻柴油使用的最低温度。用浊点作为柴油低温性能评价指标过于苛刻。除美国少数国家现在还采用浊点外，其他国家大多都不采用浊点指标。

（3）冷滤点。

在规定的条件下对柴油进行冷却，并以 2 kPa 的真空对其进行抽吸，柴油不能以 20 ml/min 的流量通过标准规格过滤器（363 目/in²）的最高温度，称为柴油的冷滤点。

通过大量的行车试验，证明冷滤点与柴油实际使用温度有良好的对应关系。一般来说，柴油的冷滤点相当于最低使用温度。例如：-50 号柴油的冷滤点为-44 ℃，则可在最低温度为-44 ℃ 以上的地区使用。

与浊点、凝点相比，柴油冷滤点更具有实际意义，是衡量车用柴油低温流动性的重要指标。因此，目前国内外评价车用柴油低温流动性时，广泛采用冷滤点。

2. 车用柴油的雾化和蒸发性

1）车用柴油的雾化和蒸发性对发动机的影响

车用柴油的雾化和蒸发性是指柴油在柴油机气缸内经喷油器喷出时分散成液体雾粒及液体雾粒汽化蒸发的能力。在发动机的燃烧室和喷油设备既定的条件下，柴油自身的雾化和蒸发性决定了可燃混合气形成的品质和速度。

因此，为了在极其短暂的时间内快速形成高品质的可燃混合气，柴油机在接近压缩行程终了时，借助喷油泵、喷油器的高压，将柴油喷入燃烧室，配合燃烧室的结构形式和空气涡流，并使油粒高度细微雾化，与高压空气均匀混合；也可以将大部分燃料喷向燃烧室壁面，形成油膜，受热蒸发形成燃料蒸汽，再与空气形成可燃混合气。为了充分发挥柴油机的效能，要求柴油本身具应有良好的雾化和蒸发性。

如果柴油蒸发性能差，就可能产生以下不良结果。

① 未蒸发的柴油在高温高压下分解析出炭粒、产生黑烟、与废气一同排出气缸、增大油耗、使发动机经济性下降。

② 未分解和未燃烧的柴油经汽缸壁渗入柴油机油底壳，稀释润滑油、增大发动机磨损。

③ 馏分重，黏度必然大，喷雾质量低，使混合气不均匀，燃烧速度缓慢，产生后燃现象，使发动机过热，功率下降。

④ 过重的馏分不能及时形成发火所必需的可燃混合气，使柴油机难于启动。

2）柴油雾化和蒸发性的评价指标

影响柴油雾化和蒸发性的主要因素有柴油的馏程、运动黏度、密度和闪点。

（1）馏程。

评定柴油蒸发性的指标采用的是 50%馏出温度、90%馏出温度和 95%馏出温度。

50%馏出温度表征柴油中轻质馏分含量的多少。50%馏出温度数值低，说明柴油中轻质馏分较多，柴油的蒸发性好，容易形成均匀的混合气，柴油机易于启动。例如：在其他条件相同的情况下，用 50%馏出温度为 200 ℃ 的柴油，只需 8 s 就可以使柴油机启动；但用馏出温度为 275 ℃ 的柴油，则要 60 s 才能使发动机启动。

但这里要指出的是，不能单从启动难易角度来要求柴油有过轻的馏分。因为含有过轻馏分的柴油往往是含有较多的自燃点高的烃，它将使发动机产生工作粗暴现象。

90%馏出温度和 95%馏出温度，表征柴油中重质馏分的含量。90%馏出温度和 95%馏出温度高，说明柴油中重质馏分多，蒸发性差，形成的混合气质量差，燃烧不完全，易造成发动机排气管冒黑烟、功率下降、油耗增多、零件磨损增大等。

（2）运动黏度。

运动黏度是表征液体在重力作用下流动时内摩擦力的量度，其值为相同温度下液体的动力黏度与其密度之比。在国际单位制中，运动黏度以 m^2/s 为单位，但习惯使用厘斯为单位，厘斯用 cst 表示（1 cst = 1 mm^2/s）。

运动黏度影响柴油的流动性（供油量）和雾化质量（喷油器喷出油束特性）。柴油的运动黏度不可太大，也不可太小。试验证明：当柴油在 20 ℃ 条件下的运动黏度为 5 m^2/s 左右时，既能保证柴油流动性和精密偶件的润滑要求，又能保证雾化质量和供油量。

（3）密度。

柴油的密度过大，其黏度也要增大，将使雾化质量变差、影响形成良好的混合气、使燃烧条件恶化、排气管冒黑烟、发动机经济性下降。

柴油密度大也是柴油中芳烃含量多的标志，将促使发动机产生工作粗暴的现象。

（4）闪点。

在规定的试验条件下，加热油品所逸出的蒸汽与周围空气形成的混合气接触火焰发生瞬间闪火的最低温度称为闪点，以℃ 计。根据测定仪器的不同，闪点有开口闪点和闭口闪点之分。用开口杯闪点测定器测得的闪点称为开口闪点，用闭口杯闪点测定器测得的闪点称为闭口闪点。一般重质油品（如发动机润滑油、齿轮油等）采用开口闪点，轻质油品（如车用柴油）采用闭口闪点。

柴油的闪点低，则其蒸发性好；反之，则蒸发性差。但闪点过低，蒸发性过好，易使发动机产生工作粗暴现象。

3. 车用柴油的燃烧性

1）车用柴油的燃烧性对发动机的影响

车用柴油的燃烧性是指柴油既容易被压燃着火，又能有效防止柴油机工作粗暴的能力。若柴油燃烧性能较差，易造成柴油机工作粗暴；对于燃烧性过好的柴油，易造成柴油燃烧不完全，气缸产生的爆发压力下降，进而使柴油机的输出功率下降。此外，由于柴油燃烧不完全，还会使排气管冒黑烟、燃料消耗增大。同时，燃烧性过好的柴油，一般凝点过高，馏分较重，也不利于使用。

车用柴油应具有较好的燃烧性能，但不可太好。

2）车用柴油的燃烧性的评定指标

柴油的燃烧性用十六烷值来表示。所谓十六烷值（CN）是表征柴油在发动机中发火性能的一个约定量值。

在规定条件下的发动机试验中，通过和标准燃料进行比较来测定，采用和被测定燃料具有相同发火滞后期的标准燃料中正十六烷的体积百分数来表示。测定十六烷值的标准燃料是用两种燃烧性能相差悬殊的烃作基准燃料配制而成的。一种是正十六烷，它的燃烧性能最好，规定其十六烷值为 100；另一种是 α-甲基萘，它的燃烧性能最差，规定其十六烷值为 0。按不同体积比例混合即得到多种标准燃料。

柴油的十六烷值高，自燃点低，在气缸内温度较低的情况下就能发火自燃，所以启动性能好。但十六烷值过高的柴油其分子量均较大，所以柴油的低温流动性、喷雾和蒸发性均受到影响。还会因分子量大，喷入的柴油裂化较快形成大量游离碳，若来不及燃烧，就会出现冒黑烟现象，油耗上升。如果十六烷值过低，着火延迟期长，易产生工作粗暴现象，使轴承负荷增加，润滑恶化，甚至破坏轴瓦。因此，当柴油发动机选用柴油十六烷值时，一般取决于柴油发动机的转速，转速高的发动机，燃烧时间短，要求柴油具有高的十六烷值。根据《车用柴油》（GB 19147—2009）的规定，我国车用柴油的十六烷值应不小于45。

4. 车用柴油的其他性能

1）车用柴油的安定性

车用柴油的安定性包括储存安定性和热安定性两个指标。储存安定性表征柴油在运输、储存和使用过程中保持外观、组成和使用性能不变的能力；热安定性表征柴油在高温条件下以及溶解氧的作用下，不发生变质的能力。

（1）色度。

色度，即油品颜色的深浅，用色号表示。色度可直观反映油品安定性的好坏。

（2）氧化安定性。

氧化安定性是指 100 ml 柴油在规定的条件下氧化后所测得的总不溶物的毫克数，以 mg/100 ml 计。

（3）10%蒸余物残炭。

10%蒸余物残炭是指把柴油馏程试验中馏出 90%后的蒸余物作为试样，经强烈加热一段时间后即进行裂化和焦化反应，在规定的加热时间结束后，将盛有碳质残余物的坩埚置于干燥器内冷却并称重。残炭值用残留物质量与原试样质量之比的百分数表示。

柴油的馏分轻，精制程度越深，则残炭值越小。若馏分重，精制程度越浅，则残炭值越大，残炭值大的柴油，在柴油发动机气缸内生成积炭的倾向也大。

2）车用柴油的腐蚀性

车用柴油的腐蚀性是指柴油对发动机燃料供给系统及其他相关机件产生腐蚀作用的能力。柴油的腐蚀性越小越好。柴油的腐蚀性物质有硫及硫化物、水分和酸性物质等，主要有硫化物和有机酸。

（1）硫化物。

柴油中硫含量大于汽油，柴油硫化物的存在，尤其当硫含量过大时，会对柴油机产生较大危害，直接影响发动机使用寿命。一是硫含量过大的柴油会增大燃烧产物的腐蚀性；二是硫含量过大的柴油会加速发动机润滑油的变质；三是硫含量过大的柴油会使燃烧室、活塞顶、排气门等部位的积炭增多；四是含硫燃料燃烧产物中的二氧化硫和三氧化硫排入大气还会造成空气污染，危害人类健康。

GWKB 1.2—2011《车用柴油有害物质控制标准（第四、五阶段）》明确规定，在与实施国家第四阶段机动车排放标准要求相适应的车用柴油中，硫含量应小于 50 mg/kg；在与实施国家第五阶段机动车排放标准要求相适应的车用柴油中，硫含量应小于 10 mg/kg。

（2）有机酸。

有机酸大部分含在石油的中等馏分中，因此，柴油中有机酸含量较汽油的高。有机酸的含量在柴油规格中仍用酸度来表示。柴油中的有机酸除对机件具有腐蚀作用外，还会使喷油器头部和燃烧室积炭增多、喷油泵柱塞副磨损加剧、进而导致气缸-活塞组件磨损加剧、喷油器喷出的油束品质劣化、柴油机输出功率降低。

（3）水分、铜片腐蚀、水溶性酸或碱。

关于柴油的水分、铜片腐蚀、水溶性酸或碱这几项腐蚀性评定项目与汽油的相同。

3）车用柴油的清洁性

车用柴油的清洁性是指车用柴油中不应含有机械杂质和水分、燃烧不产生灰分等。

车用柴油中的机械杂质和水分一般是在运输、储存和使用过程中受外界污染而混入的。机械杂质会增大柴油机燃油供给系统中精密零件的磨损，水分会加剧有机酸对金属的腐蚀。

灰分是指车用柴油中不能燃烧的机械杂质和溶于其内的无机盐类和有机盐类经煅烧后的剩余物质。灰分沉积在燃烧室中会加快气缸壁和活塞环的磨损。

因此，应严格限制车用柴油中灰分的含量。国家标准中规定灰分含量应不大于 0.01%。

4）车用柴油的清净性

车用柴油自身具有抑制或消除发动机喷油器喷嘴结焦的能力称为车用柴油的清净性。

10.1.2.2 车用柴油的质量标准及其选用

目前，我国供汽车发动机（高速柴油机）使用的车用柴油执行的国家标准是《车用柴油》（GB 19147—2009）；供拖拉机发动机、船用发动机（低速发动机）使用的柴油执行的国家标准是《普通柴油》（GB 252—2011）。

1. 车用柴油的产品分类

现行国家标准《车用柴油》（GB 19147—2009）按凝点将我国车用柴油分为 5 号、0 号、-10 号、-20 号、-35 号和-50 号 6 种牌号。

为确保车用柴油的品质、质量与我国在第三阶段实施的机动车排放法规相适应，《车用柴油》（GB 19147—2009）对车用柴油的技术要求和试验方法做出了明确的规定。即在我国实施第三阶段排放法规期间，车用柴油的生产和使用应满足车用柴油（Ⅲ）的相关要求。

2. 车用柴油的技术要求和试验方法

按照《车用柴油》（GB 19147—2009）的规定，车用柴油的技术要求和试验方法如表 10-5 所示。

表 10-5　车用柴油的技术要求和试验方法（GB 19147—2009）

项　　目		5 号	0 号	-10 号	-20 号	-35 号	-50 号	试验方法
氧化安定性（总不溶物）/（mg/100 ml）	不大于	2.5						SH/T 0175
硫含量①（质量分数）/%	不大于	0.035						SH/T 0689
10%蒸余物残炭②（质量分数）/%	不大于	0.3						GB/T 268
灰分（质量分数/%）	不大于	0.01						GB/T 508
铜片腐蚀（50 ℃，3 h）/级	不大于	1						GB/T 5096
水分③（体积分数，%）	不大于	痕迹						GB/T 260
机械杂质③		无						GB/T 511
润滑性：磨斑直径（60 ℃）/μm	不大于	460						SH/T 0765
多环芳烃含量④（质量百分数）/%	不大于	11						SH/T 0606
运动黏度（20 ℃）/（mm²/s）		3.0～8.0		2.5～8.0		1.8～7.0		GB/T 265

项　　目		5 号	0 号	-10 号	-20 号	-35 号	-50 号	试验方法
凝点/°C	不高于	5	0	-10	-20	-35	-50	GB/T 510
冷滤点/°C	不高于	8	4	-5	-14	-29	-44	SH/T 0248
闪点（闭口）/°C	不低于	55			50		45	GB/T 261
着火性⑤（需满足下列要求之一即可）								
十六烷值	不小于		49		46		45	GB/T 386
十六烷指数	不小于		46		46		43	GB/T 0694
馏程：								
50%馏出温度/°C	不高于				300			GB/T 6536
90%馏出温度/°C	不高于				355			
95%馏出温度/°C	不高于				365			
密度（20°C）/（kg/m²）⑥			810～850			790～840		GB/T 1884 GB/T 1885
脂肪酸甲酯⑦（体积分数）/%	不大于				0.5			GB/T 23801

注：① 也可以采用 GB/T 380、GB/T 11140 和 GB/T 17040 进行测定。当对测定结果有异议时，以 SH/T 0689 方法测定的结果为准。

② 也可采用 GB/T 17144 方法进行测定。当对测定结果有争议时，以 GB/T 268 方法为准。当柴油中含有硝酸酯型十六烷值改进剂时，10%蒸余物残炭的测定，应用不加硝酸酯的基础燃料进行。

③ 可用目测法，即将试样注入 100 ml 玻璃量筒中，在室温（20±5）°C 下观察，应当透明，没有悬浮和沉降的水分及机械杂质。当测定结果有争议时，按 GB/T 260 或 GB/T 511 方法测定。

④ 也可采用 SH/T 0806，当测定结果有争议时，按 SH/T 0606 方法为准。

⑤ 十六烷指数的测定也可采用 GB/T 11139。当对测定结构有争议时，按 GB/T 386 方法为准。

⑥ 也可采用 SH/T 0604。当对测定结果有争议时，以 GB/T 1884 方法为准。

⑦ 不得人为加入。

现行北京市《车用柴油》（DB 11/239—2012）将车用柴油按凝点分为 5 号、0 号、-10 号、-20 号、-35 号共 5 个牌号，并对车用柴油中的有害物质含量作出了更为严格的限制。

3. 车用柴油的选用原则

车用柴油的选用主要考虑柴油使用地区的环境温度，并以柴油使用地区风险率为 10% 的最低气温为基本依据来选用柴油牌号。

现行国家标准《车用柴油》（GB 19147—2009）推荐柴油用户按照本地区风险率为 10% 的最低气温来选择、使用车用柴油。各牌号车用柴油的适用地区，如表 10-6 所示。

表 10-6　各牌号车用柴油的适用地区

车用柴油牌号	适用温度范围
5 号	适用于风险率为 10% 的最低气温在 8 °C 以上地区使用
0 号	适用于风险率为 10% 的最低气温在 4 °C 以上地区使用
-10 号	适用于风险率为 10% 的最低气温在-5 °C 以上地区使用
-20 号	适用于风险率为 10% 的最低气温在-14 °C 以上地区使用
-35 号	适用于风险率为 10% 的最低气温在-29 °C 以上地区使用
-50 号	适用于风险率为 10% 的最低气温在-44 °C 以上地区使用

4. 车用柴油的合理选用

1）在气温允许的情况下尽量选用好牌号柴油

由于对柴油机采用高牌号柴油在低温下难以启动的认识，许多柴油车用户认为选用柴油牌号越低越稳妥，对柴油机的工作越有利。其实这是一个认识上的误区。

首先，由于低牌号柴油凝点低，其炼制工艺复杂、生产成本高，因此，其价格也比高牌号柴油贵；其次，由于柴油中凝点越低的成分燃烧性越差，燃烧滞后期越长，越容易发生工作粗暴现象，反而不利于柴油机的正常工作。

在最低气温允许的情况下尽量选用高牌号柴油，才能做到既经济又实惠。

2）充分考虑季节、气温变化对用油的影响

对于季节变化较大的地区（如黑龙江、内蒙古、吉林、辽宁、青海、新疆等），应特别注意季节、气温变化对用油的影响。在气温骤变之前，及时改变用油牌号。

3）柴油使用注意事项

① 在条件允许的情况下，使用经过充分过滤、沉淀、净化的柴油，可以使柴油机的故障率大为降低。

② 同一质量级别、不同牌号的柴油可以掺兑使用，以降低高凝点柴油的凝点，充分利用柴油资源。例如：某地区的最低温度为-10 ℃，不能用-10 号的柴油，但是用-20 号的柴油又浪费，此时可以把-10 号和-20 号柴油掺兑使用。

③ 低温条件下启动时可以采用预热措施，如对进气管、冷却液、润滑油（机油）及蓄电池预热等；也可采用馏分轻、蒸发性好又具有一定十六烷值的低温启动液，以保证发动机的顺利启动。但只能将低温启动液喷入柴油机的进气总管，而不能将其加入油箱与柴油混用，否则容易形成气阻。

10.1.3 代用燃料

目前，比较成熟且已经开始使用的车用替代燃料主要有醇类燃料、天然气、液化石油气、氢气、生物柴油等。

10.1.3.1 醇类燃料

1. 醇类燃料的类别

目前，已经进入实用阶段的醇类燃料主要有甲醇和乙醇两类，它们均可作为汽车替代燃料使用。

甲醇（Methanol）是有机物醇类中最简单的一元醇，俗称木精、木醇。甲醇是无色、有酒精气味、易挥发的液体。甲醇燃烧时无烟，火焰呈蓝色。甲醇有毒，误饮 5~10 ml 就能致人双目失明，大量饮用会导致死亡。

甲醇可从煤（特别是劣质高硫煤）、重质燃料和焦炉气中回收制取，也可从天然气、油页岩、生物质（如林木、有机垃圾等）中提取。

乙醇（Ethanol），俗称酒精，在常温、常压下是一种易燃、易挥发的无色透明液体。乙醇的水溶液具有特殊的、令人愉快的香味，并略带刺激性。

乙醇以高粱、玉米、小麦、甜菜、甘蔗、薯类、糖蜜等农作物为原料，经发酵、蒸馏制取。

醇类燃料都属于含氧燃料，其理化性质与汽油相近。同时，醇类燃料具有辛烷值高、蒸发潜热大、着火极限宽、热值低、腐蚀性大、易产生气阻、排放污染低、储存和使用方便等特点，比较适合作为车用汽油的替代燃料使用。

2. 醇类燃料的应用

掺醇燃料是指把甲醇或乙醇以不同比例掺入车用汽油中形成的混合燃料。甲醇、乙醇与汽油的混合燃料分别用 M（Methanol）、E（Ethanol）加一数字表示，其后的数字表示混合燃料中甲醇或乙醇的体积分数，如 M30 表示甲醇体积分数为 30% 的甲醇-汽油混合燃料，E10 表示乙醇体积分数为 10% 的乙醇-汽油混合燃料。

掺醇燃料的优点。

① 抗爆性好。醇类燃料的辛烷值均高于汽油，掺和后，可明显提高汽油的抗爆能力。试验表明：在汽油中添加 10% 的乙醇，其辛烷值可提高 3 个单位；甲醇汽油也有类似的效果。

② 排放尾气中 NO_x、烃类及 CO 的含量低。醇类燃料的蒸发潜力高，使掺醇汽油形成的混合气燃烧温度低，因此，排放尾气中 NO_x 含量低；醇类燃料含氧，混合气燃烧充分，因此，不完全燃烧产物 HC 和 CO 含量降低。

③ 价格便宜。甲醇价格低于汽油价格，这使得甲醇汽油价格也低于汽油。

由于掺醇汽油的优点突出，我国对低比例掺醇汽油研究较多，掺醇比例低于 15% 的掺醇汽油和纯汽油相比较，不需要改变现有汽车发动机的结构、不需增加改造成本、不存在技术上的难度。因此，低比例掺醇汽油是目前应用较多的形式。

但采用低比例掺醇汽油，不能从根本上解决能源短缺问题，应研究高比例掺醇汽油的应用，但需要对现有的汽油发动机进行较大改动，以适应醇类燃料的特点。需对燃油箱、油泵、喷油器、燃油管、滤清器、橡胶件等进行研究改进。这样一来，改造成本将大幅提高。

掺醇燃料的不足。

① 醇类燃料有较强的极性，与汽油的互溶性较差。

② 掺醇汽油容易出现分层现象。掺醇汽油中醇与汽油的互溶性受水分影响较大，水分易引起体系分层。醇类燃料的吸水性强，在储存和使用过程中，会自动从空气中吸收水分，当水分达到一定程度时会出现分层现象。

③ 掺醇汽油对发动机金属、橡胶和塑料等材料具有一定的腐蚀作用。

④ 掺醇汽油的低温启动性差，高温时易产生气阻。

3. 纯醇燃料

纯醇燃料是指单纯的甲醇或乙醇燃料。从弥补石油资源短缺的角度来看，采用纯醇燃料用于发动机比采用掺醇燃料，尤其是低比例掺醇燃料更具有实际意义。

当使用纯醇燃料时，可根据甲醇或乙醇燃料的特点对发动机进行改造，主要改造之处有：调整供油系统、加大油泵供油量、加装进气预热装置和改善零部件的抗腐蚀性能等。使用纯醇燃料使发动机动力性、经济性和排放性比燃烧汽油时有较大程度的提高。

但使用纯醇燃料需对发动机进行较大范围的改造。鉴于此，纯醇燃料目前在我国还处于试验、研究阶段，全面普及尚待时日。

10.1.3.2 其他替代燃料

1. 车用天然气

1）天然气的类别与特点

天然气（Natural Gas，NG）是各种替代燃料中最早被广泛使用的一种。天然气的主要成分是甲烷（一般占天然气的 80%～89%），其余为乙烷、丙烷、丁烷、戊烷等气体化合物，以及少量的氢气、氮气、二氧化碳、硫化氢等气体。

车用天然气可分为压缩天然气（Compressed Natural Gas，CNG）和液化天然气（Liquefied Natural Gas，LNG）两种。

CNG 是指将天然气经过脱水、脱硫净化处理后，经多级压缩压力为 20.7～24.8 MPa，存储在气瓶中的压缩天然气。CNG 是一种无色透明、无味、比空气轻的气体，使用时经减压器减压后供给发动机燃烧即可。

LNG 是指将天然气经过特定工艺，使其在-162 ℃ 左右变为液态，存储在高压储气瓶中的液化天然气。

天然气既具有着火极限宽、抗爆燃性能好、排放污染小等优点，又具有热值低、密度小、火焰传播速度慢、点火能量高、储运难度大（需进行液化处理）等缺点。

但汽车使用天然气燃料时，燃烧室积炭很少，且燃烧产物中不含液体燃料成分。因此，对润滑油的破坏能力较弱，可使发动机的机械磨损减少。

2）车用压缩天然气的技术指标

为确保天然气能满足汽车的使用要求，现行国家标准《车用压缩天然气》（GB 18047—2000）对车用压缩天然气的技术指标做出了明确规定，如表 10-7 所示。

表 10-7 车用压缩天然气技术指标（GB 18047—2000）

项　目	技术指标
高位发热量/（MJ/m³）	>31.4
总硫（以硫计）/（mg/m³）	≤200
硫化氢/（mg/m³）	≤15
二氧化碳（体积分数）/%	≤3.0
氧气（体积分数）/%	≤0.5
水露点/℃	在汽车驾驶的特定地区内，在高操作压力下，水露点不应高于-13 ℃；当最低气温低于-8 ℃ 时，水露点应比最低气温低 5 ℃

注：本标准中气体体积的标准参比条件是 101.325 kPa、20 ℃。

3）天然气汽车

与使用汽油作为燃料的汽车相比较，天然气汽车只是在燃料供给系统的结构上略有不同。

按照燃料使用状况的不同，天然气汽车可以分为以下几种。

（1）CNG汽车。

CNG天然气汽车的发动机只使用CNG作为燃料，其燃料供给系统是专门为使用CNG而设计的，可以充分发挥天然气的作用，运行经济性较好，排放污染小。但燃料的补充受加气站布局的影响和制约，加气的方便性略差。

（2）汽油-天然气两用燃料天然气汽车。

汽油-天然气两用燃料天然气汽车既可以使用天然气作为燃料，也可以使用汽油作为燃料。

汽油-天然气两用燃料天然气汽车一般是由汽油车改装而成的，有两套燃料供给系统：一套是原车的汽油供给系统，另一套为CNG供给系统。发动机可以分别使用CNG和汽油作为燃料，两种燃料的转换通过选择开关实现。

（3）柴油-天然气两用燃料天然气汽车。

柴油-天然气两用燃料天然气汽车使用天然气作为主要燃料，柴油只作引燃燃料。

柴油-天然气两用燃料天然气汽车一般是由柴油车改装而成的，其燃料供给系统根据发动机的运行工况按一定比例同时供给CNG和柴油两种燃料。

（4）LNG汽车。

LNG天然气汽车发动机只使用LNG作为燃料。LNG在储存能量密度、汽车续驶里程、储存容器压力等方面均优于CNG，是今后重点发展的方向。

由于LNG对储存技术要求较高，使得储存容器的成本较高，这在一定程度上限制了LNG天然气汽车的发展。

2. 车用液化石油气

1）液化石油气

液化石油气（Liquefied Petroleum Gas，LPG）是石油产品之一，是由炼厂气（石油炼厂副产的气态烃）或天然气（包括油田伴生气）加压、降温、液化得到的一种无色、挥发性气体。

由炼厂气所得的液化石油气，主要成分为丙烷、丙烯、丁烷、丁烯，同时含有少量的戊烷、戊烯和微量硫化合物杂质。

液化石油气具有抗爆性能好（研究法辛烷值在100左右）、排放污染小、无烟尘、无炭渣、火焰传播速度慢、点火能量高、热值低等特点。液化石油气在690 kPa左右就可以完全液化，便于载运。所以，液化石油气作为车用替代燃料，近年来发展较快。

2）车用液化石油气的质量标准

我国现行的车用液化石油气标准《车用液化石油气》（GB 19159—2003）按照丙烷、丁烷的组分含量不同，将车用液化石油气分为3个牌号产品。其中，Ⅰ号产品可在环境温度-20 ℃以上条件下使用；Ⅱ号产品可在环境温度高于-10 ℃的条件下使用；Ⅲ号产品可在环境温度高于0 ℃的条件下使用。

《车用液化石油气》（GB 19159—2003）规定，我国车用液化石油气的质量标准应符合如表10-8所示的要求。

表 10-8　车用液化石油气的技术要求（GB 19159—2003）

项 目		质量指标			试验方法
		Ⅰ号	Ⅱ号	Ⅲ号	
蒸汽压（37.8 ℃，表压）/kPa		≤1 430	890～1 430	660～1 340	GB/T 6602[①]
组成的质量分数/%	丙烷	＞85	＞65～85	＞40～65	SH/T 0614[②]
	丁烷及以上组分	≤2.5	—	—	
	戊烷及以上组分		≤2.0	≤2.0	
	总烯烃	≤10	≤10	≤10	
	丁二烯（1，3-丁二烯）	≤0.5	≤0.5	≤0.5	
残留物	100 ml 蒸发残留物/ml	≤0.05	≤0.05	≤0.05	SY/T 7509
	油渍观察	通过	通过	通过	
密度（20 ℃）/（kg/m³）		实测	实测	实测	SH/T 0221[③]
铜片腐蚀/级		≤1	≤1	≤1	SH/T 0232
总硫含量/（kg/m³）		270	270	270	ST/T 0222[④]
硫化氢		无	无	无	SH/T 0125
游离水		无	无	无	目测

注：1. 总硫含量为 0 ℃、101.35 kPa 条件下的气态含量。
　　2. ① 蒸汽压可用 GB/T 12576 方法计算，但在仲裁时应用 GB/T 6602 测定。
　　　② 组分可用 SH/T 0230 法测定，但在仲裁时应用 SH/T 0614 测定。
　　　③ 密度可用 GB/T 12576 法测定，但在仲裁时应用 SH/T 0221 测定。
　　　④ 总硫含量可用 SH/T 7508 法测定，但在仲裁时应用 SH/T 0222 测定。

3）液化石油气汽车类型

（1）专用 LPG 汽车。

专用 LPG 汽车以 LPG 作为唯一燃料，其发动机的燃料供给系统专为 LPG 燃料设计，能充分发挥 LPG 燃料的特点，使用性能最佳。

（2）LPG 与汽油双燃料汽车。

LPG 与汽油双燃料汽车是通过对现有汽油车改装而成的，有两套燃料供给系统：一套为原车供油系统；另一套为增加的 LPG 供给装置。发动机可以分别使用 LPG 和汽油作为燃料，两种燃料的转换通过电磁阀实现。

（3）LPG 与柴油双燃料汽车。

LPG 与柴油双燃料汽车是通过对现有柴油车改装而成的。同 LPG 与汽油双燃料汽车一样，LPG 与柴油双燃料汽车也有两套燃料供给系统：一套为原车柴油供给系统；另一套为增加的 LPG 供给装置。两套燃料供给系统可根据发动机运行工况按一定比例同时供给 LPG 和柴油两种燃料。其中，柴油只作为引燃燃料，主要燃料是 LPG。

3. 车用生物柴油

1）生物柴油

生物柴油（Bio-diesel）是指以油料作物、野生油料植物和工程微藻等水生植物油脂以及动物油脂、餐饮垃圾油（地沟油）等为原料油通过酯交换工艺制成的可代替石化柴油的再生性柴油燃料。生物柴油具有以下特点。

① 生物柴油的密度比水小，相对密度为 0.742 4 ~ 0.888 6 g/cm³。

② 生物柴油的稳定性好，长期储存不会变质。但具有"老化"倾向，加热不宜超过 80 ℃，宜在避光、避免与空气接触的条件下储存，且储存装置最好是抗酸、抗腐蚀的材料（生物柴油的 pH 值低）。

③ 生物柴油中不含对环境造成污染的芳香族烷烃，因此，对人体健康的危害低于石化柴油；生物柴油硫含量低，因此，二氧化硫和硫化物排放低，且生物柴油的可生物降解性好。

④ 生物柴油具有较好的发动机低温启动性能，无需降凝剂，冷滤点可达到-13 ℃。

⑤ 生物柴油的十六烷值高，燃烧残留物呈中性，可延长发动机的使用寿命。

⑥ 生物柴油具有较好的安全性能，闪点高，运输、储存、使用均很安全。

2）车用生物柴油的质量标准

目前，我国车用生物柴油是由动植物油脂与醇（如甲醇或乙醇）经脂交换反应制得的脂肪酸单烷基脂，最典型的为脂肪酸甲脂，以 BD100 表示。

现行国家标准《柴油机燃料调合用生物柴油（BD100）》（GB/T 20828—2007）将柴油机燃料调合用生物柴油（BD100）按照硫含量分为 S500 和 S50 两个牌号。

柴油机燃料调和用生物柴油（BD100）的技术要求和试验方法如表 10-9 所示。

表 10-9　柴油机燃料调和用生物柴油（BD100）的技术要求和试验方法（GB/T 20828—2007）

项　目		质量指标		试验方法
		S500	S50	
密度（20℃）/（kg/m³）		820 ~ 900		GB/T 2540①
运动黏度（40℃）/（mm²/s）		1.6 ~ 6.0		GB/T 265
闪点（闭口）/℃	不低于	130		GB/T 261
冷滤点/℃		报告		SH/T 0248
硫含量（质量百分数）/%	不大于	0.05	0.005	SH/T 0689②
10%蒸余物残炭（质量百分数）/%	不大于	0.3		GB/T 17144③
硫酸盐灰分（质量百分数）/%	不大于	0.020		GB/T 2433
水含量（质量百分数）/%	不大于	0.05		SH/T 0246
机械杂质		无		GB/T 511④
铜片腐蚀（50℃，3 h）级	不大于	1		GB/T 5096
十六烷值	不小于	49		GB/T 386
氧化安定性（110℃）/h	不小于	6.0(5)		EN 14112
酸值/（mgKOH/g）	不大于	0.08		GB/T 264⑥
游离甘油含量（质量百分数）/%	不大于	0.020		ASTMD 6584
总甘油含量（质量百分数）/%	不大于	0.240		ASTMD 6584
90%馏出温度/℃	不高于	360		GB/T 6536

注：① 也可以用 GB/T 5526、GB/T 1884、GB/T 1885 方法测定，以 GB/T 2540 为准。
　　② 可用 GB/T 380、GB/T 11131、GB/T 11140、GB/T 12700 和 GB/T 17040 方法测定。当结果有争议时，以 SH/T 0689 为准。
　　③ 可用 GB/T 268 方法测定，当结果有争议时，以 GB/T 17144 为准。
　　④ 可用目测法，即将试样注入 100 ml 玻璃量筒中，在室温〔(20±5)℃〕下观察，应当透明，没有悬浮和沉降的机械杂质。当结果有争议时，以 GB/T 511 为准。
　　⑥ 可用 GB/T 5530 方法测定。当结果有争议时，以 GB/T 264 为准。

4. 氢 气

氢气燃料是唯一不含碳的燃料,是最为理想的清洁燃料。氢燃烧后废气中的主要成分是 H_2O、N_2、剩余的 O_2 以及在高温下生成的 NO_x,没有汽油机和柴油机所排出的 CO、HC 以及颗粒物、铅、硫等有害物质,不会诱发光化学烟雾,也没有导致地球温室效应的 CO_2。

氢气作为车用替代燃料,具有着火界限宽、自燃温度高、点火能量低、火焰传播速度快、抗爆性好、热效率高、排放排污低、发动机磨损量小等突出特点。

毫无疑问,当不可再生资源(煤、石油、天然气等)消耗殆尽时,氢将是最为理想的替代能源。

10.2 内燃机润滑油

10.2.1 内燃机润滑油的分类

美国的 SAE 黏度分类法和 API 使用性能分类法已被世界各国所公认和广泛采用,我国也参照这两种润滑油分类方法制定了相应的国家标准。另外,欧洲的 ACEA 使用性能分类法的影响日益广泛。

1. 国外发动机润滑油的分类

国际上广泛采用美国汽车工程师学会(Society of Automotive Engineers,SAE)的黏度分类法和美国石油协会(API)及欧洲汽车制造商协会(ACEA)的使用性能分类法。上述分类方法与汽车发动机各发展阶段的结构、性能和使用要求有着紧密的联系。

1)SAE 的发动机润滑油黏度分类法

1911 年,美国汽车工程师学会(SAE)制定了发动机润滑油黏度分类法,历经多次修改,目前执行的是《发动机润滑油黏度分类》(SAE J300—2009),如表 10-10 所示。

SAE J300—2009 采用含字母 W 和不含字母 W 两组系列黏度等级号划分,前者是以最大低温动力黏度、最大低温泵送黏度和 100 ℃ 时的最小低剪切运动黏度划分的;后者是以 100 ℃ 时的最小低剪切运动黏度、最大低剪切运动黏度和 150 ℃ 时的最小高剪切黏度划分的。

适合冬季使用的发动机润滑油黏度等级以 6 个含 W(W 为英文冬季 Winter 的首字母)的低温黏度级号(0W、5W、10W、15W、20W 和 25W)表示;适合夏季使用的发动机润滑油黏度等级以 5 个不含 W 的 100 ℃ 时的低剪切运动黏度级号(20、30、40、50 和 60)表示。

按照 SAE J300—2009 的黏度分类体系,发动机润滑油还有单级润滑油和多级润滑油(稠化油)两类。

只能满足低温或高温一种黏度级别要求的发动机润滑油,称为单级润滑油;既能满足低温工作时黏度要求,又能满足高温工作时黏度要求的发动机润滑油,称为多级润滑油。

多级润滑油以低温黏度级号与高温黏度级号组合的方式来表示。在 SAE J300—2009 的黏度分类体系中,多级润滑油分为 0W-40、5W-40、10W-40、15W-40、20W-40 和 25W-40 共 6 种。

表 10-10　国外发动机润滑油黏度分类（SAE J300—2009）

SAE 黏度等级	低温动力黏度/（MPa·s）（最大）	低温泵送黏度/（MPa·s）（在无屈服应力时，最大）	低剪切运动黏度/（mm²·s⁻¹）（100 ℃）		高剪切黏度/（MPa·s）（150 ℃，最小）
			最小	最大	
0W	6 200（−35 ℃）	60 000（−40 ℃）	3.8	—	—
5W	6 600（−30 ℃）	60 000（−35 ℃）	3.8	—	—
10W	7 000（−25 ℃）	60 000（−30 ℃）	4.1	—	—
15W	7 000（−20 ℃）	60 000（−25 ℃）	5.6	—	—
20W	9 500（−15 ℃）	60 000（−20 ℃）	5.6	—	—
25W	13 000（−10 ℃）	60 000（−15 ℃）	9.3	—	—
20	—	—	5.6	<9.3	2.6
30	—	—	9.3	<12.5	2.9
40	—	—	12.5	<16.3	3.5（0W/40，5W/40，10W/40）
	—	—	12.5	<16.3	3.7（15W/40，20W/40，25W/40，40）
50	—	—	16.3	<21.9	3.7
60	—	—	21.9	<26.1	3.7
试验方法	ADTM D5293	ASTM D4684	ASTM D445		ASTM D4683（ASTM D4741）

在多黏度级发动机润滑油牌号标记中，W 前面的数字越小表示润滑油的低温流动性越好，可适用的外界环境温度越低，在冷启动时对发动机的保护能力越好；W 后面的数字则是润滑油的耐高温性能指标，数值越大表示润滑油在高温下对发动机的保护性能越好。

多级润滑油是在单级润滑油的基础上添加了黏度指数改进剂调配而成的，多级润滑油黏度性能良好，低温时动力黏度小，流动性好；而高温 150 ℃ 时最小剪切黏度较高。多级发动机润滑油可以在春、夏、秋、冬四季通用，不必按照季节换油，可以有效地延长发动机润滑油的使用寿命。

2）API 的发动机润滑油使用性能分类法

API 的发动机润滑油使用性能分类法是根据发动机润滑油在油品（试油）使用性能评定试验中所表现出来的抗磨性、清净分散性和抗氧化腐蚀性等使用性能确定其质量（品质）等级的。

API 的发动机润滑油使用性能分类法将汽油发动机润滑油归类为 S 系列，将柴油发动机润滑油归类为 C 系列。

在 S 系列中又细分为 SA、SB、SC、SD、SE、SF、SG、SH、SJ、SL、SM、SN 等多个质量（品质）等级，S 后边的字母越靠后，则表示润滑油的质量等级越高，使用性能越好；在 C 系列中又细分为 CA、CB、CC、CD、CE、CF、CG、CH、CI、CJ 等多个质量（品质）等级，C 后边的字母越靠后，则表示润滑油的质量等级越高，使用性能越好。其宗旨是按发动机润滑油强化程度和工作条件的苛刻程度来划分发动机润滑油的质量等级，以保证润滑油的使用性能能够满足不同发动机的实际需求。

以上两个系列的各级油品质量除应符合各自规定的理化性能要求外，还必须通过规定的发动机试验。

API 使用性能分类法今后将随着发动机和发动机润滑油技术的发展，循序渐进地增加新级别的油品。

2. 我国发动机润滑油的分类

参照国外发动机润滑油的分类原则，我国发动机润滑油的分类，也包括黏度分类法和使用性能分类法两个系列。

1）按黏度分类

我国发动机润滑油的黏度分类法是参照美国汽车工程师学会《发动机润滑油黏度分类》（SAE J300—2000）的标准进行的。SAE J300—2000 在美国早已废止，美国的现行标准是 SAE J300—2009。

目前，我国发动机润滑油的黏度分类法是《内燃机油黏度分类》（GB/T 14906—94），该标准于 1994 年 10 月 1 日开始实施，2004 年 10 月 14 日通过复审，为现行标准。

我国发动机润滑油的黏度分类如表 10-11 所示。

表 10-11　我国发动机润滑油的黏度分类（GB/T 14906—94）

SAE 黏度等级	低温黏度/（MPa·s）（不大于）	边界泵送温度/（°C）（不高于）	低剪切运动黏度/（mm²·s⁻¹）（100 °C）		高剪切黏度/（MPa·s）（150 °C，最小）
			最小	最大	
0W	3 250（−30 °C）	−40 °C	3.8	—	—
5W	3 500（−25 °C）	−35 °C	3.8	—	—
10W	3 500（−20 °C）	−30 °C	4.1	—	—
15W	3 500（−15 °C）	−25 °C	5.6	—	—
20W	4 500（−10 °C）	−20 °C	5.6	—	—
25W	6 000（−5 °C）	−15 °C	9.3	—	—
20	—	—	5.6	<9.3	2.6
30	—	—	9.3	<12.5	2.9
40	—	—	12.5	<16.3	2.9
	—	—	12.5	<16.3	3.7
50	—	—	16.3	<21.9	3.7
60	—	—	21.9	<26.1	3.7

该分类标准包括含字母 W 和不含字母 W 两组黏度等级系列，含字母 W 等级系列与低温性能有关，侧重于发动机润滑油的最低泵送温度及低于 0 °C 时的黏度；不含字母 W 等级系列只表示在 100 °C 时的运动黏度，以及高温剪切黏度。

由于分类只标出低温黏度范围的上限，因此，W 级别低的润滑油能符合任何 W 级别较高的润滑油的黏度要求，即 10W 润滑油可满足 15W、20W 或 25W 润滑油的黏度要求。

关于我国发动机润滑油黏度等级的分类，也有单级油和多级油之分。任何具有一种牛顿液体性质的润滑油标注为单级油。

一些经过添加黏度指数改进剂调配后的发动机润滑油，具有非牛顿液体性质的多黏度等级特征，应标注适当的多黏度等级。

一种多黏度级发动机润滑油，其低温黏度和边界泵送温度满足系列中一个 W 的需要，同时 100 ℃ 运动黏度属于系列中的一个非 W 级分类规定的黏度范围，即含 W 的低温黏度级和100 ℃ 运动黏度级，并且两黏度级号之差至少等于 15。例如：一种多级油可标为 10W/30 或20W/40，不可标为 10W/20 或 20W/20。某一油品可能同时符合多个 W 级，所标记的含 W 级号或多黏度等级号只取最低 W 级号。例如：一种多级油同时符合 10W、15W、20W、25W 和30 级号，黏度牌号只能标为 10W/30。

2）按使用性能分类

我国发动机润滑油使用性能分类法的现行国家标准是《内燃机油分类》（GB/T 7631.3—95）。《内燃机油分类》（GB/T 7631.3—95）是非等效地采用美国《发动机润滑油性能及发动机润滑油使用分类》（SAE J183—91）标准制定的。

四冲程发动机润滑油的详细分类是根据产品特性、使用场合和使用对象确定的。

《内燃机油分类》（GB/T 7631.3—95）规定，我国发动机润滑油品种代号由两个大写英文字母及数字组成。该代号的第一个英文字母 S 代表汽油发动机机油，英文字母 C 代表柴油发动机机油；第一个英文字母与第二个英文字母或与第二个英文字母及数字相结合代表机油的质量等级。在发动机润滑油质量等级代号中，第二个字母的顺序越靠后，则其质量等级（使用性能）越高。

根据《内燃机油分类》（GB/T 7631.3—95）的规定，我国汽油发动机润滑油的详细分类及使用特性如表 10-12 所示，我国柴油发动机润滑油的详细分类及使用特性如表 10-13 所示。

表 10-12　我国汽油发动机润滑油详细分类及使用特性

品种代号	特性与使用
SA（废止）	用于运行条件非常温和老式发动机，该油不含添加剂，对使用性能无特殊要求
SB（废止）	中等程度条件下运转的发动机使用，加有少量添加剂，具有抗擦伤、抗氧化及防止轴瓦腐蚀的性能
SC（废止）	没有 PCV 装置的 1964—1967 年型的轿车、货车汽油发动机用，油具有防止高温油泥、低温油泥、防锈、抗腐蚀性能
SD（废止）	有 PCV 装置的 1968—1971 年型的轿车、货车汽油发动机用，具有防止高低温油泥、防锈抗磨、防腐蚀性能
SE	有 EGR 装置的轿车、货车汽油发动机用，防止高低温油泥、防锈、抗磨等性能高于 SC、SD 油
SF	有催化转化装置的轿车、货车汽油发动机用，防高低温油泥、防锈、抗磨、抗擦伤性能均优于 SE 级
SG	有节能效果的油，适用于轿车、货车的汽油发动机，以及要求使用 API SG 级汽油发动机润滑油的汽油发动机，防止高低温油泥、防锈、抗磨、抗擦伤性能均优于 SF 级
SH	适用于轿车、货车的汽油发动机，以及要求使用 API SH 级汽油发动机润滑油的汽油发动机。SH 级润滑油的防止高低温油泥、防锈、抗氧化、抗磨、抗擦伤性能均优于 SG 级

表 10-13　我国柴油发动机润滑油详细分类及使用特性

品种代号	特性与使用
CA（废止）	用于低硫磷燃料的轻中负荷下运转的柴油机，油具有防止高温沉积物的产生及防止轴承腐蚀的性能
CB（废止）	用于高硫燃料的轻中负荷下运转的柴油发动机，油具有防止高温沉积物的产生及防止轴承腐蚀的性能，缓和条件下的汽油机也能使用
CC	有增压器的高负荷柴油机用，在苛刻条件下使用的汽油发动机也可使用，油具有防止高温沉积、防锈、防腐蚀及防止汽油机低温油泥的产生的性能
CD	有增压器的高速大功率、在非常苛刻条件下运转的柴油发动机用，要求在上述条件下油具有能防止高温沉积、防锈、防腐蚀性能，而且上述性能优于 CB、CC 级油
CD-II	用于要求高效控制磨损和沉积物的重负荷二冲程柴油发动机，以及要求使用 API CD-II 级柴油发动机润滑油的柴油发动机，同时也可以满足 CD 级润滑油的性能要求
CE	用于低速高负荷和高速高负荷条件下运行的低增压及增压式重负荷柴油机，以及要求使用 API CE 级润滑油的柴油发动机，同时也满足 CD 级润滑油的性能要求
CF-4	用于高速四冲程以及要求使用 API CF-4 级柴油发动机润滑油的柴油发动机。在油耗和活塞沉积物控制方面性能优于 CE 级润滑油，并可代替 CD 级润滑油。此种润滑油油品特别适用在高速公路上行驶的重负荷货车

3. 发动机润滑油的命名

1）汽油发动机润滑油的命名

我国现行国家标准《汽油机油》（GB 11121—2006）包括 SE、SF、SG、SH、GF-1、SJ、GF-2、SL 和 GF-3 共 9 个汽油发动机润滑油品种。油品的黏度等级按照 GB/T 14906 或 SAE J300 划分。

汽油发动机润滑油的产品标记为：

例如：SF 15W/40 汽油机油、SG 40 汽油机油。

汽油发动机润滑油的产品标记实例释意，如图 10-1 所示。

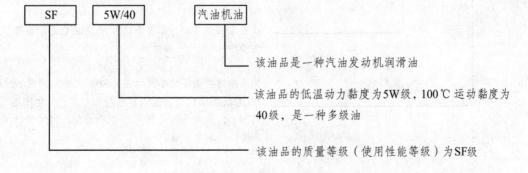

图 10-1　SF 5W/40 汽油机油

2）柴油发动机润滑油的命名

我国现行国家标准《柴油机油》（GB 11122—2006）包括 CC、CD、CF、CF-4、CH-4 和 CI-4 共 6 个柴油发动机润滑油品种。油品的黏度等级按照 GB/T 14906 或 SAE J300 划分。

柴油发动机润滑油的产品标记为：

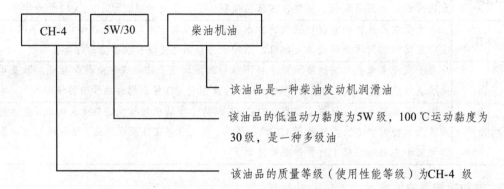

例如：CD 20W/50 柴油机油、CC 30 柴油机油、CH-4 20W/50 柴油机油。

柴油发动机润滑油的产品标记实例释意，如图 10-2 所示。

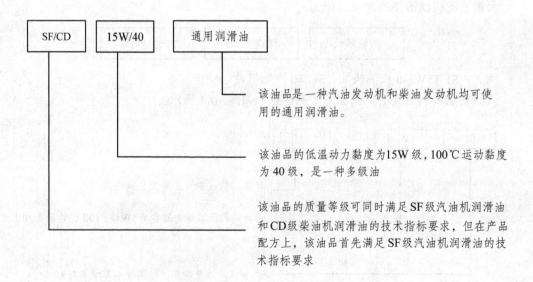

图 10-2　CH-4 5W/30 柴油机油

例如：CH/SL 20W/50 通用润滑油、SF/CD 15W/40 通用润滑油。在通用润滑油的产品标记中，汽油机油或柴油机油质量等级的先后顺序排列由生产企业根据产品配方特点确定。

通用润滑油的产品标记实例释意，如图 10-3 所示。

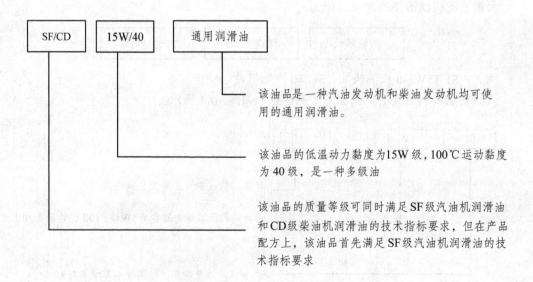

| SF/CD | 15W/40 | 通用润滑油 |

该油品是一种汽油发动机和柴油发动机均可使用的通用润滑油。

该油品的低温动力黏度为15W级，100℃运动黏度为40级，是一种多级油

该油品的质量等级可同时满足SF级汽油机润滑油和CD级柴油机润滑油的技术指标要求，但在产品配方上，该油品首先满足SF级汽油机润滑油的技术指标要求

图 10-3　SF/CD 15W/40 通用润滑油

10.2.2　内燃机润滑油的使用性能

1. 滑　性

在各种润滑条件下，润滑油降低摩擦、减缓磨损和防止金属机件烧结、损坏的能力，称为发动机润滑油的润滑性。发动机润滑油的润滑性取决于润滑油的黏度和化学性质。

通过如 10-4 所示的斯萃贝克（Stribeck）曲线，可清楚的分析在不同润滑状态下，润滑油黏度、零件转速、油膜厚度和零件工作压力等因素对摩擦系数 f 的综合影响。

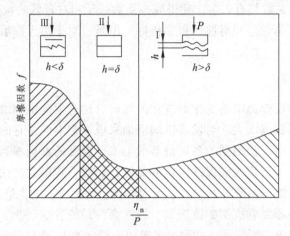

图 10-4　润滑油黏度对润滑状态影响的 Stribeck 曲线

h— 油膜厚度；δ—运动副表面粗糙度

一般情况下，摩擦系数 f 可表示为

$$f = 2\pi^2 \frac{D\eta n}{hp} \tag{10-2}$$

式中，D 为零件直径；η 为润滑油的黏度；h 为油膜厚度；n 为零件的转速；p 为零件承受的压力。

索莫范尔德准数考虑了发动机润滑油和发动机润滑油工况两方面因素对摩擦系数的影响。在索莫范尔德准数中，唯一与润滑性能有关的润滑油自身因素仅为润滑油的黏度。

在图 10-4 中，自左向右包括 3 种润滑状态，其中右侧为流体润滑、左侧为边界润滑、中间为混合润滑。

1）流体润滑

流体润滑，油膜厚度 h 大于运动副表面粗糙度 δ。当摩擦副两表面被流体（液体或气体）完全隔开时，摩擦表面不会产生金属间的直接摩擦，流体分子层间的黏剪阻力就是摩擦力，这种润滑状态称为流体润滑状态。在液体润滑区域，摩擦系数随润滑油的黏度的降低而减小。

2）边界润滑

边界润滑，油膜厚度 h 小于运动副表面粗糙度 δ。此时起润滑作用的不是润滑油的黏度，而取决于润滑油的油性和极压性。

油性是润滑油在摩擦金属表面上的吸附性。润滑油中极性分子定向排列，吸附在金属表面形成吸附膜。

极压性是润滑油在摩擦表面所具有的一种化学反应性质。当润滑油中加入含有硫、磷等元素的化合物添加剂时，高温下这些化合物将分解出硫、磷等活性元素与摩擦表面金属形成化学反应膜，被称为极压性。

3）混合润滑

当润滑油黏度降低到一定程度时，油膜厚度 h 降低到与运动副表面粗糙度 δ 近似相等，即中间区域表征的状态，称为混合润滑。混合润滑包括流体润滑和边界润滑。此时润滑油的黏度和化学性质对摩擦系数都有影响，使得摩擦系数处于相对较低的状态。

发动机润滑油黏度是评定润滑性的重要指标。但是，对于边界润滑，主要是油性和极压性在起作用。

2. 黏温性

发动机润滑油的黏度随温度的变化而变化的性质，称为发动机润滑油的黏温性。温度升高黏度变小，温度降低黏度增大。对发动机润滑油来说，黏温性是它的一项重要指标。因为润滑油在发动机中工作时，接触到的各润滑部位的工作温度的差别相当大。因此，要求发动机润滑油当在高温部件上工作时能保持一定的黏度，形成一定厚度的油膜，起到应有的润滑作用；而在低温时，黏度不要变得太大，以免内燃机启动困难，增大磨损。

目前，在基础油中添加黏度指数改进剂，以提高油品的黏温性能。若油品能同时满足低温和高温工作的使用要求，则这种油品称为多级油（稠化油）。衡量黏温性能的指标为黏温指数。黏温指数越大，说明油品的黏温性能越好。

3. 低温性能

低温性能包括低温启动性能和低温泵送性能。发动机润滑油确保自身能在低温条件下被润滑油泵可靠泵送，充足、流畅地在发动机润滑系统管路中循环流动，充分实现润滑作用，并确保发动机易于冷启动的性能，称为发动机润滑油的低温启动性能。

低温黏度并不能完全说明内燃机的低温性能。这是因为，即使在低温下油品的低温黏度小，发动机容易启动，但也不能保证发动机启动后能正常润滑。实际使用中发现，有的内燃机润滑油能使发动机在低温下启动，但却不能使机油泵及时、正常的供油，给发动机运动部件提供合适的润滑。可见内燃油还应有良好的低温泵送性能。

发动机润滑油低温操作性的主要评定指标是发动机润滑油的低温动力黏度、边界泵送温度和倾点等。

4. 清净分散性

清净分散性有 2 层含义：① 内燃机润滑油能将其氧化后生成的胶状物、积炭等不溶物增溶或悬浮在油中，形成稳定的胶状而不沉积在部件上；② 将已沉积在发动机部件上的胶状物、积炭等洗涤下来。

润滑油基础油本身不具备清净分散性。内燃机润滑油的清净分散性能，是通过添加剂而获得的。

在汽车发动机内部，各处温度不同。按照温度的高低可划分为 3 个区域，在各个区域生成的沉积物性质是不同的。

燃烧室为高温区。燃烧室的温度大概为 250～500 ℃。这种温度足以使进入燃烧室的润滑油和未燃尽的燃料发生深度变化，生成焦状固体或疏松的烟灰状物质，主要覆盖在活塞顶、排气门、导管、火花塞或喷油嘴上。这类高温沉积物通常称为积炭。

连杆活塞组为中温区。一般来说活塞部位由上而下的温度是 260～175 ℃。从最上面的活塞环槽（包括活塞环）到活塞裙部内、外表面及连杆表面通常都覆盖着黄、褐甚至黑色的漆状物，通常叫做漆膜。

曲轴为低温区。曲轴箱机油的温度一般不超过 90 ℃，当冬季或在停停开开状态下运行时，温度会更低。在曲轴箱油底壳底部、侧面或油泵等处，产生一种油泥状的沉淀，通常称作低温油泥或油泥。

积炭、漆膜和油泥的组成和性质不同，对清净分散添加剂的感受性能也不一样。金属清净剂对积炭和油膜作用效果好，但对低温油泥效果差。无灰分散剂正好相反，对低温油泥有很好的分散作用，但对高温积炭、漆膜清净性差。目前，这两种添加剂一般都复合使用。

发动机润滑油清净分散性的评定指标是硫酸盐灰分和残炭。发动机润滑油的清净分散性主要通过相应的发动机试验来进行评定。

5. 抗氧化安定性

在汽车运行中，各摩擦件间及曲轴箱内润滑油质量的变化，主要是由于空气中氧的作用所引起的。发动机润滑油与氧反应生成氧化产物，改变其物理和化学性质的过程，叫做发动机润滑油的氧化。发动机润滑油自身具有的抵抗氧化变质的能力，称为发动机润滑油的抗氧化性，亦称抗氧化安定性。

发动机润滑油发生氧化反应，会使润滑油颜色变深、黏度变大、酸性增强，并析出沥青质胶状沉积物，引起机油滤清器的堵塞、活塞环的黏结等。

常温常压下发动机润滑油氧化非常缓慢。当温度达到 50～60 ℃（冬季曲轴箱油温）时，润滑油的氧化作用就明显了；当温度升到 200 ℃ 以上时，只要经过数小时或数十分钟，润滑油的质量便会恶化。有的金属如 Pb、Cu 等对氧化起催化作用。润滑油变质的快慢一方面取决于润滑油本身的安定性，另一方面也与发动机的结构、技术状况和运行条件有密切关系。

发动机润滑油的抗氧化性决定了润滑油在使用中是否容易变质、是否对零件腐蚀和是否生成沉积物，是决定发动机润滑油和发动机零部件使用寿命的重要因素。

从油品加工工艺角度减缓发动机润滑油的氧化变质的主要途径有：选择合适的馏分和组成、合理精制、添加抗氧化剂及抗氧抗腐剂等。

发动机润滑油抗氧化性的评定指标是润滑油氧化后的酸值和沉淀物的数值。酸值用中和油品中的酸所消耗 KOH 的多少来表示，以 mg 计；沉淀物以质量百分数计。

6. 抗腐性

润滑油在使用过程中总会和各种金属接触，不腐蚀这些金属是最基本的要求。所谓腐蚀，是指润滑油中所含的侵蚀性物质和金属零部件发生电化学反应而引起金属部件损坏。

润滑油在使用过程中的氧化产物就有有机酸。低分子有机酸，在有水环境下对金属的腐蚀作用十分强烈，其腐蚀性随分子量的增大而减弱。

发动机润滑油抗腐性的评定指标是中和值或酸值。酸值大则腐蚀性强，反之亦然。一般要求润滑油的酸值不超过规定值，但润滑油在使用过程中酸值会逐渐增大。因此，对长期使用的润滑油应定期化验，当酸值超过规定值时，应及时更换。

提高发动机润滑油抗腐性的主要途径是加深润滑油的精制程度，减少其酸值。同时要在润滑油中添加适量的抗氧抗腐剂和防锈剂。

7. 抗泡性

润滑油在使用中，常会受到振荡搅拌作用，使空气混入油中不易逸出以达到新的平衡，如果空气被油膜包住，不易破裂就会形成气泡。润滑油存在气泡将使流动性变差，润滑能力下降；增大油与空气的接触面积，加速油的氧化；增大油的体积使油箱溢油；增大油的压缩性，使油压力下降，造成油泵抽空，造成供油中断，甚至引发烧瓦、抱轴等恶性事件。因此，我们希望润滑油有释放气泡的能力，即抗泡性好。

润滑油的抗泡性，首先跟油的组成有关，油中含有表面活性物质（磺酸盐），气泡不易破裂。在一定黏度范围内，泡沫倾向和泡沫稳定性最大，黏度过小气泡壁变薄，气泡易破裂；黏度大，不易形成气泡，一旦形成气泡也难于浮在表面上。

提高发动机润滑油抗泡性的主要途径是在油品中加入抗泡剂。

10.2.3 内燃机润滑油的选用

正确选择和合理使用发动机润滑油的基本方法是确保充分发挥发动机润滑油的润滑作用，提高发动机及整车的运行经济性。内燃机润滑油的选择，主要指黏度号和使用性能水平。

正确选择发动机润滑油，首先选择发动机润滑油的类型；其次选择发动机润滑油的质量等级；再选择发动机润滑油的黏度等级；再选择发动机润滑油的品牌（生产商）；最终确定与发动机的润滑要求相适应的发动机润滑油。

1. 选择发动机润滑油的类型

当选择发动机润滑油的类型时，要根据发动机类型选择发动机润滑油。原则上，汽油发动机应选择、使用汽油发动机润滑油；柴油发动机应选择、使用柴油发动机润滑油。

只有当买不到与发动机类型相匹配的润滑油时，才选择、使用汽柴通用润滑油；而且，要选择、使用在技术上优先满足本类型发动机润滑油要求的通用润滑油。例如：对于汽油发动机，在 CH-4/SL 20W/50 通用内燃机油和 SL/CH-4 20W/50 通用润滑油中选择时，要优先选择、使用 SL/CH-4 20W/50 通用润滑油；对于柴油发动机，在 CH-4/SL 20W/50 通用内燃机油和 SL/CH-4 20W/50 通用润滑油中选择时，要优先选择、使用 CH-4/SL 20W/50 通用润滑油。

2. 选择发动机润滑油的质量等级

发动机润滑油质量等级（使用性能级别）的选择，主要根据发动机的结构特性、工作条件、强化程度、燃料品质等因素进行选择。

1）汽油发动机润滑油质量等级的选择

选择汽油发动机润滑油的质量等级时，应注意汽油发动机工作的苛刻程度和进、排气系统中的附加装置及生产年代,具体如下。

① 发动机的压缩比、排量、峰值功率、峰值转矩。

② 发动机润滑油负荷的大小,即发动机润滑油功率(kW)与曲轴箱机油容量(L)之比。

③ PVC系统、EGR系统、Exhaust Gas Turbo-charger、TWC等装置的采用对发动机润滑油的影响。

④ 城市汽车运行工况对生成沉积物和润滑油氧化的影响等。

⑤ 生产年代。

另外,对于来自美国、日本、欧洲等国家或地区的进口汽车,也可以根据其生产年代大致确定汽油发动机润滑油的质量等级,如表10-14所示。

表10-14 美国、日本、欧洲等国的发动机生产年代和润滑油质量等级对应关系表

发动机生产年代	质量等级
1989—1993	SG
1994—1996	SH
1996—2000	SJ
2000—2005	SL
2005—2010	SM
2010至今	SN

由表10-14可知,汽车生产年份越靠后,其发动机性能的改进和提高就越多;发动机润滑油的工作条件要比早年生产的汽车更加苛刻,相应的,对油品的质量等级要求就越高。

采用废气涡轮增压技术后,发动机工作的苛刻程度和强化程度明显提高,对润滑油的品质要求也相应提高。因此,对同一厂家生产的发动机,装备有废气涡轮增压器的发动机所使用的润滑油,在质量等级上要比未装备废气涡轮增压器的发动机所使用的润滑油高一个档次,且对于装有废气涡轮增压器的发动机,建议使用合成润滑油。

2)柴油发动机润滑油质量等级的选择

选择柴油发动机润滑油的质量等级时,应注意发动机的强化程度、使用条件和柴油含硫量等因素,同时考虑发动机工作的苛刻程度和进、排气系统中的附加装置等因素,并结合排放水平(法规)对柴油发动机润滑油的要求进行选择。

表10-15列出了商用车柴油发动机润滑油质量等级选择的推荐结果,供汽车用户参考。

表10-15 商用车柴油发动机润滑油质量等级的选择(推荐)

要求满足的排放法规	机构特点	推荐油品质量等级	推荐换油周期/km
国Ⅰ及以下	—	CD	6 000～8 000
国Ⅱ	—	CF-4	10 000～15 000
国Ⅲ	未装备EGR系统	CH-4	10 000～20 000
国Ⅲ	装备EGR系统	CI-4	10 000～20 000
国Ⅳ	装备SCR系统	CI-4/CI-4+	10 000～20 000
国Ⅳ	装备DPF(或TWC)和EGR系统	CJ-4	10 000～20 000

3. 选择发动机润滑油的黏度等级

选择发动机润滑油的黏度等级时，主要根据环境温度（气温）、汽车运行工况、发动机的技术状况等因素进行选择。

黏度等级是评价发动机润滑油性能的重要指标之一。黏度等级的大小直接影响发动机润滑油的减磨、降温、清洁、除锈、防尘、吸收振动和密封等。

发动机润滑油黏度越小，流动性就越好，清洁、冷却效果也越好，但高温油膜易受破坏，润滑效果较差；黏度越大，油膜厚度、密封等方面越好，但低温启动上油较慢，易出现干摩擦或半流体摩擦现象，冷却、洗涤作用差。

因此，发动机润滑油黏度的选用要适当，一般要遵循以下原则。

① 应根据行车地区的外界环境温度、发动机负荷、工作转速选择黏度等级适宜的发动机润滑油，以保证摩擦副的正常润滑。

② 应尽量选用黏温特性好、黏度指数高的多黏度等级润滑油（多级油）。例如：5W/30 多级油同时具有 5W 黏度等级和 30 黏度等级两种单级油的特性，使其适用温度区间由 5W 黏度等级润滑油的-30～10 ℃和 30 黏度等级润滑油的 0～40 ℃组合成了-30～40 ℃。由此可见，与单级油相比，多级油极大地扩大了适用范围。这样不仅可以减少因气温变化带来更换机油的麻烦，而且可以有效地减少发动机润滑油的浪费。发动机润滑油黏度等级的选择可参考表10-16。

表 10-16　SAE 黏度等级与适用气温、地区对照表（推荐）

黏度变化趋势	SAE 黏度等级	适用气温/℃	我国适用地区
稀 ↓ ↓ ↓ ↓ ↓ ↓ ↓ ↓ ↓ 稠	0W/30	-35～30	东北地区和西北地区
	5W/30	-30～30	
	10W/30	-25～30	华北地区、中西部地区、黄河以北地区及新车
	15W/20	-20～20	
	15W/30	-20～30	黄河以南、长江以北地区
	15W/40	-20～40	
	20/20W	-15～20	长江以南地区
	20W/30	-15～30	
	30	-10～30	南方地区（贵州、湖南、江西、福建、台湾）
	40	-5～40 以上	南方地区（广东、广西、海南）及磨损严重的旧车

③ 发动机润滑油黏度等级的选择，还与发动机的技术状况有关。新发动机或大修后处于磨合期的发动机，应选择黏度等级较低（较稀）的发动机润滑油（有利于节能）；磨损严重的旧发动机应选择黏度等级较高（较稠）的发动机润滑油（有利于密封）。

④ 发动机润滑油黏度等级的选择，还与发动机的运行工况有关。

长期处于重载、低速和高温工况下行驶的汽车，应选择黏度等级较高的发动机润滑油；长期处于轻载、高速工况下行驶的汽车应选择黏度等级较低的发动机润滑油。

4. 发动机润滑油的使用

对发动机润滑油做出合理选择后，必须依据车辆保养手册的规定正确使用，避免陷入常见的使用误区，才能确保发动机润滑油充分发挥作用。

为此，在使用中应注意以下几个方面。

① 要注意使用中润滑油颜色、气味的变化。一旦发现颜色、气味以及性能指标有较大变化，应及时更换，不应教条式的照搬换油期限。

② 换油时应采用热机放油方法。即当更换发动机润滑油时，应先运行车辆，然后趁热放出润滑油，以便使机内的油泥、污物等尽可能地随润滑油一起排出。

③ 加注发动机润滑油要注意适量。油量不足会加速润滑油的变质，而且会因缺油而引起零件的烧损；发动机润滑油加注过多，不仅会增大润滑油的消耗量，而且过多的润滑油易窜入燃烧室内，将恶化混合气的燃烧。

④ 当更换发动机润滑油时，要同时更换或清洗机油滤清器，清理油底壳中的脏物、杂物。

⑤ 当在维修或更换新机油泵时，一定要先将机油泵的内腔注满机油，然后再装车。

⑥ 要避免不同牌号的发动机润滑油混用，以免相互起化学反应。

⑦ 选购时，应尽可能购买有影响、有知名度的正规厂家的发动机润滑油，要特别注意辨别真假，以确保润滑油的品质。

为了充分发挥高质量发动机润滑油的作用，延长汽车的使用寿命，业内人士就目前发动机润滑油使用中存在的主要问题归纳出了以下几点。

1）忌选用黏度偏高的润滑油

在润滑油黏度的选择上，许多人错误地认为，高黏度的润滑油能形成可靠的润滑油膜，从而增加润滑效果，减少磨损。实际不然，高黏度的润滑油低温启动性和泵送性差，启动后上油速度慢，磨损反而会加剧。

2）忌随意选择代用油品

油品的代用关系到发动机的使用寿命，应遵循一定的规则谨慎选择。以下 2 种情况可代用。

① 黏度等级相同的油品，质量等级高的可代替质量等级低的油品；

② 质量等级相同时，使用温度宽的可代替使用温度窄的油品。

例如：要求用 SF 30 油时，可用 SF 10W/30 油代替；要求用 SE 30、SF 40 或 SF 20W/40 油时，可用 SF 15W/40 油代替。需注意的是，使用代用油品时，应经常检查发动机润滑油的工作情况。

3）注意只添不换

润滑油在使用过程中，由于污染、氧化等原因质量会逐渐下降，同时也会有一些消耗，使数量减少，不断向润滑系中添加一些新油，只能弥补数量上的不足，而不能完全补偿润滑性能的损失。

4）忌润滑油加注量过多

有的人认为，润滑油是起润滑作用的，多加一点，对发动机有益无害，而且减少加油次数，节省时间。油量过多是不可取的，原因有 2 个：① 油量过多，一部分润滑油就会窜入燃烧室，燃烧形成积炭；② 增加曲轴连杆的搅拌阻力，使燃油消耗增大。因而，加注润滑油时，不能超过油尺最高刻度。

5）储存、使用中严防混入水分

润滑油中混入水分不仅会锈蚀零件、妨碍润滑，还会降低润滑油膜的强度，引起润滑油起泡和乳化变质，严重时会使油中的添加剂分解沉淀，以至于失效。

6）忌选用假冒伪劣润滑油产品

劣质油品的使用性能指标不能达到规定的要求，会影响正常使用，轻者降低润滑效果、加剧磨损、增大燃油消耗，重者引起机械事故，如烧瓦、拉缸等。

10.3 内燃机冷却液

10.3.1 内燃机冷却液的性能要求

发动机在工作过程中，气缸内的气体温度高达 1 700 ~ 1 800 ℃。如果缸体、缸盖、进排气门等高温机件得不到良好、可靠的冷却，发动机将无法正常工作。汽车发动机广泛采用强制循环水冷式冷却系统，发动机冷却液（engine coolant）就是冷却系统中带走高温零部件热量的工作介质。

1. 冷却液的组成和分类

发动机冷却液由软水、防冻剂和各种添加剂组成。软水的比热容大，且具有良好的导热性能、吸热性能和低温流动性能，是发动机冷却液的主要组成部分。作为发动机冷却液的主要组成部分的水都是软水，即蒸馏水或去离子水。硬水只能作为应急使用，不宜长期作为冷却液使用。

为进一步降低冷却液的冰点，以适应低温严寒季节的需要，在发动机冷却液中都加入一定量的防冻剂，目前，使用较多的防冻液是乙二醇和丙二醇。乙二醇的沸点、黏度比较适中且价格低廉，一直是冷却液最主要的防冻剂，但乙二醇有毒性。近年来，安全无毒的丙二醇防冻液应用日益广泛。按防冻剂类型分类，应用较多的车用发动机冷却液主要有乙二醇型冷却液和丙二醇型冷却液两类。

冷却液除了软水和防冻剂外，还有很多特定功能的添加剂，如缓蚀剂、缓冲剂、防垢剂、消泡剂、防霉剂和着色剂。

2. 冷却液的使用性能

为了保证汽车发动机正常工作并尽可能地延长发动机的使用寿命，要求发动机冷却液应具备以下性能。

1）冰点低

冰点也称凝固点，是指液态水转变成固态时的最高温度。如果汽车在低温环境中停放时间过长，而发动机冷却液的冰点又较高，则发动机冷却液就会结冰，体积膨胀增大，冷却系统中的散热器、缸体、缸盖等就会被冻裂，造成损失。因此，要求发动机冷却液的冰点尽可能低。在低温、极寒地区，一般要求发动机冷却液的冰点为-45 ℃，甚至更低。

2）沸点高

沸点是在发动机冷却系统的压力和外界大气压力相平衡的条件下，冷却液开始沸腾时的温度。冷却液的沸点随冷却系统压力的增大而提高。

冷却液的沸点高，可使冷却液在较高温度下仍不沸腾，散热能力强，因此，可保证汽车在重载、大负荷、高速或在山区、热带夏季正常行车；同时，沸点高的冷却液，其蒸发损失少，因此，要求发动机冷却液应具有较高的沸点。一般高品质的发动机冷却液，要求其沸点为 120 ℃，甚至更高。

3）防腐性好

为防止对冷却系统中的金属构件造成腐蚀，要求发动机冷却液具有良好的防腐性能，并保持冷却液呈碱性状态（pH 在 7.5 ~ 11.0 为宜）。

4）防垢性好

为防止在发动机冷却系统中形成水垢，要求冷却液应具有良好的抑制水垢生成的能力。

5）抗泡性好

作为流体，冷却液在冷却系统中高速流动、强制循环，很容易产生气泡。冷却液气泡过多，不仅会降低传热效率、引发穴蚀，同时还会增加冷却液的溢流损失。因此，要求冷却液的抗泡性好。

6）流动性好

汽车发动机冷却液的低温黏度越小，越有利于冷却液在冷却系统中的流动。同时，还可以降低冷却液泵的功率消耗。因此，要求冷却液的低温黏度小，流动性好。

此外，冷却液还应有传热效率高、蒸发损失少、不易损坏橡胶制品、热化学安定性好、热容量大等性能。

10.3.2　内燃机冷却液的选用

1. 冷却液的选择原则

不同的发动机其技术特性、热负荷情况、冷却系统所使用的材料等均有不同。因此，对冷却液产品质量的要求也有所不同。

目前，国内外冷却液产品的配方很多，所以发动机冷却液的选择要区别发动机的类型、强化程度和冷却系统材料的种类，除了保证发动机冷却液能降温、防冻外，还要考虑防沸、防腐蚀和防水垢等问题。当对冷却液产品进行选择时应以汽车制造商的规定或推荐为准。

发动机冷却液的选择，应秉承"先选型、后选号、再选牌"的原则，即先根据发动机冷却系统的热负荷情况选择轻负荷冷却液或重负荷冷却液；然后，再根据行车地区最低气温资料，选择冷却液的牌号；在选好冷却液的类型和牌号之后，再选择产品质量好、信誉度高的品牌（冷却液制造商）。

2. 冷却液类型的选择

1）冷却液的类型和特点

尽管发动机冷却液的基本组成近乎相同，都是乙二醇水溶液或丙二醇水溶液，但采用的添加剂不同，其性能及其适用的发动机（发动机缸体、缸盖的材料以及冷却系统的材料）也不同。不同技术的冷却液，其外观颜色也不相同。

市场上常见的进口车用冷却液类型及其特点，如表 10-17 所示。

表 10-17　市场上常见的进口冷却液类型及其特点

有机酸型（OAT）冷却液	最具代表性的有机酸型（Organic Acid Technology，OAT）冷却液是美国德士古（DEX-COOL）冷却液、大众公司 G12、美国通用汽车公司加德士特效防冻防腐液等； 有机酸型冷却液不含硅、胺、硼、磷、亚硝酸盐等对人体或环境有害的物质，属于环保型长寿命冷却液，推荐更换周期一般为 5 年或 25 万 km。同时，有机酸不易消耗和分解，推荐更换周期一般为 5 年或 25 万 km（以汽车说明书为准）
日本车系冷却液	日本车系的冷却液排斥硅酸盐和亚硝酸盐添加剂，但一般都含磷酸盐，对环境有害，属于非环保型冷却液； 我国市场上绝大多数劣质冷却液都含亚硝酸盐，而正品冷却液大都属于硅酸盐型冷却液。因此，我国市场上绝大多数的冷却液都不能代替日本车系的原装冷却液
欧洲车系冷却液	欧洲车系使用的冷却液，除了 DEX-COOL 类的有机酸型冷却液外，绝大多数是复合型冷却液； 欧洲车系的冷却液中不含胺、硼、磷、亚硝酸盐，但允许有较低含量的硅酸盐，以保护铝合金发动机

虽然颜色并不代表冷却液的品质，但目前市场上已经按照冷却液的不同类型，分化成几种不同的外观颜色，如表 10-18 所示。

表 10-18　冷却液的类型与外观颜色

冷却液类型	冷却液的外观颜色
有机酸型冷却液	一般采用红色系，如橙色（加德士）、红色、粉红（大众车系的 G12）等
硅酸盐环保型冷却液	黄绿色
硅酸盐非环保型冷却液	深绿色或蓝色
日本车系冷却液	红色、绿色（日本车系目前使用较多为非环保型冷却液）

2）推荐选用有机酸型冷却液

硅酸盐型冷却液对铝合金具有非常好的保护作用，且价格便宜，因此，市场上绝大多数的冷却液都是硅酸盐型冷却液。

硅酸盐保护铝合金是通过消耗自身的方式来达到的。硅酸盐在使用一段时间后就会消耗殆尽而使冷却液失去防腐蚀功效。因此，常规的硅酸盐冷却液，推荐更换周期一般为 2 年，且不能长期储存。

有机酸型（OAT）冷却液在发动机内部形成的保护膜是非常牢固的，冷却液中防蚀剂消耗极少，具有很长的使用寿命（使用 5 年，储存 8 年），可以大大减少冷却系统维护次数。由于有机酸型冷却液不含硅酸盐，对保持冷却液泵的密封极为有利，可以大大延长冷却液泵的使用寿命。

3）冷却液的选用

依据中国汽车工程学会技术规范——《商用车润滑导则——第 4 部分：特种液的选用》（SAE-China J2901.4—2010）的推荐，商用车冷却液的选用可按照表 10-19 进行。

表 10-19　商用车冷却液的选用

车辆类型	冷却液类型	建议更换周期
中型及中型以下商用车	无机型冷却液	1～2 年或 5 万 km
	有机无机复合型冷却液	2 年或 10 万 km
	全有机型冷却液	4～5 年或 20 万 km
重型商用车	无机型冷却液	使用过程中定期补加冷却液补充添加剂（Supplemental Coolant Additives，SCA）可延长使用寿命
	有机无机复合型冷却液	
	全有机型冷却液	4～5 年或 20 万千米

3．冷却液牌号的选择

发动机冷却液防冻性能的选择原则是冷却液的冰点要比车辆运行地区的最低气温低 10 ℃ 左右，以确保在特殊情况下冷却液不冻结。例如：如果当地最低气温为-30 ℃，则冷却液的冰点应选择在-40 ℃ 以下。

乙二醇冷却液的最高和最低使用浓度，一般规定最低使用浓度为 33.3%（体积分数），此时冰点不高于-18 ℃，当低于此浓度时则冷却液的防腐性能不够；最高使用浓度为 69%，此时冰点为-68 ℃，高于此浓度则冰点反而上升。全年使用冷却液的车辆其最低使用浓度为 50 % 左右。

国产长城牌无机型多效汽车发动机冷却液采用无机盐复配技术，属于硅磷硼型发动机冷却液，适于各类铝合金发动机和采用铸铁衬里的柴油发动机使用。

国产长城牌多效汽车发动机冷却液规格如表 10-20 所示。

表 10-20　国产长城牌无机型多效汽车发动机冷却液

冷却液牌号	FD-1/YF-1	FD-2/YF-2	FD-2B	FD-2A/YF-2A	FD-3/YF-3
冰点/℃　　　　不高于	-25	-35	-40	-45	-50

注：FD 为"防冻"两字的汉语拼音开头；YF 为有机型防冻液的"有防"两字汉语拼音开头。

4．冷却液品牌的选择

关于发动机冷却液产品质量的选择，即品牌的选择，应优先选择经国家指定的检测站检测合格的正规知名制造商生产的产品。

正规著名制造商生产的产品，在原料使用、添加剂的配方和种类、生产工艺、台架试验、理化分析、质量评定等方面都有严格的要求，冷却液的产品质量是有保障的。

5．优先选择多用途长寿命冷却液

当选择发动机冷却液时，最好选择具有"五防"功能的多用途长寿命冷却液。所谓具有"五防"功能的多用途长寿命冷却液，是指同时具有防沸腾（不开锅）、防冻结、防结垢（不产生水垢）、防腐蚀（不产生腐蚀、锈蚀）、防穴蚀（无穴蚀和气蚀）的长寿命冷却液。

发动机冷却液在使用过程中应注意以下事项。

1）禁止直接加注浓缩液

稀释浓缩液时要使用蒸馏水或去离子水。

2）注意检查冷却液液面高度

适宜的冷却液液面应在储液罐的最高线 max 和最低线 min 之间，应视情况正确补充和调整。

3）不同厂家、不同牌号的发动机冷却液不能混用

不同品牌的冷却液其生产配方会有所差异，如果混合使用，多种添加剂之间很可能发生化学反应，造成添加剂失效，破坏各自的综合防腐能力，引起沉淀、结垢和腐蚀等问题，从而影响发动机的使用寿命。

4）应保持常年使用冷却液

要注意冷却液使用的连续性。

5）注意乙二醇型冷却液的安全使用

乙二醇吸水性强，储存的容器应密封，以防吸水后溢出。用剩的防冻液应在容器上注明名称以免混淆，并置于安全场所。

当使用乙二醇冷却液时，切勿用口吸。乙二醇冷却液沾染到皮肤上，应及时用清水冲洗干净。

乙二醇冷却液有毒，不能饮用。为了便于在外观上进行识别，一般正规厂家生产的乙二醇冷却液都用着色剂将其染成醒目的颜色（粉红、黄绿、绿色或蓝色等），一般不会引起误会。同时，也便于发现冷却液的泄漏点。

6）定期检测冷却液的技术指标

冷却液的有效期一般为 2~3 年，加注后不要随意更换。但是，应对使用中的冷却液定期进行技术指标检测。

必须指出的是，内燃机的运行材料将随工业技术的进步和环境保护的加强而同步发展，其相关的等级和标准会随之发生变化。在内燃机运用中，应该与时俱进，严格按照国家标准进行选用。

参考文献

[1] 林波，李兴虎. 内燃机构造[M]. 北京：北京大学出版社，2008.

[2] 王新晴. 内燃机修理[M]. 北京：国防工业出版社，2008.

[3] 高延龄. 汽车运用工程[M]. 北京：人民交通出版社，2001.

[4] 陈焕江. 汽车运用基础[M]. 北京：机械工业出版社，2001.

[5] 许维达. 柴油机动力装置匹配[M]. 北京：机械工业出版社，2000.

[6] 宋飞舟. 实用柴油机使用维修技术[M]. 太原：山西科学技术出版社，2006.

[7] 周龙保. 内燃机学[M]. 北京：机械工业出版社，2007.

[8] 高书堂，高国强. 柴油机燃油系统和匹配[M]. 北京：北京理工大学出版社，2005.

[9] 傅成昌，傅晓燕. 柴油机使用维修技术[M]. 北京：石油工业出版社，2012.

[10] 刘越琪. 发动机电控技术[M]. 北京：机械工业出版社，2004.

[11] 张翠平，王铁. 内燃机排放与控制[M]. 北京：机械工业出版社，2013.

[12] 庞剑，等. 汽车噪声与振动[M]. 北京：北京理工大学出版社，2006.

[13] 张志华，等. 内燃机排放与噪声控制[M]. 哈尔滨：哈尔滨工程大学出版社，2008.

[14] 凌永成. 汽车运行材料[M]. 北京：北京大学出版社，2013.

[15] 邹长庚，等. 现代汽车电子控制系统构造原理与故障诊断（上）[M]. 北京：北京理工大学出版社，2011.

[16] 林在犁. 汽车评估[M]. 上海：同济大学出版社，2008.

[17] 林在犁，等. 汽车使用与故障诊断技术[M]. 北京：石油工业出版社，2003.